A Handbook of Learner Corpus Research

英語学習者コーパス
活用ハンドブック

投野由紀夫　金子朝子
杉浦正利　和泉絵美　編著

大修館書店

はじめに

　学習者コーパス研究（learner corpus research）は，コーパス言語学と第二言語習得・外国語教育の融合的な研究分野である。コーパス言語学の分野から見た場合，外国語学習者の産出データを一定の目的と設計基準をもとにコーパスとして整備することが1つの大きな研究領域になる。第二言語学習者の類型，産出タスクの考案，母集団の定義，標本抽出方法などが良質の学習者コーパスの条件となる。第二言語習得の分野では，習得データの組織的な構築や共有は従来あまり十分に行われてこなかった。学習者データをコーパスとして見る視点が生まれて初めて，このような言語資源としての学習者データの整備が脚光を浴びたといってもよい。

　学習者コーパス研究はまた，コーパス言語学の分析方法を借りて学習者データに新たな光をあてる，という意味でも大きな可能性を持っている。第二言語習得研究の分野では，1960～70年代に学習者言語のさまざまな記述研究が行われたが，そこで一貫して欠けていた（あるいは技術的に困難だった）のは学習者言語に観察される言語特徴の頻度と分布に関する情報を定量的に得ようとする視点であった。一定の標本抽出の方法で大量に収集された学習者言語データがなければ，このような定量的分析は行うことができなかったからである。学習者コーパス研究の登場によって，初めて学習者言語のさまざまな言語特徴とその正用（過剰使用・過少使用）・誤用の量や分布に関する比較を行う研究が現れ，第二言語習得研究の従来の仮説やモデルに新たな光をあてることができるようになった。頻度効果（frequency effect）については認知言語学や母語習得の分野でも最近大きく注目を集めており，人間が無自覚に接触するインプットから言語形式と意味の分布を統計学習（statistical learning）し，その情報を脳に格納することで，文法の習得と使用に貢献しているということがわかってきている。第二言語習得におけるインプットとアウトプットの言語特徴の分析も，このような視点を組み込んだ研究が今後ますます増加することが見込まれ，その際に大量のコーパス・データによる頻度データの取得と，心理言語学実験の組み合わせが主流となるであろう。

　外国語教育の分野におけるコーパス言語学の応用に目を転じれば，従来英語母語話者コーパスの整備によって，主要な英英学習辞典，英文法書，英会話教材などの改善にネイティブ・スピーカーによる目標言語の使用パターンの分析結果が用いられてきた。学習者コーパスの利用によって，英語学習段階で何が起きているかの記述が鮮明になれば，それを学習教材の内容改善

（順序，インプットの質や量，誤りの例などの語法・文法説明の方法など）に活かすことが期待できる。さらに現在，欧州を発信源として世界中に影響を与えつつある Common European Framework of Reference for Languages（CEFR）のような外国語能力の基準参照枠の具体化に，学習者コーパスが中心的な役割を果たすようになってきている。このような流れは，各国での外国語教育政策やカリキュラム改善の主要なリソースとして学習者コーパスからの情報が利用される可能性が今後ますます注目されることを示唆する。

　本書はそういった意味で真にタイムリーな，国内初の英語学習者コーパス研究の概説書である。その第1の特徴は，学習者コーパス研究の草創期から日本人英語学習者のデータを構築する代表的プロジェクトを率い，国内の英語学習者コーパス研究をけん引してきた4名が共同編集で作り上げた本だという点である。我々4名は普段は個別のプロジェクトで研究しているが，一致団結して1冊の概説書を刊行できた意義は大きい。第2に，本書1冊で代表的な主要英語学習者コーパスの概要，特に日本人英語学習者コーパスを用いた先行研究の概観，そして各編者の推薦する気鋭の研究者による学習者コーパスを具体的に用いた実例によって，当該研究分野や研究手法に関する方法論が系統的に学べる点である。すべてのデータは研究用に公開されているので，学習者コーパスを用いた具体的な研究の仕方を知りたい研究者，大学院生，そして日々の授業にコーパスによる客観的なガイドラインを組み込んで応用したい英語教員の皆さんに十分な方法論と関連情報を提供できると確信している。

　最後に刊行に際し，多忙な編者らのスケジュール調整，著者全員での検討会，煩雑な原稿整理を全面的にサポートしてくださった大修館書店の小林奈苗さんに心から感謝したい。

2013年7月

編者代表　投野由紀夫

目次

はじめに ……………………………………………………………………… iii

1章　学習者コーパス研究のこれまでとこれから ………………… 3

2章　学習者英語の国際比較
　　　──日本人英語の特徴を解明する ……………………………… 19
2・1　【概説】学習者コーパス ICLE とは ……………………………… 20
2・2　【研究例・1】日本人大学生の移動動詞 come と go の使用 … 26
2・3　【研究例・2】日本人大学生の英語の冠詞使用 ………………… 34
　　　まとめ／ブックガイド／発展研究 ………………………………… 43

3章　学習者英語の談話分析
　　　──会話を組み立てる力を解明する ……………………………… 45
3・1　【概説】学習者コーパス LINDSEI とは ………………………… 46
3・2　【研究例・1】非母語話者による英語の感情表現の使用 ……… 51
3・3　【研究例・2】日本人英語学習者の会話中における
　　　　　　　　　母語使用について ………………………………… 62
　　　まとめ／ブックガイド／発展研究 ………………………………… 72

4章　学習者英語のコロケーション分析
　　　──単語を組み合わせて表現する力を解明する ………………… 73
4・1　【概説】学習者コーパス NICE とは ……………………………… 74
4・2　【研究例・1】強意副詞と形容詞のコロケーションの分析 …… 78
4・3　【研究例・2】of を含んだ連語表現の使用分析 ………………… 85
　　　まとめ／ブックガイド／発展研究 ………………………………… 94

目次　v

5章　学習者英語と母語話者との比較
　　　——ネイティブらしさのポイントを解明する ················ 95
　5・1　【概説】　NICE による母語話者データとの比較 ············ 96
　5・2　【研究例・1】　判別分析を使った学習者英語の言語的特徴 ···· 100
　5・3　【研究例・2】　語彙の豊かさと習熟度の関係 ················ 108
　　まとめ／ブックガイド／発展研究 ······························ 117

6章　学習者英語の学習段階別分析
　　　——学習レベル別の英語の特徴を解明する ················ 119
　6・1　【概説】　学習者コーパス JEFLL コーパスとは ············ 120
　6・2　【研究例・1】　n-gram 分析による中高生の語彙・文法発達 ··· 124
　6・3　【研究例・2】　時制と相のエラー分析 ···················· 132
　　まとめ／ブックガイド／発展研究 ······························ 140

7章　CEFR 基準特性と学習者英語
　　　——レベル別の学習目標を設定する ······················ 141
　7・1　【概説】　学習者コーパス ICCI とは ······················ 142
　7・2　【研究例・1】　基準特性の抽出 ···························· 147
　7・3　【研究例・2】　機械学習を用いた英語力レベル基準特性の抽出
　　　　　　　　　　　　　　　　　　　　　　　　　　　　 156
　　まとめ／ブックガイド／発展研究 ······························ 164

8章　学習者英会話データの分析
　　　——日本人学習者の英語スピーキング能力を解明する ······· 165
　8・1　【概説】　学習者コーパス NICT JLE コーパスとは ·········· 166
　8・2　【研究例・1】　スピーキングテストに見られる対話の修復 ···· 169
　8・3　【研究例・2】　日本人学習者の英語発話における論理展開力
　　　　　　　　　　　　　　　　　　　　　　　　　　　　 178
　　まとめ／ブックガイド／発展研究 ······························ 187

9章　学習者英語の自動分析
　　　――日本人学習者のコミュニケーション・ストラテジーを解明する‥ *189*
　9・1　【概説】　学習者コーパスと自動処理……………………………… *190*
　9・2　【研究例・1】　多変量解析によるスピーキングデータの
　　　　　　　　　　　自動分析……………………………………………… *193*
　9・3　【研究例・2】　学習者コーパスからの表現リストの半自動抽出
　　　　　　　　　　　　　　　　　　　　　　　　　　　　　　　　201
　まとめ／ブックガイド／発展研究………………………………………… *209*

10章　学習者コーパスを活用した指導 …………………………… *211*
　10・1　ICLE-JP を用いたフレーズの学習 ……………………………… *212*
　10・2　NICE を活用した英文エッセイ・ライティング指導 ………… *220*
　10・3　NICT JLE のエラータグを利用した学習困難点の
　　　　　重点的学習 ………………………………………………………… *228*

参考文献 …………………………………………………………………………… *236*
索引 ………………………………………………………………………………… *247*

Technical Box
コンコーダンスから用例分析へ ……………………………………………… *29*
エラータグの付け方 …………………………………………………………… *38*
感情表現語彙の分析方法 ……………………………………………………… *52*
ターンと使用語数のカウント方法 …………………………………………… *66*
レベル別コーパスデータの整備と of の頻度カウント …………………… *88*
n-gram, lexical bundles, p-frames の処理 ………………………………… *91*
Perl スクリプトの活用 ………………………………………………………… *103*
判別分析の Excel マクロ ……………………………………………………… *105*
語彙統計のプログラム ………………………………………………………… *115*
AntConc …………………………………………………………………………… *126*
LOWESS とは …………………………………………………………………… *150*
混合効果モデルとは …………………………………………………………… *152*
会話分析 …………………………………………………………………………… *177*
マニュアルでのタグ付与の際の注意点 ……………………………………… *186*

目次　vii

[執筆者一覧]（五十音順，◎は編者，執筆箇所は【 】内）

　赤堀志子（昭和女子大学グローバルビジネス学部専任講師）【3・1】
　阿部真理子（中央大学理工学部准教授）【6・3】
　石田知美（名古屋大学教養教育院教養教育推進室助教）【5・2】
◎和泉絵美（同志社大学全学共通教養教育センター准教授）
　【8・1, 8・3, 8まとめ, 9・1, 9まとめ, 10・3】
　内元清貴（独立行政法人情報通信研究機構　ユニバーサルコミュニケーション研究所研究マネージャー）【9・3】
◎金子朝子（昭和女子大学文学研究科教授）
　【2・3, 2まとめ, 3・3, 3まとめ, 10・1】
　小島ますみ（岐阜市立女子短期大学英語英文学科専任講師）【4・2, 5・3】
　小林多佳子（昭和女子大学文学研究科准教授）【3・2】
　小林雄一郎（日本学術振興会特別研究員 PD）【9・2】
　阪上辰也（広島大学外国語教育研究センター特任講師）【4・1】
◎杉浦正利（名古屋大学大学院国際開発研究科教授）
　【4・1, 4・2, 4まとめ, 5・1, 5まとめ, 10・2】
　髙野恵美子（昭和女子大学人間文化学部教授）【2・2】
　髙味み鈴（昭和女子大学人間文化学部准教授）【2・1, 3・1】
　谷村　緑（京都外国語大学外国語学部准教授）【8・2】
◎投野由紀夫（東京外国語大学大学院総合国際学研究院教授）
　【1, 7・1, 7・3, 7まとめ】
　夏苅佐宜（立教大学教育講師）【2・1】
　羽山　恵（獨協大学外国語学部准教授）【6・2】
　村尾玲美（名古屋大学大学院国際言語文化研究科准教授）【4・3】
　村上　明（ケンブリッジ大学理論・応用言語学科博士課程）【7・2】

英語学習者コーパス
活用ハンドブック

1章
学習者コーパス研究のこれまでとこれから

(1) 学習者コーパスの定義と歴史的概観

　学習者コーパス（learner corpus）とは，学習者言語（learner language）を収集したコーパスである。母語話者コーパスとは異なり，外国語または第二言語として当該言語を学んだ学習者の話し言葉・書き言葉を特定の目的・方法で収集し，電子化したものである。

　学習者データの研究自体は以前から存在した。第二言語習得の始まりはS. Pit Corder の Significance of Learner Errors（1967）という論文であると一般に言われているが，その時期から70年代にかけて，エラー分析（error analysis：EA）とそれに続くパフォーマンス分析（performance analysis）という研究手法で大量の学習者データの収集と分析が行われた。Dulay & Burt（1975）では800人規模の発話データを収集しているし，ハーバード大学の Roger Brown の弟子だった Kenji Hakuta は，自分の子どもの言語データを60週におよび1週間おきに2時間のスピーチを30セッション収録，大学ノート30冊に及ぶ記録をつけていた（Hakuta, 1976）。これらで一貫していることは，研究テーマに関する分析が終わった段階ですべてのデータが破棄または個人蔵で保管されるだけで，データの共有化という発想はまったくなかったことである[i]。

　文献に残る最も初期の学習者コーパスはコペンハーゲン大学の PIF Learner Corpus（Faerch, Haastrup, & Phillipson, 1984）であろう。これは Meisel, Clahsen, Pienemann などの有名な第二言語習得研究者を輩出したドイツの ZISA Project などとほぼ同時期に行われた多面的なデータ収集プロジェクトであった。しかしプロジェクト概要の報告書は存在するが，コーパスそのものを利用した分析結果の論文は筆者の知る限り出版されていない。1980年代に CHILDES の原型となる幼児の言語データの整備も始まっており，コン電子化はまだ個人レベルでは困難であったが，ロングマン社はこの頃に Longman Dictionary of Contemporary English（LDOCE）の第2版の改訂（1987）に向けて，Michael Rundell を中心に Longman Learners' Corpus の構築を進めていた。

　この分野で最初の大規模かつ計画的に構築されたコーパスはベルギーのルーヴァン・カトリック大学の Sylviane Granger を中心とした International Corpus of Learner English（ICLE）というプロジェクトで，1990年10月がその立ち上げとされる（Granger, 1993, p.57）。しかし，日本では1988-1989年度

---

[i] ちなみに Roger Brown のデータはその後，CHILDES で電子化され，現在でも利用できる。

の科学研究費で「教科教育における教師の指導的介入の有効性とその限界―英語科作文指導を例として」（代表：羽鳥博愛）というプロジェクトが東京学芸大学で行われており，筆者もその研究グループのメンバーであったが，当時ですでに数百名規模の中高生の英作文を電子化していた。おそらく「コーパス」という名称で呼び始めたのはこれより後であるが，大量の学習者データの電子化の例としては日本では最も初期のものであろう。これが後に JEFLL Corpus の母体となる第 1 期のデータである。

その後，1996年 AILA の第11回国際大会では，Exploiting Computerized Learner Corpora（CLC）という主題で初の学習者コーパスのシンポジウムが行われ，さらに1999年に香港において最初の学習者コーパス単独での国際シンポジウムが開催される。また1995年には Cambridge International Dictionary of English（CIDE）という新しい学習英英辞典が刊行され，ケンブリッジが総力を結集してコーパス作成に乗り出し，ロングマンが先鞭をつけていた学習者コーパスの分野に，新たに Cambridge Learner Corpus（CLC）を構築することになる。

ICLE の最初の成果が本当の意味でまとまるのは Granger（1998）の出版を待たねばならない。この本は論文集であるが，学習者コーパス研究の理論と実践を広範囲にカバーした内容は，その後の研究分野に多大な影響を与えた。そして2002年に最初の ICLEv1 の公開，続いて2009年に ICLEv2 を公開することとなる（詳細は後述）。

その後は，学習者コーパスのみを扱う単行本，論文集などの主要なものだけでも Lorenz（1999），Granger, Hung & Petsh-Tyson（2002），Prat Zagrebelsky（2004），Nesselhauf（2005），Adel（2006），Martelli（2008），Paquot（2010），Meunier（2011），Tono, Kawaguchi & Minegishi（2012）があり，2000年代になって学習者コーパスの研究分野も徐々に細分化されてきている。

（2）学習者コーパスの設計基準と利用上の注意点

コーパス言語学ではコーパスとしての設計基準（design criteria）が重視される。その意味で，学習者コーパスは単発の実験などでとれた少数の学習者言語のデータとは性質が異なる。特に Granger らの ICLE は当時，ロンドン大学の Sydney Greenbaum が中心となって行われた International Corpus of English（ICE）という英語変種コーパス（例：イギリス英語，オーストラリア英語など）の収集プロジェクトの一環で行われた。よって，コーパス利用の目的としては，Brown Corpus などが一般的なアメリカ英語の特徴分析に

用いられたように，できるだけ学習者英語のサンプルとして等質で汎用性をもったデータを構築したい，という狙いがあった。

一方で，第二言語習得や外国語学習の見地からすると，学習者データの収集には避けて通れない要因がいくつかある。それが対象となる学習者要因（learner variable）と誘出タスク（elicitation task）の統制である。Tono（2003）によると，学習者コーパス設計には以下のような項目に関して設計基準の考慮が必要である。

表1　学習者コーパス設計基準

目標言語	タスク	学習者
モード	データ採取	内的・認知的
[書き言葉/話し言葉]	[横断的/縦断的]	[年齢/認知スタイル]
ジャンル	誘出	内的・情意的
[物語/エッセイ/など]	[自発的/準備あり]	[動機付け/態度]
文体	参考図書	母語背景
[叙事体/論説体]	[辞書/原文/など]	[日本語/中国語/など]
トピック	時間制限	L2学習環境
[一般/娯楽/など]	[あり/なし/宿題]	[ESL/EFL] [学校レベル]
		L2習熟度
		[標準テスト得点]

もちろんこれらのすべての要素が制御されている学習者コーパスはないが，たとえばICLEであれば，

—目標言語：[書き言葉／エッセイ／論説体]＋トピック制御なし
—タスク　：[横断的／準備あり／辞書指定なし／制限時間なし]
—学習者　：[16の母語／EFL／大学生3-4年]

というように定義が可能になる。これらの設計基準の観点から利用できるコーパスを整理し，自分の研究目的に合い，かつお互いに比較可能な学習者コーパスがどれかを特定することが重要になってくる。

これらの設計基準で注意が必要な点は，Sinclair（2005）で述べられているように，「比較可能なように設計されたサブコーパス以外のコーパス内比較を行ってはならない。」という点である。たとえば，ICLEのオリジナルの設計基準として，母語の区分は最初からデザインに組み込まれている。母語話者ごとのサンプルは20万語ずつに均等に標本化されている。しかし，たとえば学習者プロフィールにあるからと言って，ICLEのデータを性別や年齢

で分類してしまうと，各母語話者の内部のサブコーパスはこの基準でサンプリングされていないため，極端に小さなデータになってしまう可能性がある。このような過度の学習者情報による絞り込みは，抽出する言語特徴が十分に出現する一定の保証となるテキスト・サイズを割り込む可能性があり，きわめて少ない頻度の比較で議論する危険性を生む。Sinclair はそのような過ちを犯さないように警鐘を鳴らしている。もちろん，サブコーパスが一定サイズの条件を満たす場合もあるので，比較可能なサイズか否かを十分に注意して使用する必要がある。

（3）世界の学習者コーパス

ここでは世界の主要な学習者コーパス構築の現状と，本書で紹介するコーパスの位置づけを確認する。

1）国際学習者コーパス

まず，1つのプロジェクトで複数の母語を持つ学習者データを集め，相互比較することを目的とした学習者コーパスを紹介する。

① International Corpus of Learner English（ICLE）
［設計基準］：
　―3,753,030語／CD で公開／検索プログラム付
　―目標言語：［書き言葉／エッセイ／論説体］＋トピック制御なし
　―タスク　：［横断的／準備あり／辞書指定なし／制限時間なし］
　―学習者　：［16の母語／EFL／大学生 3-4 年］
［特徴］：
　1990年から開始された代表的な英語学習者コーパスの国際プロジェクト。ベルギーのルーヴァン・カトリック大学の Sylviane Granger が中心になって構築された。ICLEv2（第 2 版）は2009年に公開され，CD-ROM の形式でハンドブックと共に出版されている（Granger, Dagneaux, Meunier & Paquot, 2009）。第 2 版の内容は世界16カ国の EFL 学習者の作文370万語を収録。各国約20万語であるが，中国のデータのみ50万語が収容されている。タスクは500語〜1000語の論説文で，トピックは特に指定されていないが「大学の学位は現実社会では無意味である」といった一般的なトピックを使用するように推奨リストが用意されている。学習者プロフィールを詳細に得るようにガイドラインが細かく設定されている。また参照コーパスとして類似タスクを

英語母語話者が書いた Louvain Corpus of Native English Essays（LOCNESS）
も利用できる。日本人英語学習者のデータも20万語収録されており，この部
分は本書の編者の1人である金子氏を中心として構築された（2章参照）。

② **Louvain International Database of Spoken English Interlanguage（LINDSEI）**
［設計基準］：
　—1,079,681語／554件／CD で公開
　—目標言語：［話し言葉／インタビュー］＋トピック制御なし
　—タスク　：［横断的／準備なし／制限時間約12〜15分］
　—学習者　：［11の母語／ EFL ／大学生3-4年］
［特徴］：
　ICLE と比較可能な話し言葉コーパスとして，Granger が中心となり構築した約100万語の国際学習者コーパス。1995年よりデータ収集を開始し，2010年にハンドブック同梱でデータも公開された（Gilquin, de Cock & Granger, 2010）。インタビューは warm-up, free informal discussion, picture description の3種類のタスクからなっている。インタビュアーの情報（母語，学習者との親しさ）などもプロフィールに付与されている。日本人データは51件，約56,000語収録されており，やはり金子氏を中心に構築が行われた（第3章参照）。音声データは付いていない。母語話者の会話データ Louvain Corpus of Native English Conversation（LOCNEC）が利用できる。

③ **International Corpus of Crosslinguistic Interlanguage（ICCI）**
［設計基準］：
　—844,400語／9000件／公開 web で検索・ダウンロード
　—目標言語：［書き言葉／物語＆論説体／主に2種類のトピック］
　—タスク　：［横断的／準備なし／辞書なし／制限時間20分］
　—学習者　：［8つの母語／ EFL ／小学校〜高校］
［特徴］：
　ICCI は東京外国語大学のグローバル COE プログラムの一環で，筆者投野が中心となって構築した国際プロジェクトである。特に英語初学者〜中級学習者の下位層を中心にデータ収集を行っている。本書で扱う JEFLL Corpus のデータと比較可能なように主として2種類の作文タスク（「どんな食べ物が好きか？」「大金をもらったら何に使うか？」）を中心に収集されている。国際プロジェクトで初級英語学習者のデータを組織的に整備しているのは数少ないので貴重なデータである。主要な研究成果は Tono, Kawaguchi &

Minegishi（2012）参照。

④ **International Corpus Network of Asian Learners of English (ICNALE)**
［設計基準］：
　―1,282,086語／5200件／公開ウェブからダウンロード
　―目標言語：［書き言葉／論説体／トピック2種類］
　―タスク　：［横断的／準備なし／辞書なし／制限時間20〜30分］
　―学習者　：［10の母語／ EFL & ESL ／大学生英文科3-4年］
［特徴］：
　ICNALE は石川慎一郎氏（神戸大学）が中心となって構築した国際学習者コーパスである。2013年3月に正式公開の国際シンポジウムが行われた。アジア圏英語学習者コーパスとして大学生の英作文を厳密な統制で比較可能にしたデータで，かつ CEFR レベル，動機付けアンケートなど Tono（2003）で紹介した望ましい設計基準のかなりの条件を満たし，極めて詳細な学習者属性が付与されている。母語話者200件の参照データも含まれており，日本人データは400件。最初の研究成果は Ishikawa（2013）にまとめられている。

⑤ **Longman Learners' Corpus（LLC）**
［設計基準］：
　―1000万語／件数不明／非公開
　―目標言語：［書き言葉／文体統一なし／トピック統一なし］
　―タスク　：［横断的／タスク設定詳細不明］
　―学習者　：［数十の母語／英語力レベル／高校〜大学生中心］
［特徴］：
　Longman Learners' Corpus はロングマン社により Michael Rundell を中心に編纂された学習者コーパスで，以前は英語力テストの作文データなどを基にしていたがその後各国から作文を募集して追加している。ただし，データの増殖は90年代からあまり積極的に行われていない。Cambridge に比べるとコーパスの内部構造や学習者情報などは公表されていない。ただし ICLE よりもかなり早くに大量の学習者データをコーパス化しており，その規模の大きさは特筆に値する。Longman Essential Activator, Longman Active Study Dictionary などの編纂に利用されている。また最新の LDOCE の学習者エラー情報もこの LLC からのものである。原則，商用利用に限定。

⑥ **Cambridge Learner Corpus（CLC）**
［設計基準］：
　―4500万語／20万件／非公開
　―目標言語：［書き言葉／Cambridge English exam の作文］
　―タスク　：［横断的／Cambridge English exam のタスク］
　―学習者　：［148の母語／217国・地域／レベル別］
［特徴］：
　Cambridge University Press と Cambridge English Language Assessment（旧 Cambridge ESOL）の共同により構築された学習者コーパスで世界最大の規模。規模が大きいだけでなく，半数近くの2200万語規模のデータにエラータグが付与されている。この学習者コーパスのエラー分析をもとに Cambridge International Dictionary of English（CIDE），Cambridge Learner's Dictionary（CLD），Cambridge Advanced Learner's Dictionary（CALD）の common learner error という誤用情報コラムが編纂された。また現在の English Profile という CEFR の基準特性を抽出する研究プロジェクトの主要リソースとしても利用されている。商用利用に限定。

2）特定国・地域の学習者コーパス
　ここでは特定の国・地域に特化して構築された学習者コーパスで，比較的規模の大きい代表的なもののみを紹介する。

① **HKUST Learner Corpus**
［設計基準］：
　―2500万語／非公開
　―目標言語：［書き言葉／作文］
　―タスク　：［横断的／入試問題の課題作文や授業タスク］
　―学習者　：［中国語（広東語）／大学生／科学・工学専攻］
［特徴］：
　香港科学技術大学（HKUST）で1992～94年に集中的に構築された大規模コーパス。John Milton が中心となった。初期は100万語程度の規模だったがその後現在の規模になる。Milton は学習者エラー情報をもとに，文法オンライン教材の開発やコンコーダンサーによる作文支援システムの開発などに取り組み，このコーパスからさまざまな学習プラットフォームを考案した。AutoLang, WordPilot といったソフトとして公開。香港拠点のため国際的には目立たなかったが，最も先進的な取り組みを行った事例の1つと言える。

データは非公開。

② Chinese Learner English Corpus（CLEC）
［設計基準］：
　―1,185,977語／ CD で公開
　―目標言語：［書き言葉／作文］
　―タスク　：［横断的／タスク制御なし］
　―学習者　：［中国語／高校〜大学生］
［特徴］：
　約100万語からなる中国人英語学習者コーパス。CBACLE（Corpus-Based Analysis of Chinese Learner English）というプロジェクトの一環で Gui Shichun（広東外国語大学），Yang Huizhong（上海交通大学）によって構築された。広州，上海，新郷の3地域の高校，英語専攻（大学3，4年）および非英語専攻（Band 4 & 6）をそれぞれ20〜25万語ずつ集めてある。これらの大部分は College English Test（CET）という大学生が受験する統一英語テストの作文課題である。特徴的なのは全体にエラータグを施している点で，公開されているエラータグ付与コーパスとして貴重。

③ English Taiwan Learner Corpus（EnglishTLC）
［設計基準］：
　―200万語／非公開
　―目標言語：［書き言葉／作文］
　―タスク　：［横断的＆縦断的／タスク制御なし］
　―学習者　：［中国語／高校〜大学生］
［特徴］：
　台湾国立中央大学の David Wible が中心となって構築している学習者コーパス。IWiLL という web 英語学習プラットフォームに投稿される英作文を自動的にコーパスとして蓄積するというユニークな試みである。また同時にエラー箇所の指摘も教員が指導的なコメントを挿入する形でアノテーションを行い，一般的なエラータグとは性質の異なるコメントを蓄積している。これによって学生がどのように作文を修正したかも追跡できるようになっている。データ自体は公開されていない。

④ Yonsei English Learner Corpus（YELC）
［設計基準］：

―100万語／研究用に公開
　　―目標言語：［書き言葉／作文］
　　―タスク　：［横断的／100語の記述文＋300語の論説文］
　　―学習者　：［韓国語／大学生／CEFR レベル］
［特徴］：
　韓国の延世大学で CK Jung を中心に構築された100万語のコーパス。タスクは大学内で受験する診断テストの作文。診断テストにより CEFR レベルが判定されるのが特徴的。

3）本書で紹介する日本人英語学習者コーパス

　1）～2）で紹介したコーパス群の中でも，日本人英語学習者のデータはかなり重要な位置を占める。本書で紹介するコーパスは次の6つである。

2章	ICLE-JP コーパス	書き言葉
3章	LINDSEI-JP コーパス	話し言葉
4・5章	NICE	書き言葉
6章	JEFLL コーパス	書き言葉
7章	ICCI	書き言葉
8・9章	NICT JLE コーパス	話し言葉

　ICLE-JP，LINDSEI-JP は共に(3) 1）で紹介した国際学習者コーパス・プロジェクトの日本語学習者データを構成する。ICLE，LINDSEI のデータを詳細に検討することは，学習者コーパス研究のベンチマークのような役割を果たすであろう。

　NICE は Nagoya Interlanguage Corpus of English の略で，ICLE のデータ収集方法や設計基準を批判的に検証し，11のテーマ，日本人200件（7万語），母語話者200件（12万語）というデータで小規模ではあるが緻密な比較分析を可能にしている。

　JEFLL コーパスと ICCI のデータは国際比較という意味では相補的である。ICCI の日本語学習者部分は JEFLL の一部を利用しているが，本書では ICCI 全体での応用例を紹介している。

　そして NICT JLE コーパスは，200万語という単一学習者データとしては最大規模の話し言葉学習者コーパスであり，インタビュー・テストをベースとしているので，会話能力レベルを客観指標としてデータ分析できる点も強みである。

（4）英語学習者コーパス研究と関連分野

　本節では英語学習者コーパスの登場が，応用言語学の関連分野にどのような影響を与えたかを概観する。なお，各分野における先行研究の詳しいまとめはここでは行わない。2章以下の各事例研究において先行研究に言及する。
　学習者コーパス研究を評価する際に，学習者コーパスは学習者言語のデータであるという特性とコーパスであるという特性の両面を併せ持っており，それゆえに通常の学習者データの評価とは異なる側面があることを理解する必要がある。ここでは第二言語習得研究，教材研究，シラバス研究，言語テストに分けて学習者コーパス研究の現在までの貢献と今後の可能性を簡単に述べておく。

1）学習者コーパスと第二言語習得研究

　第二言語習得（SLA）研究への貢献を考える際に，Granger が提唱したContrastive Interlangauge Analysis（CIA）と Computer-aided Error Analysis（CEA）に関して理解しておく必要があろう。CIA は基本的に1950年代まで盛んに行われていた対照分析（Contrastive Analysis）を中間言語分析に拡充した考え方で，大別すると，①母語話者コーパス vs. 学習者コーパス（NS vs. NNS），②学習者コーパス間（NNS vs. NNS）による比較を行う。ICLE はまさしくこの概念を具体化する形でコーパス設計が行われたと言ってもよい。CEA は，これに加えてエラー分析をコンピュータで組織的に行う方法である。エラータグを付与したデータの計量分析は，60〜70年代に盛んだったエラー分析では不可能だったエラーの頻度比較や学習者グループ間の分布比較を可能にするという意味で，強力な方法論上の提案であった。
　学習者コーパスの SLA 研究における貢献は，方法論的には2種類のアプローチに集約されよう。1つは既存の SLA 理論で提唱されている仮説をコーパス分析によって再検証するもの。もう1つは検証すべき仮説の設定を行わず，コーパス・データを用いて探索的に中間言語分析を行う，というものである。前者の例としては，Tono（2000）のような文法形態素習得順序仮説の再検証などがそれにあたる。後者の例としては，De Cock（2004）の会話データの n-gram（n 語の連鎖データ）分析などが該当する。
　このような方法論的な貢献が期待される中で，現状はどうかというと，学習者コーパスの研究成果が SLA 研究の分野に大きなインパクトを与えているとはまだ言いがたい。SLA 研究者にとっては学習者コーパスはコーパス言語学の分野からの提案であり，研究方法としては魅力的ではある。しかし，

その手法が必須といえるほど大きく影響を与えた研究成果があるかと問われれば，学習者コーパス研究はまだ分野的にそこまで成熟していない。

　これには理由がいろいろあろうが，私見では最も大きな原因の1つはコーパス言語学におけるコーパス構築理念と大きく関係がある。すなわち，ICLE に代表される学習者コーパスは，ちょうどアメリカ英語を代表するために Brown Corpus が設計されたように，一般的な学習者英語の状態を知るための標準的データとして一定の汎用性を目指して設計されている。したがって，一方でいろいろな興味や関心によるデータ利用が可能だが，他方，特定の SLA の課題に密着して採取されたデータではないために，何の目的でとられたデータか，このデータから何が読み取れるか，が SLA 研究者にわかりにくいのである。別の言い方をすれば，SLA 研究者のほとんどが既存の学習者コーパスに関して，自分が知りたい現象を的確に取り出せるデータとして有用だという認識を持てていないのが現状である。それはデータの誘出タスクが不適切であったり，大部分の学習者コーパスが書き言葉に偏っていたり，見たい言語事象が十分な頻度観察されないトピックやタスク設定だったり，長期的なデータ収集がほとんどなされていなかったり，というデータ収集上の制限と関係してくる。

　現状では SLA 研究との歩み寄りのためには，既存の学習者コーパスで観察できることとできないことを的確に判断し，足りない部分は Gilquin (2007) が行ったような独立した誘出タスクを実施するなどして補完する必要がある。かつ，SLA 研究者が使ってみたいと思うようなデータ収集の方法を採用するなど，コーパス設計に一段と工夫が必要になろう。

　このような SLA との距離がある一方，コロケーションに関する一連の研究（Nesselhauf, 2005；Martelli, 2008），そして後述する学習者コーパスによる CEFR の基準特性抽出に関する研究（Hawkins & Filipović, 2012）などは，大量の学習者データとコンピュータによる分析があってこその成果であり，今後 SLA 研究にインパクトを与える結果が生まれてくる可能性は大きい。

2）学習者コーパスと教材研究

　学習者コーパスからの正用・誤用の頻度・分布は文法・語彙の学習の困難点などを発見するのに非常に有用であると期待される。しかしながら，現状では学習者コーパスの教材研究への応用は，そのほとんどが学習辞典編纂の分野に限られている。ICLE, LINDSEI は Macmillan English Dictionary にデータを提供しているし，LLC, CLC はそれぞれ LDOCE, CALD といった辞典に活用されている。これらはコーパスが COBUILD をはじめとする学習英英

辞典に積極的に応用された歴史的経緯と深く関係している。投野（2004）ではケンブリッジ大学出版局から日本人英語学習者データ部分のみ利用許可をもらい，100万語データを新たに調査して，CLDのCommon Learner Errorsをより日本人英語学習者に特化したコラムに加筆修正している。

学習者コーパスはまだ一部の出版社や一部の研究者の間でのみ利用され，一般に公開され商用利用できるものが少ないので，上記のように学習者コーパスを構築した研究者が同時に教材作成に携わる，という図式がないと，なかなか利用が促進されないという点がネックであろう。

次なるターゲットはやはり文法書であるが，現在のところコーパス準拠の文法書（Biber et al., 1999など）は登場しているが，学習者コーパスを最大限に活用した文法書はまだ現れていない。また会話教材などにも母語話者コーパスは徐々に利用されてきている（例：Touchstoneなど）が，学習者コーパスを利用した記述は筆者の知る限りではまだない[ii]。

学習者コーパスを作文支援システムと連携させた好例は，前述のHKUST Corpusを開発した香港科技大のJohn Miltonである。AutoWordという英作文支援のCALLシステムに学習者コーパスからの分析結果を応用しており，誤り訂正問題，オンラインの文法解説，母語話者に比較して過少使用される語彙やフレーズなどの指導メニューがあり，それらをすべて学習者ライティング指導に組み込みながら活用できるシステムになっている（Milton, 1998）。その後，Miltonは香港科技大のシステムとは独立してThe My Words Familyという語彙学習プログラムを作り，MS-Wordのツールバー形式で操作できるCheck My WordsやMark My Wordsといった方法で上記のコーパス分析結果を一般ユーザーに利用できるようにしている（http://mws.ust.hk/mw/account/index.php）。Miltonの行った仕事はおそらくどの学習者コーパス研究でも実践例として目標としていることであるが，まだ彼ほど具体的な成果物として完成させた者はいないのが現状である。発想やインターフェースの面でも極めて完成度の高いツールになっている。

3）学習者コーパスとシラバス研究

学習者コーパスとシラバス・デザインは数年前まではすぐに結びつく状況ではなかったのだが，この4, 5年で状況は大きく変化した。1つはCommon European Framework of Reference for Languages（CEFR）の普及があ

[ii] ただし，Longman Dictionary of Common Errors（第2版，1996）はLongman Learners' Corpusに完全準拠とうたっている。

る。CEFR は言語能力を A（basic user），B（independent user），C（proficient user）に分け，それぞれ 2 レベルの 6 段階を「～できる」という CAN-DO ディスクリプタで表記する方法で，言語共通の参照枠として広範囲に利用が促進されている（投野 2013）。CEFR 自体は言語独立の枠組みであるため，個別言語のレベルと言語材料の貼り付けは独自に行わなければならない。英語に関してその具体化の作業を Council of Europe から委託されたのが，Cambridge University Press と Cambridge English Language Assessment（旧 Cambridge ESOL）らが中心となった English Profile というプロジェクトであった。このプロジェクトの最大の特徴は CEFR レベルごとの言語特徴の抽出をコーパス準拠で行った点である。前述の Cambridge Learner Corpus のデータをもとに，どのレベルでどのような文法が出現してくるか，エラー傾向はどうか，などについて詳細な分析が行われ，最初の成果が Hawkins & Filipović（2012）で発表されている。学習者コーパスが CEFR の英語での具体化の基礎資料としてこのように組織的に利用された意義は大きい。ただ，方法論的に特徴抽出の手法の検証や，A1 レベルのデータが乏しいこと，母語の影響や教室での指導順序の影響など，SLA では重要な要因があまり精密に勘案されていないなど問題点もあり，今後の発展が期待できる分野である。

4）学習者コーパスと言語テスト

　言語テストの分野では Alderson（1996）の論考がコーパスと言語テストの連携の可能性を論じた最も初期のものであるが，2000年代になって言語テストが4技能のパフォーマンス・テストへの関心が強まると，米国を中心として学習者の産出データをコンピュータで自動採点する技術の開発が盛んになる。この基礎データとして学習者コーパスが用いられている。

　会話テストの先駆は Versant（http://www.versant.jp）で，電話・コンピュータで受ける15分程度のスピーキング・リスニング能力の試験である。音声認識・自動採点の機構の開発のため，多様な発音が識別できるように大量の音声データによる判別器のトレーニングが行われていて，単語・文の繰り返しタスクを自動判定するばかりでなく，自発的発話の判定も，語彙レベル，文法的正確さなどを勘案して数値化できる。

　ライティングでは ETS の Criterion（https://criterion.ets.org/）が代表的な自動採点テストである。トピック別作文データのコーパス化および添削内容を自動採点するための言語特徴の選定と採点するための要素の重み付けを行い，e-rater® というエンジンとして知られている。12の言語指標による基準は人

間が採点した場合の評価と極めて相関の高い自動採点結果の予測を行うと報告されている（Attali & Burstein, 2006）。

韓国も数年前から大学入試に4技能テストを導入している。日本の大学入試センターに相当する KICE では，現在のスピーキング，ライティングの技能テストを自動採点化するために，ETS などの技術と同等のシステムを独自に開発するべく研究している。

(5) 本書で扱う学習者コーパスと研究分野・手法

本書は英語学習者コーパス研究の概論書であると同時に，利用できる代表的な日本人英語学習者コーパスの構築プロセスやその特徴を，それぞれ開発に従事した研究者が直接解説し，そのコーパスを利用した研究例を具体的に紹介することで，学習者コーパスの構築・研究方法に関しても手引きとなるように構成されている。

各学習者コーパスと書き言葉（W），話し言葉（S）の別，各コーパスで扱う研究テーマ，分析手法を表2に示す。

表2　本書で扱うコーパスとその研究テーマ・手法

節	コーパス	W/S	研究テーマ	分析手法
2・2	ICLE-JP	W	移動動詞 come & go	認知言語学的分析
2・3	ICLE-JP	W	冠詞エラー	エラータグ分析
3・2	LINDSEI-JP	S	感情表現	語用論的分析
3・3	LINDSEI-JP	S	会話における母語使用	タグ付与・会話分析
4・2	NICE	W	コロケーション（副詞＋形容詞）	用法分析　添削データ比較
4・3	NICE	W	コロケーション（of を含む連鎖）	n-gram 分析　p-frame 分析
5・2	NICE	W	学習者英語の言語的特徴指標の抽出	判別分析
5・3	NICE	W	学習者英語の語彙の多様さ・広範さ	各種語彙指標の比較
6・2	JEFLL	W	語彙・文法発達	n-gram 分析
6・3	JEFLL	W	時制・相の習得	エラータグ分析
7・2	ICCI	W	基準特性抽出（MLU）	線形混合効果モデル
7・3	ICCI	W	基準特性抽出（統語的複雑さの指標）	機械学習
8・2	NICT JLE	S	対話修復と習熟度の関係	会話分析
8・3	NICT JLE	S	空間描写の論理展開力	論理構文分析
9・2	NICT JLE	S	会話力レベルと品詞・文法タグの使用分布	コレスポンデンス分析
9・3	NICT JLE	S	表現リスト抽出	シードを利用した半自動抽出プログラミング

本書で使用されている学習者コーパスはすべて一般に公開されているデータである（ライセンスなどは別途必要）ので，それらを実際に入手して自分で処理しながらデータ処理や研究方法を学ぶことにより，英語学習者コーパス研究の基礎的な知識と技能が習得できるようになっている。
　文中で取り上げた技術的な処理などについては Technical Box のコーナーにまとめてある。

(6) まとめ

　本章では，英語学習者コーパスの定義，歴史的発達を概観し，主要な国内外の英語学習者コーパスの紹介を行った。かつ，英語学習者コーパス研究が貢献できる英語教育の諸分野に関しても概観した。
　英語学習者コーパスは，その性格上，標準的な参照データとして設計したいという要望と，言語習得の諸側面を見るのに適したデータ採取の方法をとるべきであるというニーズとの間で常にバランスを保つのが難しかった。しかし，今後学習者データの多様化を受けて，もっとコンピュータ処理とデータ収集方法の最適化が行われることにより，学習者コーパスの成果がより直接的に第二言語習得や他の分野に大きな影響を及ぼすことが期待される。

2章
学習者英語の国際比較
──日本人英語の特徴を解明する

2・1 【概説】
学習者コーパス ICLE とは

(1) ICLE とは

　ICLE（International Corpus of Learner English：国際学習者英語コーパス）は，英語学習者が用いる英語の書き言葉の特徴を解明することを目的に，異なる母語を持つ学習者の言語データを収集した学習者コーパスである。ICLE は，1990年にベルギーのルーヴァン・カトリック大学（Université catholique de Louvain）の Centre for English Corpus Linguistics（CECL）が開始したプロジェクトで，2013年現在では世界25カ国からの研究機関がパートナーとなっている。

　ICLE はハンドブックと CD-ROM の形で一般公開されている。現在まで

表1　ICLE の概要

一般公開	第一版（2002），第二版（2009）
サイズ	3,753,030語（第二版）
サブコーパス	第一版：11母語（ブルガリア語，チェコ語，オランダ語，フィンランド語，フランス語，ドイツ語，イタリア語，ポーランド語，ロシア語，スペイン語，スウェーデン語） 第二版：16母語（ブルガリア語，中国語，チェコ語，オランダ語，フィンランド語，フランス語，ドイツ語，イタリア語，日本語，ノルウェー語，ポーランド語，ロシア語，スペイン語，スウェーデン語，トルコ語，ツワナ語）
メタ情報	エッセイ基本データ（ファイル名，語数，執筆年月日，エッセイの種類，時間制限の有無，参考文献の使用の有無，試験設定の有無，タイトル） 学習者属性情報（国籍，母語，年齢，性別，学年，大学名，英語の学習年数，英語圏への滞在年数，他言語の知識）
アノテーション	見出し語形，品詞

に，11の異なる母語を持つ英語学習者の書き言葉データを収録した第一版（ICLEv1, 2002）と，日本語を含む16の異なる母語を持つ英語学習者の書き言葉およそ370万語を収録した第二版（ICLEv2, 2009）が出版されている。

1）データ収集方法・タスク

ICLEに収録されている書き言葉データは，世界中のパートナーによって規定のガイドラインに沿って収集されている。言語データは英語上級者によって書かれたアカデミックエッセイ（academic essay）であり，彼らは第二言語としてではなく外国語として教室環境で学習する英語上級者，原則として大学上級生（3，4年生）である。母語ごとのサブコーパスの設定サイズは20万語，各エッセイの長さは500語から1,000語と規定されている。

アカデミックエッセイの種類は，論述エッセイ（argumentative essay writing）と文学試験論文（literature examination paper）の2つであるが，文学試験論文の上限は母語ごとのサブコーパスの25％で，ICLEv2においては全体の91％が論述エッセイである。エッセイのトピックは，一般的な社会問題を多岐に扱っている。CECLが例として挙げたトピックのリストから選択されている場合と，CECLの定めたガイドラインに従って自由にトピックが選択されている場合とがある。また，1つのサブコーパスが単一のエッセイトピックで構成されている場合と，多彩なエッセイトピックを含んでいる場合とがある。

エッセイ執筆の環境の条件としては，時間制限の有無，辞書や文法書など参考書の使用，試験として書かれたものであるか否か，の3点がある。これらの点は任意であるが，エッセイは完全に学生1人の力で書かれたものに限られている。

2）CD-ROMの内容

ICLEのCD-ROMは，パソコンで書かれたエッセイも紙ベースで書かれたエッセイも収録しているが，学習者のエッセイのエラーは修正されていない。エッセイの基本データと，学習者属性情報（詳しくは表1参照）はメタ情報として，各エッセイにリンクするデータベース内に記載されている。CD-ROMには検索ソフトが内蔵されているので，ユーザー1人1人がそれぞれの変数を自由に組み合わせて各自の目的に合わせて調査対象を絞り，独自のサブコーパスを作成することができる。

ICLEv1ではデータ分析においてWordSmith Toolsのような分析ソフトウェアを使用する必要があったが，ICLEv2ではUnitexというコンコーダンサー

を搭載している。ICLEv2 のすべてのエッセイは CLAWS（ランカスター大学で開発された品詞タグ付与プログラム）によって全単語の基本形の情報（lemma）と品詞情報（POS tagger）が付与されているので，語形，語のユニット，品詞，定型表現を検索できる。

3）LOCNESS

CECL では英語を母語とする学生のエッセイを収録した Louvain Corpus of Native English Essays（LOCNESS）を編纂している。LOCNESS は，イギリスの A レベル（大学進学課程），イギリス人大学生，アメリカ人大学生の論述エッセイを収め，合計324,304語からなる。ICLE と同じ年齢層の英語を母語とする学生によって執筆されたエッセイを ICLE と同様のガイドラインに従って収集している。ICLE と LOCNESS を比較することで，学習者言語の特徴を検証することが可能であるが，比較検証にあたっては，LOCNESS に収録されているデータが，英語母語話者とはいえ大学生によって書かれたエッセイである点や，コーパスのサイズがおよそ30万語と比較的小規模であるという点を考慮する必要がある（Granger, 1998, p.13）。

4）データ公開およびアクセス状況（購入先）

ICLEv2（ハンドブック付き CD-ROM）は，CECL のホームページを通じてオンライン（http://www.uclouvain.be/en-277586.html）で購入することができる。LOCNESS については，2013年6月現在では非公開となっている。

（2）日本人学習者サブコーパス（ICLE-JP）

次に，ICLEv2 に収録された日本人学習者サブコーパス（ICLE-JP）について，そのサブコーパスと参加者が記入した学習者プロフィールについて説明する。

1）ICLE-JP の総語数・平均語数・タスク

ICLE-JP は，総語数198,241語（作文数366件）で構成されている。1件の論述エッセイの平均語数は542語である。ICLEv2 全体の平均語数は617語であった。他のサブコーパスの平均語数は，384語のツワナ語サブコーパスから893語のオランダ語サブコーパスまで大きく幅がある。ただし，ICLE-JP より平均語数が少ないサブコーパスが，ツワナ語サブコーパス，中国語サブコーパス（平均語数500語），ドイツ語サブコーパス（平均語数526語）の3

つしかないという結果を考慮すると，日本人英語学習者の平均語数は比較的少ないと言える。

　すべての収録作文は，一般的なトピックに関する論述エッセイとなっている。トピックは自由に設定するが，論述文という形式を用いることで，筆者がいかに自分の意見・主張を相手にわかりやすく伝えられるかという視点から，語彙や文法ばかりでなく，cohesion（文と文のつながり）や coherence（文章の中での筋道）の有無と言った文章構造まで分析することができるようになっている。

　ICLE-JP に収められる英文エッセイの執筆の際には，時間制限の有無，辞書等の参考資料の使用の有無，そして試験として作成するか，の3点については，データ収集者の任意となっていた。ICLE-JP に収集された英作文は，57％が時間制限のある中で，83％が参考資料を使用せずに，そして60％が試験でない設定で作成されていた。

2）ICLE-JP に含まれた日本人英語学習者の特徴

　ICLEv2 に参加した日本人英語学習者の特徴は下記の通りである。
①平均年齢は20.06歳で最も若い（ICLE 全体の平均は22.3歳である）。
②性別は女性が73％，男性が27％である（ICLE 全体の性別は，女性が76％，男性が24％である）。
③母語は100％が日本語のみ。家での使用言語も同様である。
④英語以外の外国語に関する知識として，中国語とフランス語を挙げた回答がそれぞれ全体の6％である。
⑤英語圏での滞在に関する質問には，100％の参加学習者が（短期・長期含めて）滞在経験ありと回答している（全体では，うち45％は英語圏に滞在したことがない）。

（3）ICLE エラータグ付き日本人サブコーパス
　　　(Error-tagged ICLE-JP)

　ICLE プロジェクトの1つとして，エラータグ付きコーパスが作成されている。このコーパスは，ICLE 参加国の中の有志国が，それぞれの国の ICLE サブコーパスの中から任意の5万語以上を選び，誤りの箇所にエラータグを付したものである。

　ICLE エラータグ付きコーパスプロジェクト参加国は，国際的な比較を可能とするためにタグ付けのガイドラインを設定した。それに基づき，ICLE

日本人サブコーパス作成チームは，下記のような手順でエラータグ付サブコーパスを作成した（なお，このコーパス作成は，日本学術振興会科学研究費補助金基盤研究 B（No. 20320063）の支援を受けて行った）。
① ICLE-JP から任意で 5 万語以上のコーパスを抽出した。
② 英語母語話者に依頼し，誤りを指摘し，修正を加えてもらった。修正に関しては，できるだけ原文を損なわないように配慮した。
③ タグの種類は限定されたものとした。より多くのタグがあれば分析の精度は上がるが，正確なタグ付けが難しくなることがその大きな理由である。誤りの数より，誤りの種類に注目して作業を行うことを旨とした。
④ エラータグ付けに関しては，以下の通りに行った。
    a. 修正された語句ではなく，誤りのある語句にエラータグを付ける。
    b. エラータグは，修正する必要のある語句の直前に付ける。
    c. 修正は，検索を行いやすくするため，誤りの語句の直後に $ で囲んで明示する。
    d. 同じ語句に 2 つ以上の誤りが含まれている時には，タグを二重に付ける。
    e. 修正をしたために起こった誤りにはタグ付けをしない。

エラータグ付きコーパスの一部を下記に例示する。

    "Do you think government should have the right to take land away without permission?" I answer（WO）to this question "no!" $ "no!" to this question$ flatly. I think many people will answer "no." In this essay, I will show my own opinion and reasons why I think governments should not have the right to take land（FS）sway $away$. Three reasons occurred to me. Now, after this I（XVPR）write $write about$（GP）this $these$ three reasons and one case（LSF）applied $related$ to this essay.

ICLE エラータグ付き日本人サブコーパスのエラータグの種類は，大きく 8 種類に分類され，さらに下位区分もある。そして，全体を100％とするとそれぞれの割合は，次ページの表 2 に記載されている通りである。

なお，ICLE エラータグ付き日本人サブコーパスは，現在 ICLE チーム内での使用のみに限られており，2013年 6 月現在では一般公開されていない。

表2 ICLEエラータグ付日本人サブコーパスのエラーの種類と比率

	エラータグの種類	タグの表示	比率
1	Formal Errors（語彙の形態の誤り）	〈F〉	6.25%
2	Grammatical Errors（文法的誤り）	〈G〉	42.53%
3	Lexical Errors（語彙選択の誤り）	〈L〉	16.25%
4	Punctuation Errors（句読点の誤り）	〈Q〉	7.32%
5	Register Errors（言語使用域の誤り）	〈R〉	0.78%
6	Style Errors（文体の誤り）	〈S〉	10.39%
7	Word Errors（単語の誤り）	〈W〉	8.29%
8	Lexico-Grammatical Errors（語彙と文法の関連の誤り）	〈X〉	8.17%

注：〈L〉（Lexical Errors）と〈W〉（Word Errors）の違いは，〈L〉は「語彙の選択」に関連した誤りに，〈W〉は「（重複，不足，語順等の）語彙の使い方」に関連した誤りに付与される。

2・2 【研究例・1】
日本人大学生の移動動詞 come と go の使用

(1) はじめに

　認知言語学では，人間の心の働きとことばは密接な関わりがあると考え，事態把握（construal）という概念を重視する。ことばは，ひとがあるモノ・コトを知覚し，それが自分にとってどのような意味があるかを読みとり（認知し），それを言語化したものと考えるからである。したがって同じ状況も話し手の捉え方しだいで違った表現になることがある（Langacker, 1987）し，同じ状況でも，異なる言語の話し手ではその捉え方および表現の仕方の好みが異なることがある（池上，2008）。

　日本語と英語では事態把握の仕方が違うことがあるという想定のもと，髙野（2011）では，その解釈が発話場面の状況に依存するとされる直示移動動詞 come と go の分析を行った。日英語における come/go と「行く」/「来る」の事態把握を比較し，日本語は「話し手中心」，英語は「聞き手尊重」の事態把握を好む言語であると結論づけた。

　日本語では，「来る」は一般的に話し手のいるところへの移動に用いるが，英語の場合，come は視点のあるところに近づく動きを表すため，話し手のところに来る場合だけでなく，相手のいるところを基準にして，そこに行く時にも用いる（田中（他）編，2007）。このように，英語では 2 人称に対しても 1 人称と同じ使い方をしていて，話し手と聞き手が対話者として対等の関係にあると考えられるが，日本語では話し手である自己が常に中心となっている。

　この日本語の「話し手中心」，英語の「話し手と聞き手は対話者として対等」という異なる事態把握のスタンスが，日本人英語学習者の英作文における移動動詞 come と go の使用にどのような影響を与えているのか，本節ではこの問題を ICLE の活用例として検証してみたい。

（2） データと分析方法

1） 使用コーパス

本研究では，ICLE，LOCNESS からサブコーパスを作成し，分析にあたってそれぞれのデータに Low, Advanced, Native とグループ名を付けた。Advanced グループは ICLE 日本人サブコーパス，Low グループは，英語レベルや語彙数等の観点から ICLE 日本人サブコーパスに加えなかった日本人大学生の論述エッセイで，日本人英語学習者の習熟度別の言語使用を観察するために加えた。Advanced グループと Low グループはほぼ同じサイズである。Native グループは，ICLE との比較を目的として英語母語話者である英米の大学生から収集された LOCNESS の中の，他の 2 つのグループとサイズが最も近いアメリカ人大学生論述エッセイのユニットである。それぞれのグループに含まれる総語数を示したのが表 1 である。

表 1　コーパスサイズ（総語数）

Low	90,352
Advanced	101,748
Native	149,574

2） データの収集

分析データ収集の最初のステップとして，コーパス処理プログラム WordSmith Tools の Concordance 機能を用いて，それぞれのグループから come（come, comes, came, come, coming, comings）と go（go, goes, went, gone, going, goings）の用例を抽出した。図 1 は，抽出されたデータの一部を示したものである。ここに示すのは学習者コーパスから抽出された用例であるため，エラーがそのままの形で含まれている。

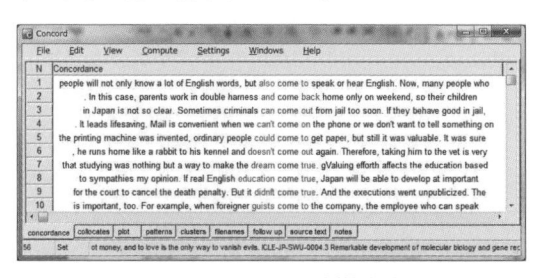

図 1　Wordsmith Tools の用例検索結果表示画面

それぞれのグループにおける come と go の出現数は表 2 にまとめられる。

表 2　come と go の出現数

グループ	come	go
Low	125	390
Advanced	144	249
Native	179	281

意味拡張の一般原則は「空間→時間→状態（変化）→心理」の順で進んでいく（吉村，2004，p.143）ことから，本研究では「空間移動」を表す come と go の用例を分析データとして採用する。分析データ収集の第二ステップとして，空間移動を表す come と go 以外の用例を削除し，さらに移動以外を表す句動詞，慣用句，慣用的表現，be going to，連結動詞（come true，go blind など）の用例を削除した。その結果，表 3 に示す「移動を表す用例」が得られた。

表 3　移動を表す come と go の用例数

グループ	come	go
Low	58	287
Advanced	63	182
Native	80	100

3）分析方法

移動を表す come と go の用例から，ICLE 日本人サブコーパスに見られる日本人英語学習者の come と go の使用傾向を観察し，日本語の「話し手中心」という事態把握のスタンスが与える影響を検証する。使用傾向を把握するため，次の 3 点について分析を行う。

分析 1．come と go の全用例における移動を表す用例の割合
分析 2．come と go の移動の主体の具象性（有生／無生）／抽象性
分析 3．come と go の移動のタイプ

分析1では，移動動詞としてのcomeとgoの使用傾向を探るため，全用例における空間移動を表す用例の割合を確認した．分析2では，comeとgoの移動の主体に着目して，それが具象物か抽象物か，具象物の場合はそれが有生物か無生物か観察した．分析3では，comeとgoの移動のタイプに注目し，それぞれの用例が表4に示すどの移動のタイプに当てはまるか観察した（表4のSは話し手（Speaker），Hは聞き手（Hearer），太線は視点が置かれているところを表す．例文はすべて分析データから選択したものである）．

表4　移動のタイプ

come	A	○→S	話し手の領域への移動 The girl came to me.
	B	○→H	聞き手の領域への移動 I'll be coming soon.
	C	○→○	話し手・聞き手以外の場所への移動 Two young males just came into his store.
go	D	S→○	話し手の移動 I want to go abroad.
	E	○→○	話し手以外の移動 She then goes home.

Technical Box　コンコーダンスから用例分析へ

　WordSmith Toolsの用例検索（Concordance）機能によって抽出されたデータは，表計算ソフトExcelを使って整形し，コーディングを行った．
（分析シートの例）

Advanced_come				移動	移動の主体			移動のタイプ		
					具体		抽象	A	B	C
					有生	無生				
用例1	・・・・・・	come	・・・・・・	1	1	0	0	1	0	0
用例2	・・・・・・	come	・・・・・・	1	0	0	1	0	0	1

（3）結果と考察

1）移動を表す割合

　本コーパスに出現した移動を表す come と go と，移動以外を表す come と go の割合を示したのが図 2 である。

```
come                              go
■ 移動  ■ 移動以外              ■ 移動  ■ 移動以外
Low       46.4    53.6        Low       73.6    26.4
Advanced  43.8    56.2        Advanced  73.1    26.9
Native    44.7    55.3        Native    35.6    64.4
```

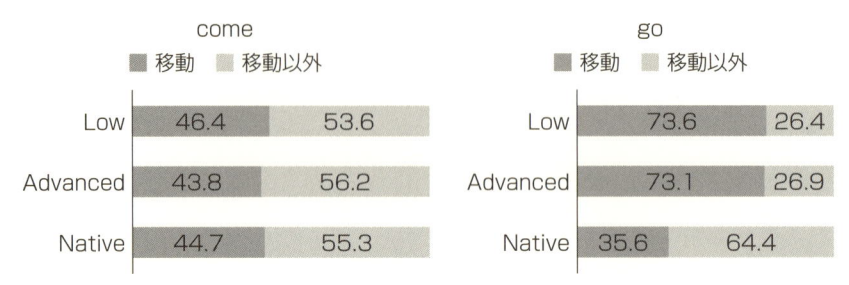

図 2　come と go：移動と移動以外を表す割合（%）

　come の移動を表す割合については，3 グループ間で大きな差異は見られない。一方，go の移動を表す割合を見ると，日本人学習者が 2 グループとも 70％を超えているのに対して，Native グループはその半分以下である。日本人学習者は come よりも go の使用において移動を表す割合が高くなっている。

2）移動の主体の具象性／抽象性による用例の分析

　come と go の移動の主体に注目して，それが具象物か抽象物か，そして移動の主体が具象物の場合，それは有生物か無生物かを観察した。その結果をまとめたのが表 5，具象物と抽象物の割合を示したのが図 3 である。

表 5　come と go：動作主の具象性／抽象性による用例の分類（カッコ内は割合（%））

グループ	come 具象物 有生物	come 具象物 無生物	come 抽象物	come 合計	go 具象物 有生物	go 具象物 無生物	go 抽象物	go 合計
Low	46 (79.3)	3 (5.2)	9 (15.5)	58 (100)	278 (96.9)	6 (2.1)	3 (1.0)	287 (100)
Advanced	49 (77.8)	7 (11.1)	7 (11.1)	63 (100)	178 (97.8)	2 (1.1)	2 (1.1)	182 (100)
Native	36 (45.0)	16 (20.0)	28 (35.0)	80 (100)	80 (80.0)	10 (10.0)	10 (10.0)	100 (100)

```
                come                              go
        ■具象物    □抽象物              ■具象物    □抽象物

Low         84.5        15.5     Low         99           1
Advanced    88.9        11.1     Advanced    98.9         1.1
Native      65          35       Native      90           10
```

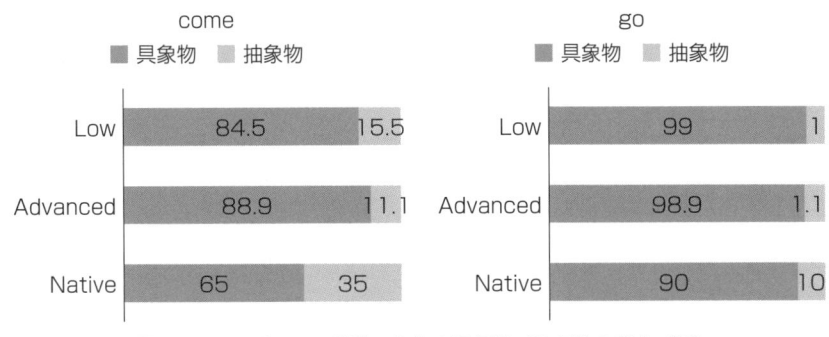

図3　come と go：移動の主体の具象性／抽象性の割合（%）

　come の用例においては，日本人学習者グループは移動の主体が具象物である割合が80％を超えているのに対し，Native グループは具象物の割合が65％と，日本人学習者ほど高くはない。また，移動の主体が具象物の場合，その有生・無生の割合に関しては，Low グループが93.9％（49例中46例），Advanced グループが87.5％（56例中49例），Native グループが69.2％（52例中36例）である。習熟度が下がるにつれて，移動の主体が有生物である割合が高くなっている。

　go の用例では，3グループとも移動の主体が具象物である割合が高い。移動の主体が具象物の場合の有生・無生の割合は，come のケース以上に，3グループとも有生物である割合が高い。Low グループが97.9％（284例中278例），Advanced グループが98.9％（180例中178例），Native グループが88.9％（90例中80例）である。

3）　移動のタイプ

　come と go の移動を表す用例を，表4に示したタイプに分類して示したのが表6で，それぞれのグループにおける移動のタイプの分布を示したのが，

表6　come と go：移動タイプ別分類

グループ	A	B	C	合計	D	E	合計
Low	51	0	7	58	183	104	287
Advanced	28	1	34	63	57	125	182
Native	15	0	65	80	13	87	100

```
                come                              go
         ■ A   ■ B   ■ C                    ■ D   ■ E

Low            87.9        12.1    Low       63.8         36.2
Advanced    44.4  1.6   54         Advanced  31.3         68.7
Native    18.8       81.2          Native   13            87
```

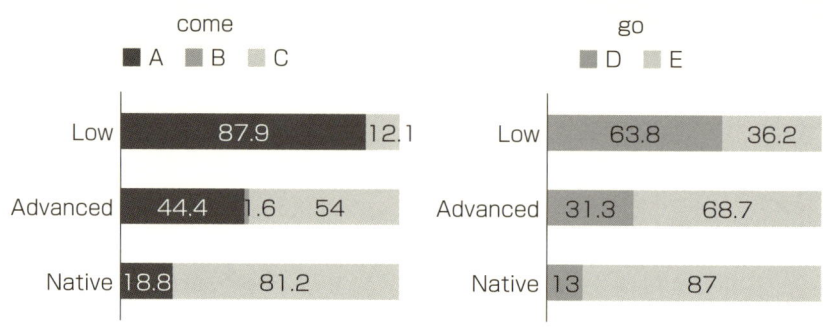

図4　come と go の移動タイプの割合（%）

図4である。

　come の3つの移動タイプのうち，話し手と聞き手を含むAタイプとBタイプの結果に注目してみたい。Aタイプは話し手への移動を表し，視点は到達点の話し手に置かれている。一方，Bタイプは聞き手への移動を表し，視点は到達点の聞き手に置かれている。Aタイプの割合は，Lowグループが87.9%と最も高く，Advancedグループでは44.4%と大きく減少し，Nativeグループでは18.8%とさらに減少している。Bタイプの用例は，Advancedグループに1例見られただけで，LowグループとNativeグループには見られなかった。come は，話し手だけでなく聞き手を視点として，そこへの移動にも用いられる。そのためNativeグループのBタイプの割合はもっと高い数値を期待していたが，その結果は得られなかった。これは本研究の対象が論述エッセイであるため，話し手と聞き手が交替する会話においては，Bタイプの用例がより多く見られるのではないかと推察する。

　go の用例における移動は，「話し手から誰か（何か）への移動」をDタイプ，「話し手以外の誰か（何か）から他の誰か（何か）への移動」をEタイプと規定した。話し手を移動の出発点とするDタイプの割合は，Lowグループが63.8%と最も高く，Advancedグループでは31.3%と大きく減少し，Nativeグループでは13.0%とさらに大きく減少している。

　3つの分析を通し，日本人学習者の移動を表す come と go の使用については，次のような傾向が見られた。

分析1．come よりも go の使用において移動を表す割合が高い。
分析2．移動の主体は具象物（その中でも有生物）の割合が高く，特に go の用例における具象物の割合が高い。
分析3．come の用例において，話し手への移動のタイプの割合が，習熟

度の低いグループほど高く，goの用例においては，話し手が出発点となる用例の割合が，習熟度が低いグループほど高い。

　分析1の結果については，「はじめに」で述べたように対話者として聞き手を尊重する英語母語話者に対して，話し手中心が基本である日本語母語話者である日本人学習者は，英語使用においても自己に視点を置き，そこから離れていくgoをより多く使用していることがうかがえる。分析2の結果から，移動の主体つまり主語として，抽象的なものよりも具体的なもの，無生物よりも生物が言語化されていることがわかる。これは，「見えやすく，動きがあり，輪郭がはっきりしていて，まとまりのあるもの」（Radden and Dirven, 2007, p.29）が認知的際立ちが高いため，言語化の対象になりやすいということを表しているといえよう。分析3の結果からは，日本人学習者，特に習熟度の低い学習者ほど，視点を話し手に置く傾向がうかがえる。これら3つの分析結果のまとめから，日本人学習者，特に習熟度の低い者ほど，英作文において話し手中心という母語である日本語の影響を受けやすいと考えられる。

（4）まとめと課題

　本研究では，日本語の話し手中心という事態把握の特徴が，日本人英語学習者による英作文にどのような影響を与えているのか，ICLEを中心に分析データを抽出して検証した。分析は，日本人母語話者と英語母語話者の比較という観点と，日本人英語学習者の習熟度別の比較という観点から，コーパスに見られる移動を表すcomeとgoの使用例を観察した。その結果，日本人学習者は，特に習熟度が低い学習者ほど，視点を話し手に置く傾向が見られ，母語である日本語の影響を受けていることが推察された。

　本研究で使用したICLEは書き言葉を収集したコーパスであり，comeやgoのような会話においてよく用いられる動詞（Biber, et al., 1999）については，話し言葉のコーパスを用いると別の結果が導かれる可能性も考えられることを課題として挙げておきたい。

2・3 【研究例・2】
日本人大学生の英語の冠詞使用

　学習者の母語が学習している言語の使用に影響を与えることは，よく見受けられる現象である。冠詞の誤りは全体的誤り（global error）にではなく局所的誤り（local error）に分類されてはいるが，日本人学習者の英語に化石化（fossilization）をもたらす大きな要因ともなっている。冠詞の仕組みを理解することは，英語話者が世界をどのように認識しそれを言語で表すかを知るための鍵と言える。本節では，ICLE のエラータグ付き日本人サブコーパスを使用して，日本人大学生の英語の冠詞の使用を分析する。

(1) はじめに

　母語以外の言語の習得プロセスを研究する第二言語習得（second language acquisition：SLA）の分野では，学習言語への母語の影響を転移（transfer）とか，言語間の影響（cross-linguistic influence）と呼んでいる。
　転移には正の転移と負の転移がある。負の転移は干渉（interference）とも呼ばれ，正の転移と違ってそれによって間違った使用を引き起こす原因と考えられている。日本語話者の場合には，/l/ と /r/ の区別や，可算名詞と不可算名詞の区別などがその例としてよく挙げられる（Swan & Smith, 2001）。
　言語間の影響は，音韻，綴り，語彙，意味，形態，統語，社会的言語使用などのさまざまな領域に現れるが，本節では，ICLE のエラータグ付き日本人サブコーパスを用いて，可算名詞と不可算名詞の区別と深い関係にある，日本人大学生の冠詞の使用の実態を観察する。日本人学習者が特に苦手としていると言われる冠詞が，実際にはどの程度誤用され，その誤りにはどのような特徴があるのかを知ることを目的としている。また，横断的データである ICLE を利用して，冠詞使用の発達プロセスの予測を試みたい。

（2）学習者の冠詞使用

1）先行研究

　学習者の冠詞使用に関する研究として，これまで行われた主なものを表1にまとめた。冠詞使用のみに焦点を当てた研究はもともと多いとは言えないが，特に学習者コーパスを使用した研究は，あまり行われていない。

表1　学習者の冠詞使用に関する先行研究

研究	研究目的・対象	研究方法	結果
Butler (2002)	学習者にとって冠詞の適切な使用が困難な理由を80名の日本人学習者を対象に調査。学習者の英語冠詞のメタ言語知識レベルの影響を見る。	穴埋めテストの直後になぜその冠詞を入れたかについて，あらかじめ用意した項目についてのインタビュー（structured interview）を行い調査した。	学習者の英語レベルが高くなるほど冠詞使用は母語話者に近づくが，上級レベルの学習者でも母語話者とのギャップは大きい。日本人学習者にとっては，メタ言語知識とされる言及対象の「数」を正確に認識することが重要である。
Ionin (2003)	母語に冠詞を使用しないロシア語話者と韓国語話者の英語の冠詞の習得を研究。	誘出タスク（elicitation task）や英語の作文のデータを使用。	学習者の冠詞の誤りは組織的で，限定性（definiteness）と特定性（specificity）へのアクセスの度合いを反映している。［−definite］で［＋specific］なコンテクストではthe が，［＋definite］で［−specific］なコンテクストではaが過剰使用される。一方，［＋definite］で［＋specific］なコンテクストのthe や［−definite］で［−specific］なコンテクストのaの使用はより正確であった。学習者はthe に限定性を認めるか特定性を認めるかに迷いがある。
和泉，内元，井佐原編著 (2004)	NICT JLE Corpusを使用して，日本人英語学習者の冠詞使用の特徴を調査。	冠詞の誤りを置換（substitution），余剰（redundancy），脱落（missing）の3種類に分類して比較。	日本人学習者の話し言葉の冠詞使用では，脱落の誤りが最も多く，定冠詞の使用過多（overuse）の傾向も見られた。

2章　学習者英語の国際比較　35

前ページの表1のIonin（2003）の言う「限定性（definiteness）」とは，話し手と聞き手の間で具体的に指している対象が限定されているかいないかを，また，「特定性（specificity）」とは，指している対象が一般的な「総称」なのか，ある類の中の「特定」のものとして捉えているのかを表している。

Huebner（1985）は冠詞の働きについて，冠詞の付く名詞の特徴に注目して2つの意味的機能（HK = hearer known と SR = specific referent）を定め，冠詞の使用を表2のようにタイプ1～4に分類している。こうした分類が母語話者には自然に身についているが，学習者にはなかなか身につきにくいことも指摘している。

表2　冠詞と意味的機能

タイプ	意味的機能	冠詞	例
1	－ SR/ ＋ HK	the, a, (O)	(O) Lions are beautiful.
2	＋ SR/ ＋ HK	the	Ask the man over there.
3	＋ SR/ － HK	a, (O)	She gave me a present.
4	－ SR/ － HK	a, (O)	He's a nice man.

Andersen（1984）は，英語の冠詞習得の難しさとして，冠詞の形と意味が1対1の関係にないことを指摘している。特に母語に冠詞を持たない日本人学習者にとっては，日本語における限定性・非限定性や，可算・不可算の扱い方とは違っていることが習得を難しくしていると述べている。

2）研究課題

上記のような先行研究に基づいて，本研究では次の設問に答えていきたい。
①日本人大学生の英語の書き言葉では，冠詞の置換，余剰，脱落の誤りのうちどのタイプの誤りが最も頻繁か。
②学習者の冠詞の誤りは，どのようなプロセスで減少していくのか。

（3）データと分析方法

1）使用コーパス

本研究ではICLEエラータグ付き日本人サブコーパスを使用した。ICLEエラータグ付きコーパスの目的は，共通の枠組みでさまざまな母語背景を持つ学習者から収集したデータをコーパス化して，それぞれのコーパスに見られる，典型的な文法，語彙，または，語彙と文法の関係（lexico-grammar）等の誤りに関する比較研究を可能にすることである。そして，それらの誤り

がL1に基づいたものか，それとも，L1の違いにも関わらず共通のものなのかを見定めると共に，その実態に合わせた指導教材や指導法を検討する基礎資料に資することも目的としている。

本研究で使用するエラータグ付き日本人サブコーパスの概要は表3の通りである。

表3 ICLEエラータグ付き日本人サブコーパスの概要

標本数	延べ語数	異なり語数	標準タイプトークン比(%)
103	70,507	5,096	34.79

延べ語数（tokens）とは総使用語数のことで，例えばある同一の語が20回出現し，それとは異なる語が1回ずつ30回出現すれば延べ語数は50となる。異なり語数（types）とは，異なった語の出現頻度を示すもので，前記の例では31となる。あるテクストが100語から成り，40語の違う語彙が用いられていれば，異なり語数と延べ語数の比率であるタイプトークン比（TTR：type/token ratio）は0.40（40％）となる。しかしこの数値は，同じ量のテクスト間の比較をする場合は意味があるが，テクストの量に大きな差がある場合は，標準化された（standardized）TTRを用いるのが普通である。標準化されたTTRは本研究の場合は，初めの語から1,000語，2番目の語から1,000語，3番目の語から1,000語という具合に1,000語ずつを区切ってTTRを計算し，算出されたすべてのTTRの平均をとった値となっている。

表3によれば，ICLEエラータグ付き日本人サブコーパスでは，延べ語数が70,507語，異なり語数は5,096語，また標準タイプトークン比は，34.79，つまり，100語中に約35語の違った語彙が使用されていることがわかる。また，2・1の表2（p.25）にあるように文法的誤用はすべての誤用の中で42.53％を占めている。その内訳は，名詞8.39％，代名詞5.10％，形容詞0.40％，副詞0.73％，動詞10.50％，品詞1.93％であり，冠詞の誤用は最も多く15.48％にのぼる。文法的誤用のほぼ40％近くが冠詞に集中していることになる。

2）分析ツール

冠詞のエラーにはどのようなものがあるのかを概観するために，まずWordSmith ToolsのWordList（語彙リスト作成ツール）を使用して，冠詞の誤用タグが付された部分の一覧を作成する。次にその結果を参考に冠詞の誤用を分類し，その分類に基づいて再度エラーの種類を示すタグを付して，エラーの種類ごとのWordListを作成し，それぞれのエラーの頻度や特徴を探る。

> **Technical Box** エラータグの付け方

エラータグ付きコーパスは，誤用研究には大変有用である。研究の目的に応じて，個別に研究者がタグ付けを行うことでより利便性も高まる。
① ICLE エラータグ付き日本人サブコーパスのタグ
　誤りの前の（　）内に種類を示し，誤りの後に＄マークに挟んで正用を示す。
　例：(GA) the 0 respect for other's opinions
　　　(GA) an a utopia
　GA の G（grammar）は文法の，A（article）は冠詞のカテゴリーを示す。
② 誤用の種類別に研究者が付した下位タグ
　例：置換（substitution）　it seemed to suggest (GAs) the a fall into ...
　　　脱落（missing）　　　not only does (GAm) the economy take over ...
　　　余剰（redundancy）　(GAr) The 0 life is beautiful

(4) 結果と考察

1) 冠詞の誤りの頻度

分析結果を表 4 に示した。誤用（incorrect use）の欄は和泉，内元，井佐原（2004）に基づいて，置換（substitution），脱落（missing），余剰（redundancy）の 3 種類に分類して示した。

表 4　冠詞の誤用頻度

冠詞		使用すべき文脈	正用	誤用					脱落	余剰	計
				置換							
				a	an	the	他	小計			
不定	a	1,318	1,014	/	0	68	5	73	231	23	327
	an	195	131	9	/	9	1	19	45	4	68
	小計	1,513	1,145	9	0	77	6	92	276	27	395
定	the	2,906	2,444	30	8	/	36	74	388	194	656
計		4,419	3,589	39	8	77	42	166	664	221	1,051

それぞれの冠詞の誤用頻度の比較をたやすくするために，正用（correct use）と，冠詞を使用するべき文脈（obligatory context）での置換と脱落，そして，使用しなくてよい文脈での使用である余剰の頻度を加えた数値を 10,000 語に正規化して相対頻度を示したものが表 5 である。

表5 冠詞の正用・誤用頻度一覧（10,000語中）

冠詞		正用	誤用					脱落	余剰	計
			置換							
			a	an	the	他	小計			
不定	a	7,562		0	507	37	544	1,723	172	2,438
	an	6,583	452		452	50	955	2,261	201	3,417
	平均	7,434	58	0	500	39	597	1,792	175	2,565
定	the	7,884	97	26		116	239	1,252	626	2,116
	平均	7,735	147	39	166	91	358	1,431	476	2,265

　不定冠詞のaを例にとると，10,000語中，正用が7,562件，置換による誤りが544件，脱落によるものが1,723件あった。加えて，不定冠詞aを使用する必要のない文脈での使用である余剰の誤りが172件あり，10,000語中2,438件の誤用があったことを示している。また，置換の誤りの内訳については，aの代わりにtheを用いた場合が507件，その他の語を使用した場合が37件あった。

　不定冠詞（a)nの正用が平均して約74％であるのに対して，定冠詞の正用は約79％であり，定冠詞の方が不定冠詞よりも正確に用いられていることがわかる（$p < .05$）。また，不定冠詞，定冠詞共に，3種類のタイプの誤用の中では脱落が最も多いことも特徴的である。

2）冠詞の誤りの変化

　学習者の冠詞の誤りはどのように変化するものであろうか。今回の研究データは，縦断的な発達を見るためにではなく横断的な比較のために収集されたデータのため，個々の参加者の英語運用力の測定を行ったり，同じ参加者から時間を追ってデータを収集したりしたものではない。このような横断的なデータを利用して，学習者の冠詞使用の発達を見る方法を工夫することができるであろうか。

　一般的に言語使用の誤りは運用力が高まれば次第に減少することを前提として，誤りの頻度によって上位・中位・下位グループにサンプルを分け，上，中，下の3グループの冠詞使用を比較することとした。

①誤りの頻度によるグループ分け
　103のサンプルのうち，冠詞の正用率が最も高い順に上から10％を上位グ

ループ，最も低い順に下から10％を下位グループとし，残りを中位グループとして，その冠詞の誤用の分布を観察する。

②誤りのタイプに基づいたグループの特徴

表6-1は，3グループの定冠詞，不定冠詞の正用と誤用頻度の一覧である。また，表6-2は3グループの定冠詞，不定冠詞の正用と誤用の率をそれぞれのグループの正用・語用の頻度を合計したものを100％として表にしたものである。

表6-1 3グループの正用・誤用頻度

使用者	a, an					the					平均	
	正用	誤用				正用	誤用				正用	誤用
		置換	余剰	脱落	計		置換	余剰	脱落	計		
下位	87	7	1	71	79	312	19	56	97	172	399	251
中位	948	81	26	200	307	1,806	53	135	284	472	3,153	779
上位	110	4	0	5	9	326	2	3	7	12	436	21

表6-2 3グループの正用・誤用率の比較（％）

使用者	a, an					the					平均	
	正用	誤用				正用	誤用				正用	誤用
		置換	余剰	脱落	計		置換	余剰	脱落	計		
下位	52.41	4.22	0.60	42.78	47.59	64.46	3.93	11.57	20.04	35.54	61.38	38.62
中位	75.54	15.91	2.08	6.47	24.46	79.26	12.44	7.52	2.34	20.74	77.94	22.06
上位	92.44	3.20	0	4.00	7.56	96.44	0.57	0.89	2.07	3.55	95.40	4.60

どのグループも不定冠詞は定冠詞よりも誤りの率が高い。下位グループの特徴は定冠詞，不定冠詞共に脱落が多いことで，下位グループで多かった脱落は中位グループでは減少し，その代わりに置換が多いことが目立っている。

3）考察

上記の結果を検討するにあたって，まず，課題として挙げた2つの設問に答えてみたい。

　設問1：冠詞の置換，余剰，脱落の誤りのうち，日本人英語学習者にはどのタイプの誤りが最も頻繁か。

前ページの表5から，脱落の誤りが最も多いことが明らかである。また，不定冠詞の脱落の方が定冠詞の脱落よりも多いことも示された。さらに不定

冠詞については，脱落の次に多い誤用は置換であり，an を a の代わりに使用する誤りは皆無でその逆が出現している。加えて，a や an の代わりに the を使用した誤りはその逆より多いこともわかった。また，定冠詞については，脱落の次に多い誤用は余剰であった。つまり学習者の冠詞の誤りの中では脱落の誤りが最も多く，不定冠詞を用いるべきところに定冠詞を用いるなど，不定冠詞よりも定冠詞を過剰使用（overuse）する傾向がある。この結果は Izumi et al.（2004）の研究を支持するものである。

設問2：冠詞の誤りは，どのようなプロセスで減少していくのか。

一般的に日本人学習者にとって冠詞の習得は難しいものであることは，103のサンプルの中で全く冠詞の誤りがなかったものは3件だけであったことにも示されている。誤り率には0％から60％までの幅があり，冠詞の使用にも個人差があることも明らかである。上位，中位，下位グループの特徴的なプロファイルをまとめると，下位グループでは，不定冠詞，定冠詞共に，脱落の誤りが最も多いが，中位グループでは，不定冠詞，定冠詞共に，置換の誤りが多く，定冠詞の余剰の誤りは減る一方，不定冠詞の余剰の誤りが増える。さらに，上位グループでは不定冠詞，定冠詞共に誤りの頻度はかなり低くなるが，不定冠詞の脱落，置換の誤りは依然として定冠詞の誤りよりも多い。

上記の結果から学習者の冠詞習得のプロセスを以下のように推定することができる。

①不定冠詞，定冠詞共に脱落の誤りが中位グループから急激に減ることから，学習者は，学び始めは冠詞に注意を向けていないこと，また，冠詞の使用を回避している可能性があることが考えられる。
②中位グループでしばしば置換の誤りが増えることから，このレベルでは該当する名詞の前に何らかの語彙が入ることに気づき，冠詞やそれ以外の語彙，例えば，所有代名詞，形容詞等を入れるが，正用には至らない状態にある。
③上位グループでは誤りの頻度はかなり低くはなるものの，不定冠詞の誤用の方が定冠詞の誤用より依然として多く，日本人学習者にとって不定冠詞の習得は大変難しいと言えそうである。

(5) まとめと課題

　学習者は，定冠詞から使用を始め，徐々に不定冠詞を習得していくが，上位グループの学習者でも不定冠詞の完全習得は難しい。こうした誤用の原因は，冠詞の形を知らないからはでなく，限定性，特定性の概念の区別に加えて，名詞の可算・不可算の概念があいまいなことにあると考えられる。

　また，ICLEのような横断的データを基にして，縦断的な言語の発達を予測することがある程度可能であることも示された。しかし，ここで提示された誤用の変化についての分析はあくまでも推定によるもので，今後，学習者の英語運用力に基づいたグループ分けの再考と共に，量的研究方法に加えて質的な視点を持つ異なる調査方法を併用し，複数の観点からデータを収集・分析することによって，研究の客観性を高めていくトライアンギュレーション（triangulation）も必要であろう。

　日本語には，言外の意味，つまり明示的に言語化さない部分が多く含まれると言われる。Hall（1976）は，このようなコンテクストに依存したコミュニケーションを"High Context"のコミュニケーションと呼び，そこでは言語自体からではなく言語が使用されたコンテクストから意味を理解することが求められると説明している。これに対して英語は，"Low Context"のコミュニケーションを特徴とし，伝えたいことのほとんどを明確に言語化するのが特徴であると説明する。ある名詞が不可算か可算か，限定性があるのかないのか，特定のものを指すのかどうか等を明確な情報として言語化する必要のない日本語を母語としている学習者が，英語の冠詞を習得するためには，実際の英語使用に多く触れて英語によるさまざまなコミュニケーション体験を通して暗示的に身についていく機会と，それらをメタ言語知識として明示的に学んでいく機会の両方が必要なのではないだろうか。

2章・まとめ

　本章では，ICLE日本人サブコーパスとICLEの母語話者コーパスであるLOCNESSを用いて，日本人学習者のcomeとgoの使用について認知言語学的視点から分析した研究と，ICLEエラータグ付き日本人サブコーパスを使用して学習者のレベルごとの冠詞使用の特徴を分析し，その結果を踏まえて日本人学習者の冠詞の段階的発達への言及を試みた研究を紹介した。同じ手法で他の母語背景を持つサブコーパスとの対照中間言語分析へと発展するものである。

　ICLEの特徴は，日本を加えて世界16カ国の英語学習者のコーパスが揃っていることにある。学習者の母語の違いが，第二言語としての英語使用にどのような影響を与えるのかを観察するためには格好のコーパスである。例えば，Altenberg and Tapper（1998）は，英語を学習するスウェーデン語話者の，consequently, in addition, moreover 等の副詞的接続語句（adverbial connectors）の使用を，フランス語など他の言語背景を持つ学習者や英語母語話者の使用と比較し，スウェーデン語話者がよりインフォーマルな接続語句の使用を好むため，こうした接続語句の使用が非常に少ないことを示している。今後は，日本人英語学習者のICLEサブコーパスと英語母語話者コーパスとの比較を土台にして，さらにさまざまな言語背景を持つ学習者のサブコーパスを利用して，国際比較を行っていきたい。

　ICLEv2は，Unitexというコンコーダンサー（構築されたコーパスから一定の条件に合致する語彙，文章等を検索するソフト）を搭載し，ランカスター大学が開発したCLAWSによってlemmaとPOS（part-of-speech）taggerが付与されている。本章で紹介した2つの研究では，コンコーダンサーとしてWordSmith Toolsを利用した。WordSmith Toolsは，出現語彙リスト（頻度順，アルファベット順），特定の単語やフレーズ使用の文脈を列挙するコンコーダンス，キーワード率などの提示が可能で，これを利用すれば基本的な分析はほとんど行うことができる。

ブックガイド

　ICLEv1（2002）とICLEv2（2009）のハンドブックにはICLEについての詳しい解説がある。また，Granger（1998）はICLEを中心とする学習者コーパス研究に関する初の概説書であり，ICLEを使用したさまざまな研究も紹介している。Webから購入可能なWordSmith Toolsは，メインの操作画面

にStep-by-Step Guide to WordSmithと称して使用方法のヘルプがある。また，金田拓氏は"WordSmith Version 5 Tutorial"と題した使用法をWebに掲載（http://sage-owl.net/WordSmith_J_Manual.pdf）しており参考となる。

発展研究
1) 日本人以外のICLEサブコーパスを用いて，他の母語話者のcomeとgoの使用を分析し，日本人学習者の場合と比較してみよう。
2) ICLE日本人サブコーパスと他の母語背景を持つ学習者コーパスをいくつか選び，WordSmith ToolsのConcordanceを使ってinterestedとinteresting, tiredとtiringの使用を分析し，誤用が起こる文脈に違いがあるのかどうかを検討してみよう。

3章
学習者英語の談話分析
―― 会話を組み立てる力を解明する

3・1 【概説】
学習者コーパス LINDSEI とは

(1) LINDSEI とは

　LINDSEI（Louvain International Database of Spoken English Interlanguage）は，大規模に英語学習者の話し言葉を収集した最初のコーパスであり，先の章で説明した ICLE のプロジェクトから派生したコーパスである。LINDSEI プロジェクトには大きく2つの目的がある。話し言葉コーパスを通して英語学習者のスピーキングスキルの習得をさらに深く理解することと，その理解に役立つより正確な研究データの構築と提供である。

　ICLE と同様，この LINDSEI コーパスも，ベルギーのルーヴァン・カトリック大学（Université catholique de Louvain）の Centre for English Corpus Linguistics（CECL）が中心となって，1995年にプロジェクトを開始，2010年に CD-ROM とハンドブックが出版された。この CD-ROM には，書き起こしたテクストデータと共に，学習者とインタビュアーについての情報も記録されているが，音声データは含まれていない。

表1　LINDSEI の概要

一般公開	第一版（2010）
サイズ	1,079,681語（554インタビュー）
サブコーパス	11母語（ブルガリア語，中国語，オランダ語，フランス語，ドイツ語，ギリシャ語，イタリア語，日本語，ポーランド語，スペイン語，スウェーデン語）
メタ情報	インタビュー基本データ（ファイル名，タスクのトピック，インタビュアーと学習者の発話の語数，学習者のみの語数，会話の時間） 学習者属性情報（年齢，性別，国籍，母語，大学名，英語の学習年数，英語圏への滞在年数，他言語の知識） インタビュアー属性情報（性別，母語，学習者との関係）

1）デザイン

　ICLE と同様，LINDSEI も CECL のガイドラインに沿って収集されている（Gilquin, De Cook & Granger, 2010）。各母語のサブコーパスチームは，50件以上のインタビューを録音し，データの文字化を行っている。本コーパスは，大学の上級学年（3・4年）に在籍し，主に教室内で英語学習を行ってきた英語を外国語とする（EFL）学習者がインフォーマルに受けた英語のインタビューを収集したもので，1つのインタビューは約12分～15分程度の長さを目安としている。加えて，そのインタビューは，一定のフォーマットに沿って構成されており，① warming-up activity，② free informal discussion，③ picture description の3つのタスクを含んでいる。それぞれのタスクは，下記の通りである。

- ① warming-up activity：3つのトピックが提示され，その中から1つを選択し，考える時間を数分与えられた後に，3～5分程度でその内容について話す。
- ② free informal discussion：インタビュアーが学習者に質問をし，学習者がそれに答える（質問は，先の warming-up activity のトピックに関する質問から，徐々に他の話題（大学生活，趣味，海外旅行等）についての質問へと展開していく）。
- ③ picture description：学習者が提示された4コマのイラストを見て，それについて説明する。

2）Transcript（文字化した音声データ）の作成方法

　LINDSEI は，それ以前に作成された他の話し言葉のコーパスと同様，音声で記録されたデータを文字に書き起こしたものである。LINDSEI の音声データのテープ起こし（文字化）の作業は必ず2名で行い，1名が文字化したデータを別の1名が確認するという方法で進められた。

　文字化に関しては，上述の CECL による詳細なガイドラインに基づいて，各母語のサブコーパスチームが実行した。ルーヴァン・カトリック大学の CECL のサイト（参考文献の URL を参照）の LINDSEI のセクションには，詳細な記述のガイドラインが掲載されている。一定の規則性を有するデータを作成することで，より科学的で利便性のあるデータとなり，多くの研究者がそれぞれの研究に活用できるものとなっている。

3）LOCNEC

　LINDSEI プロジェクトの1つとして，英語を母語とする学習者の会話を

収集した Louvain Corpus of Native English Conversation（LOCNEC）が作られている。このコーパスも，LINDESI と同様 3 つのタスクからなる会話をデータとしている。この LOCNEC を用いることで，母語話者と英語学習者の話し言葉の比較研究を行うこともできるようになっている。

4）購入先

LINDSEI の CD-ROM 付きハンドブック（2010）は，CECL の HP を通して i6doc.com（http://www.i6doc.com/en/）から購入することができる。購入形式としては，ユーザー数が 1 名のみ，2 名〜10名まで，11名〜25名までの 3 通りの購入が可能である。

（2）日本人学習者サブコーパス（LINDSEI-JP）

次に，LINDSEI に収録された日本人学習者サブコーパス（LINDSEI-JP）について，そのサブコーパスと参加者が記入した学習者プロフィールについて説明する。

1）データ収集

1998年10月から2000年 1 月にかけてデータの収集が行われた。LINDSEI プロジェクトに参加した多くの国が，1 つの大学でデータを収集しているのに対し，日本人学習者のサブコーパスは 2 つの大学で収集した。

2）データのレベル

各国のサブコーパスごとに英語能力が異なるため，各サブコーパスから 5 つのサンプルをランダムに選び，CEFR（Common European Framework of Reference for Languages）の基準で専門家による査定を受けた。その結果，日本人学習者のサブコーパスは，サンプルのすべてが，B2（higher intermediate 中級レベル）か，それ以下と判断された。LINDSEI 全体では，B2 の占める割合は64％であり，残り36％が C1 または C2（advanced 上級レベル）であった。

3）インタビュー

ほとんどのインタビューは，学習者自身についての質問に答えてもらう形で始められ，フリーディスカッション，絵の描写と続いたが，フリーディスカッションを最後に実施する場合もあった。

①インタビュー時間
　インタビューの総時間数は，11時間55分22秒である。インタビュー時間の平均は，日本人学習者は14.02分であり，LINDSEI 全体の平均14.09分と比較すると平均的と言える。

②トピック
　インタビューを始める前のウォーミングアップとして，①印象深い国，②教訓を得た経験，③これまでに見た映画や演劇の中から，特に良い，あるいは悪い作品，の3つのトピックから1つ選んで話すことになっている。日本人学習者の63％が①を選び，23％が②，14％が③を選んだ。LINDSEI 全体の傾向は，①が49％と一番多く，③が28％，②が23％となっている。

③年齢
　学習者の年齢は，LINDSEI 全体を見るとほとんどが20代であるが，日本人サブコーパスでは例外的に若い年齢層である。LINDSEI 全体の平均年齢は22.38歳だが，日本人学習者の平均年齢は19.55歳と最も若い。一番平均年齢の高いスウェーデンの27.78歳とは8歳以上の差が見られる。

④性別
　学習者の性別は，圧倒的に女性が多い。性別については，LINDSEI 全体の79％が女性であるが，日本人サブコーパスの女性学習者の割合が98％と最も高い。インタビュアーの性別も LINDSEI 全体で女性が71％と圧倒的に多く，日本人のインタビュアーは全員女性であった。

⑤英語学習年数
　LINDSEI 全体の平均英語学習履歴の7年に対し，日本人学習者は7.88年，LINDSEI の大学での平均英語学習年数の3年に対し，日本人学習者は，2.55年である。英語圏での平均滞在期間は，3.5カ月であった。また，全員が日本語を母語としていた。

⑥インタビュアー
　LINDSEI 全体のインタビュアーの64％が英語を母語としているのに対し，日本人学習者のサブコーパスにおいては，英語を母語とするインタビュアーの割合は0％であった。ただし，4名のインタビュアーのうちの2名は，Standard Speaking Test（SST）のインタビュアーとして認定を受けた者である。

Standard Speaking Testとは，LINDSEI同様に英語学習者のスピーキングコーパスであるSSTコーパスを作成する際に実施されたインタビューテストのことを指す。SSTに収録されているのは，すべて日本人の英語学習者のデータであり，LINDSEI同様に，インタビュー形式でデータが収集された。

4）語数
　LINDSEIには，554のインタビューが収録され，そのうち日本人学習者のサブコーパスとして収められているインタビューの数は51である。LINDSEI全体のインタビュアーと学習者の総語数は1,079,681語であるのに対し，日本人学習者サブコーパスの総語数は56,239語である。この語数から，あいづちやつなぎ言葉を除くと，LINDSEIの語数は993,661語，日本人サブコーパスの語数は50,956語である。LINDSEIの学習者の総語数は792,131語，1人あたりの平均語数は1,430語であるが，一方で日本人サブコーパスの学習者の総語数は37,126語，学習者1人当たりの平均語数は728語であり，サブコーパスの中でも最も少ない。
　インタビューごとの学習者の平均語数については，LINDSEI全体の学習者の平均語数が1,949語であるのに対し，日本人サブコーパスにおける学習者の平均語数は1,103語である。データからあいづちやつなぎ言葉を除くと，LINDSEI全体の学習者の平均語数が1,794語であるのに対し，日本人サブコーパスの平均語数は999語となっている。
　サブコーパスにおけるタスクごとの語数を見てみると，ウォーミングアップ時の総語数は18,715語，そのうち学習者の総語数は14,408語である。フリーディスカッションの総語数は26,922語，そのうち学習者の総語数は15,873語である。絵を描写するタスクにおける総語数は10,599語，そのうち学習者のみの総語数は6,845語であった。

3・2 【研究例・1】
非母語話者による英語の感情表現の使用

(1) はじめに

　言語における感情表現は帰属文化における経験の影響が大きいと考えられるが，第二言語学習者の場合，それぞれの言語背景によって固有のストラテジーが存在する可能性がある。ここでは主に，英語学習者による (a)「怒り，悲しみ，心配，恐れ」などの否定的な感情表現と，(b)「喜び，満足，希望」などを表す肯定的な感情表現の使用について検証を行った。否定的な感情表現は，相手の面目を脅かすおそれのある言語行為 (Face Threatening Act) であり，母語話者が使用する際には間接的に表現することが多い。一方，肯定的な感情表現の使用については，そのような制約を受けることがより少ないとされる。感情表現は，さまざまな研究分野において検証がなされているが，第二言語習得（以下，SLA）における学習者の感情表現の使い方については，まだ十分な検証がなされていない。

(2) 研究の目的

　本研究の目的は，否定的および肯定的な感情表現を英語学習者がどのように使用しているのかを明らかにすることである。そこで，日本人，中国人，イタリア人，フランス人学習者の話し言葉コーパスの比較，さらに英語の感情表現に関する洞察を深めるため，LLC（London-Lund Corpus）およびWSC（Wellington Corpus of Spoken New Zealand English）という2つの母語話者コーパスと，上記4つの学習者コーパスとの比較による分析を試みた。また，感嘆文，強調語や意味を和らげる語の使用，語の繰り返し，間投詞の使用など母語話者が感情表現の効果を高めるために用いるとされるストラテジーが学習者コーパスでどのように使われているのかについても検討する。ここでは以下の2つの研究設問を設定した。
①日本人の第二言語学習者はどの程度，英語の感情語彙を使用しているのか，彼らの英語の使い方は，他の非母語話者や母語話者の使い方と異なるか。

②感情を伝達するために日本人学習者はどの程度ストラテジーを使っているのか，その使用法は他の非母語話者および英語の母語話者とは異なるか。

Technical Box 感情表現語彙の分析方法

分析手法：分析データにおける感情表現語彙と，併用されているストラテジー（強調語や緩和語など）を抽出した。分析には，WordSmith Tools を使用した。本研究の詳細な手順や分析は，Kaneko（2003）および小林（2004）において報告されている。

分析データ：データは，4つの LINDSEI の日本人，中国人，フランス人，イタリア人によるサブコーパスと，2つの母語話者コーパス（London-Lund Corpus: LLC および Wellington Corpus of Spoken New Zealand English: WSC）で構成されている。

　LINDSEI の参加者は全員が，非母語話者である上級レベルの大学生（3，4年生）で，その言語背景はさまざまである。一方，LLC は約100件の口語英語テキストが収録された母語話者コーパスである。ロンドン大学ユニバーシティ・カレッジの Randolph Quirk が調査のために収集した後，ルンド大学で Jan Svartvik によってコンピュータ化された（テキストのうち13は，ロンドン大学ユニバーシティ・カレッジで Sidney Greenbaum の指導の下，コンピュータ化された）。また，WSC は，1988年から1994年までの間に収集された，100万語に及ぶ口語のニュージーランド英語が収録された母語話者コーパスである。表1は，本研究で用いたデータと参加者の情報を示している。

表1　データおよび参加者

コーパス名	延べ語数	異なり語数
LINDSEI 日本人	37,474	2,656
LINDSEI 中国人	61,413	3,440
LINDSEI フランス人	87,882	4,422
LINDSEI イタリア人	58,785	3,343
LLC	1,798,044	24,807
WSC	1,101,190	25,711

注：4つの LINDSEI サブコーパスには，非母語話者の発話部分のみ収録されている。

(3) 調査1：英語学習者による否定的感情表現の使用

ここでは，Kaneko（2003）に基づき否定的感情表現の使用頻度と，それを補助する目的で併用されるストラテジーの使い方（Rintell, 1989）を明らかにする。

1）否定的感情語彙の使用頻度

表2は，4つのLINDSEIサブコーパスにおける否定的感情語彙のリストの一部である。この結果から，怒り（angry, awful, terrible），驚き（shocked, surprised, surprising），不安（nervous, worried, afraid），悲しみ（sad）を除けば，コーパスで使われていた単語はごく少数であったことがわかる。

表2　4つのLINDSEIサブコーパスにおける使用頻度上位の否定的感情語彙リスト

日本人		中国人		フランス人		イタリア人	
angry	15	angry	35	awful	38	awful	38
surprised	14	sad	13	sad	24	strange	29
nervous	9	nervous	9	afraid	23	ugly	27
confused	5	pity	9	boring	13	sad	23
confusing	4	afraid	8	disappointed	13	afraid	20
scary	4	cruel	8	incredible	13	horrible	18
tired	4	hate	7	strange	13	dangerous	15
guilty	3	surprised	6	angry	12	boring	14
lonely	3	strange	5	surprised	10	angry	13
shocked	3	terrible	5	dangerous	9	disappointed	13
terrible	3	unhappy	5	horrible	8	surprised	11

このようにして次ページの表にある通り，4つの否定的表現のカテゴリーにおける使用頻度の高い13語を選出した。

怒り	angry (adj.) awful (adj.) terrible (adj.)
驚き	shocked (adj.) shock (v.) surprised (adj.) surprise (v.) surprising (adj.)
不安	nervous (adj.) worried (adj.) worry (v.) afraid (adj.)
悲しみ	sad (adj.)

　次に，リストアップされた13語のうち shocked/shock, worried/worry は1項目とし，各コーパスにおける使用頻度を調べた。表3は，LLCとWSCを加えた6つのコーパスにおける否定的感情語彙の使用頻度を示している。

表3　6つのコーパスにおける否定的感情語彙の使用頻度（10,000語あたり）

感情	コーパス	LINDSEI 日本人	LINDSEI 中国人	LINDSEI フランス人	LINDSEI イタリア人	LLC	WSC
怒り	angry	4.00	5.70	1.37	2.72	0.07	0.32
	awful	0.53	0.49	4.32	6.80	0.15	1.01
	terrible	0.80	0.81	0.34	0.68	0.10	0.90
小計		5.34	7.00	6.03	10.21	0.32	2.22
驚き	shocked	0.80	0.16	0.34	1.19	0.01	0.09
	surprised	3.74	0.98	1.14	2.21	0.04	0.38
	surprising	0.00	0.16	0.46	1.02	0.01	0.12
小計		17	4.54	1.30	1.93	4.42	0.05
不安	nervous	2.40	1.47	0.23	0.34	0.01	0.24
	worried	0.80	0.65	0.11	1.02	0.09	0.76
	afraid	0.53	1.30	2.62	4.08	0.03	0.25
小計		3.74	3.42	2.96	5.44	0.13	1.25
悲しみ	sad	2.12	2.73	4.25	0.07	0.58	0.58
小計		0.27	2.12	2.73	4.25	0.07	0.58
総計		13.88	13.84	13.65	22.62	0.57	4.65

日本人学習者の否定的感情語彙の10,000語あたりの使用頻度は13.88回であったのに対し，他の国の学習者はそれぞれ13.84回（中国人），13.65回（フランス人），22.62回（イタリア人）であった。また，母語話者の場合は0.57回（LLC），4.65回（WSC）であった。日本人学習者が否定的感情表現を使用する頻度は，母語話者と比べて高く，フランス人・中国人学習者とは同程度であった。また，否定的感情を最も多用するのはイタリア人学習者であった。これらの頻度に対して，χ^2検定を用いた比較を行ったところ，各コーパス間で否定的感情表現を使用する頻度に有意な差があることが示された（$\chi^2(5) = 25.59, p < .001$）。

　そこで，残差分析を用いて，各カテゴリーにおける使用頻度の比較を行った。(a)「怒り」のカテゴリーに関する単語については，日本人・中国人学習者は"angry"を多く用いるものの，その他の"awful"についてはフランス人・イタリア人学習者よりも少なかった。また，"terrible"については，どの国の学習者も使用頻度が低かった。(b)「驚き」のカテゴリー語について，日本人学習者は，特に"surprised"を中国人，フランス人，イタリア人学習者よりも頻繁に使用していた。(c)「不安」の感情については，日本人学習者は，"afraid"よりも"nervous"を好んで使っていたが，ヨーロッパ人（フランス人とイタリア人）学習者は，全く反対の傾向を見せた。(d)「悲しみ」のカテゴリー語"sad"について，日本人学習者の使用頻度は中国人，フランス人，イタリア人学習者らよりも低かった。

2）否定的感情語彙と併用されるストラテジー

　感情表現を強めるまたは和らげるために使われるストラテジーを，Rintell (1989)に基づきリストアップした。表4には，今回のデータによる例が含まれている。

表4　LINDSEI，LLCおよびWSCにおいて見られた感情表現ストラテジーの種類

種類	詳細	例
構文	感嘆文	oh **how awful**
修飾語	強意語	the woman is **really** angry
	緩和語	she is **a little bit** nervous
語の追加	感情語の繰り返し	he is **terrible terrible**
	"oh"や"oh no"の追加	**oh** it's surprising
	"God"や"oh my God"の追加	**oh my God** it was awful

表5 6つのコーパスにおける否定的感情語彙と併用されたストラテジー

ストラテジー \ コーパス		日本人	中国人	フランス人	イタリア人	LLC	WSC
構文（感嘆文）		0	0	0	0.17	0.03	0.20
修飾語	強意語	4.27	7.65	4.89	7.66	0.13	0.92
	緩和語	0.80	0.81	0.57	1.53	0.03	0.13
語の追加		0	0	1.37	1.02	0.03	0.31
ストラテジー使用頻度		5.07	8.47	6.83	10.38	0.23	1.55
感情表現の使用頻度		13.88	13.84	13.65	22.62	0.57	4.65
ストラテジー使用率		37%	61%	50%	46%	41%	33%

注：10,000語あたりの使用頻度を算出した。

　表5は，各コーパスにおいて否定的感情語彙を強調したり，弱めたりする目的で使用されたストラテジーの10,000語あたりの使用頻度を示している。
　中国人学習者のストラテジーの使用頻度は，4つの学習者コーパスの中で最も高く，調査した6つのコーパスの中でも最も高かった。中国人学習者は，35例のうち23例において，強意語の"very"を"be angry"というフレーズと一緒に使っていた。フランス人学習者だけが"very"より"really"を好んで使っていた。イタリア人学習者は，"really,""very,""quite"をほぼ同程度に使っていた。また，フランス人とイタリア人学習者の間のストラテジーの分布は，他の2つのグループとは異なっている。フランス人グループだけが意味を強めるために間投詞（"Oh no""God"等）を加えるストラテジーを使っていた。興味深いことに，全体的に見ると，中国人，フランス人，イタリア人学習者による感情表現の総使用頻度に対するストラテジー使用率は，日本人学習者をはるかに上回っていた。日本人学習者によるストラテジー使用率は，2つの母語話者グループとほぼ同じ程度であった。
　一方，緩和語の使用頻度は，どのコーパスにおいても強意語に比べて低かった。Rintell（1989）は，母語話者は否定的感情表現とともに緩和ストラテジーをよく使うことを示唆しているが，今回対象となった緩和語に限って言えば，学習者も同程度に緩和ストラテジーを使用していたと言える。全体的に，ストラテジーの使用頻度は，母語話者をはるかに上回っていたものの，4つの学習者グループが用いるストラテジーは，母語話者ほどバラエティー

豊かではなかった。

3）考察

　否定的感情を表現する際に使用される語彙は，学習者の言語背景によって異なっていた。また，日本人，中国人，フランス人学習者が使用する感情語彙は頻度には差がなく，イタリア人学習者は積極的に感情語彙を使用していた。母語話者の感情語彙の使用頻度は全体的に低かったが，これは母語話者が自分の感情を表す際に，今回対象とならなかった幅広い語彙を使用可能であったことに起因する可能性が高い。また，否定的感情の表現と共に使用されるストラテジーも学習者の言語背景によって異なっていた。中国人・フランス人学生は，日本人学生と母語話者よりも頻繁に，異なるストラテジーを使っていた。6つのコーパスのうち，中国人・イタリア人学習者は強調語を最も頻繁に使っていた一方，緩和語は使用頻度が非常に低く，国間や母語・非母語話者間の使用に差は見られなかった。

（4）調査2：英語学習者による肯定的感情表現の使用

　調査2では，肯定的感情表現の使用について調査するにあたって，Wierzbicka (1999) による定義を用いた。この中では，「何かいいことが起こった」という肯定的感情と結びつく一般的な英語の単語として happy, contented, pleased, delighted, relieved, excited, hope 等が挙げられている。これに基づき，肯定的感情を表現する語彙を LINDSEI 日本人，中国人，フランス人，イタリア人学習者サブコーパスから抽出した。まず，WordSmith Tools を使用して，4つの学習者コーパスと LLC および WSC から単語リストを作成した。次に，6つのコーパスにおけるそれぞれの単語の出現回数をチェックした。各コーパスにおける総語数が膨大であることを考慮して，使用頻度が高い肯定的感情語彙を選出した。結果，happy, satisfied, pleased, feel good, glad, hope の6つの語句が抽出された。本調査では，これら6語を肯定的感情語彙の対象として検証した。

1）肯定的感情語彙の使用頻度

　次ページの表6は，6つのコーパスにおける10,000語あたりの感情語彙の使用頻度を示している。
　コーパスに出現する6つの感情語はすべて手作業でチェックし，感情を表現していない "happy birthday" などの表現はリストから除外した。使用頻度

表6　6つのコーパスにおける肯定的感情語彙の使用頻度（10,000語あたり）

コーパス 感情	LINDSEI 日本人	LINDSEI 中国人	LINDSEI フランス人	LINDSEI イタリア人	LLC	WSC
happy	7.74	7.98	4.55	8.51	0.18	1.56
satisfied	4.00	9.61	0.34	6.29	0.02	0.06
pleased	0.27	0.16	1.59	0.17	0.04	0.55
feel good	1.07	0.16	0.11	0.00	0.01	0.03
glad	2.13	0.65	0.68	0.51	0.20	0.39
hope	1.07	2.28	2.16	1.87	0.56	1.47
総計	16.28	20.84	9.44	17.35	1.01	4.07

に対して，χ^2検定を用いた比較を行ったところ，各コーパス間で肯定的感情表現を使用する頻度に有意な差があることが示された（$\chi^2(5) = 27.65, p < .001$）。学習者による肯定的感情表現の10,000語あたりの使用頻度が最も高かったのは，中国人学習者コーパスの20.84回であり，2番目は，17.35回のイタリア人学習者コーパスであった。日本人学習者コーパスについては，使用頻度は16.28回であった。使用頻度が最も低かったのはフランス人学習者コーパスで，出現回数は9.44回であった。一方，母語話者は，否定的感情表現と同様に肯定的感情表現の使用頻度が非常に低かった（LLC：1.01回，WSC：4.07回）。これは，本研究で対象とした感情語彙以外の多様な表現を，母語話者は使用可能であったためと考えられる。

　残差分析を用いて，各語ごとの使用頻度を調べた結果，肯定的感情語彙の使用は学習者の言語背景によって異なるということがわかった。例えば，"happy"は，日本人，中国人，イタリア人学習者による使用頻度が高く，"satisfied"は中国人，イタリア人学習者によって多く用いられていた。フランス人学習者は全体的に感情語彙の使用頻度が低かったが，"pleased"を用いることが他の国の学習者よりも多かった。さらに"happy"は，日本人，イタリア人，フランス人学習者コーパスにおける肯定的表現の中で最も頻繁に出現しているが，中国人コーパスの中で最上位を占めているのは"satisfied"である。

2）肯定的感情語彙と併用されるストラテジー

次に，4つの学習者コーパスと2つの母語話者コーパスにおいて，肯定的感情語彙と共に使われていたストラテジーの使用頻度を調べた。各ストラテジーの分類については，否定的感情語彙において扱ったものと同様である（表4参照）。表7は，各コーパスにおいて肯定的感情語彙を強調したり，弱めたりする目的で使用されたストラテジーの10,000語あたりの使用頻度を示している。

6つのコーパスにおいては1番目の感嘆文のストラテジーは見つけられなかったため，この調査では，2番目の修飾語のストラテジー，つまり強調語を使って意味を強調したり，緩和語を使って効果を弱めたりする方法に焦点を当てる。また3番目の，語の追加ストラテジーは，2つの母語話者コーパスであるLLCとWSCにおいてのみ見られた。

表7は，肯定的感情の表現において，学習者だけでなく母語話者も最もよく使っているストラテジーが圧倒的に強意語であったことを示している。さらに，肯定的感情語彙の使用は，学習者の言語背景によって異なっていた。強調語"very"の使用頻度は，4つの非母語話者コーパスだけではなくLLCにおいても最も高かったが，WSCでは"quite"の方が頻繁に使われていた。緩和語の使用に関しては，"a bit," "a kind of," "kind of" の3種類の緩和語のみが各学習者コーパスにおいて一度使われていた。LLCでは，"rather"が緩和語として一度だけ使われており，WSCでは，検証対象の肯定的感情語とともに使われた緩和語はなかった。

表7　6つのコーパスにおける肯定的感情語彙と併用されたストラテジー

ストラテジー＼コーパス		日本人	中国人	フランス人	イタリア人	LLC	WSC
修飾語	強意語	5.07	5.86	3.64	5.44	0.19	1.04
	緩和語	0.27	0.16	0.00	0.17	0.01	0
語の追加		0	0	0	0	0.02	0.07
ストラテジー使用頻度		5.34	6.02	3.64	5.61	0.22	1.12
感情表現の使用頻度		16.28	20.84	9.44	17.35	1.01	4.07
ストラテジー使用率		33%	29%	39%	32%	22%	27%

注：10,000語あたりの使用頻度を算出した。

ストラテジーの使用頻度に関しては，フランス人，日本人，イタリア人，中国人コーパスにおいてそれぞれ39％，33％，32％，29％の順に高かった。つまりフランス人コーパスにおけるストラテジーの使用頻度は，4つの学習者コーパスの中で最も高かった。
　2つの母語話者コーパス，LLCとWSCにおいては，ストラテジーの使用頻度はそれぞれ22％と27％だった。日本人，フランス人，イタリア人は肯定的感情表現と共にストラテジーを用いることが多く，中国人学習者は少なかった。これは否定的表現と併用されるストラテジーとは反対の傾向である。母語話者との比較では，非母語話者である学習者よりも母語話者の方がストラテジーを使う頻度が低く，これは否定的感情語彙における結果と一貫していた。

3）考察
　英語の肯定的感情表現について4つの非母語話者コーパスと2つの母語話者コーパスを使ったこの比較調査による結果から，肯定的感情語彙の使用頻度は，学習者の言語背景によって異なることがわかった。肯定的感情語彙の使用頻度は，中国人学習者において最も高く，イタリア人・日本人学習者がそれに続いた。フランス人学習者においては，対象とした感情語彙の使用頻度は，他の3つの非母語話者データに比べて目立って低かった。
　この違いは，フランス人学習者に固有の文化的背景または言語背景によるものと考えられる。しかし，感情語彙の使用頻度は，LLCとWSCにおいてはさらに低かった。これは，母語話者は感情を表現する語彙として今回対象とした語彙以外の多様な表現を用いたためであると考えられる。
　本調査が示したもう1つの結果は，感情表現に併用されるストラテジーの使用も学習者の言語背景によって異なるということである。学習者コーパスでは，使われている感情表現ストラテジーは非常に限られていたが，フランス人学習者は他の非母語話者である学習者よりも頻繁にストラテジーを使っていた。また，4つの学習者コーパスの間で，肯定的感情語彙とともに用いられたストラテジーはほとんどが"very"や"quite"などの強意語だった。緩和語の使用は，6つのコーパスにおいて非常に限られていた。興味深いことに，2つの母語話者コーパスにおける肯定的感情語彙とのストラテジーの使用率は，4つの非母語話者コーパスよりもさらに低かった。これは，社会的・状況的文脈が要因となっている可能性がある。通常，母語話者の場合，肯定的感情を表現する場合，否定的感情を表現する場合ほど直接性の度合いを調整する必要がないからである。

(5) 結論

　本節を締めくくるにあたり，2つの調査を総合した結論を述べたい。感情を表現する際に使用される語彙については，否定的・肯定的語彙はどちらも話者の言語背景の影響を受けていること，ただしその傾向は国によって異なることが明らかとなった。本研究では否定的感情語彙を多く用いるのはイタリア人学習者で，一方，肯定的感情語彙を最も多く用いるのは中国人学習者であった。日本人学習者は，他の国の学習者と比べて中程度に，否定的・肯定的感情語彙を用いていたが，使用される語彙にはかなり偏りがあった。また，母語話者と比べた場合，学習者は頻繁に否定的および肯定的感情語彙を使用していた。これは，今回対象となった語彙が比較的学習者にとっても学習の初期にすでに学んでいる語であったことに起因する可能性が高いため，さらに質的な分析を通じて明らかにする必要がある。

　感情語彙と併用されるストラテジー全体の使用頻度の違いに関しては，中国人学習者では否定的感情の場合，肯定的感情のそれよりもほぼ2倍高かった。日本人学習者の場合，否定的感情と肯定的感情の間で大きな差異はない。ストラテジーの使用における状況をより明確に把握するために，ストラテジーの中で強意語と緩和語がどの程度使われていたかもチェックした。否定的感情の表現を補助する強意語の使用頻度を見ると，すべての学習者コーパスが，母語話者コーパスよりも高い頻度を示している。この傾向は，緩和語の頻度に関しては見られない。

　顕著だったのは，4つの学習者コーパスデータの中で，日本人学習者に含まれる否定的・肯定的感情語彙とそれを補助するストラテジーの種類が最も限られていたことである。このような現象が起こる理由については，母語である日本語のコーパスを利用した比較などを通じて詳細に探ることが今後の調査において必要である。また，コーパス分析を通じて得た結果を反映した，言語教育の現場における感情表現の指導法も，将来の有用な研究テーマとなるであろう。

3・3 【研究例・2】
日本人英語学習者の会話中における母語使用について

　学習者が英語で話す場合に適切な語彙が見つからないと，母語（Language 1：L1）を用いるであろうことは容易に想像がつく。他にはどのような場合にL1を用いるのだろうか。また，学習者の英語のレベルによってL1の用い方に違いがあるのだろうか。

　本節では，L1使用にタグ付けを行い，WordSmith ToolsのWordListを利用してL1使用を一覧として表示したものを資料として，そこから見えてくる日本人英語学習者の母語使用について検討する。

(1) はじめに

　日本人の英語学習者が自分の思いを英語で伝えようとする時に，適切な表現が見つからなかったり，日本語の意味から英語の形式へのマッピングがうまくいかなかったりして困惑することがよくある。日本語と英語の仕組みの違いは，語彙ごとの直訳に基づいた言語使用によるコミュニケーションを難しくしている。

　Mackey（1965, p.107）が"The learning of one language in childhood is an inevitable process; the learning of a second language is a special accomplishment."と述べているように，学習者がL2を学習することは，学習していない人に比べると特別な成果であると考えてよい。英語でのコミュニケーションの中でL1を使用することも，コミュニケーション達成のための努力の表れだと考えれば，発話を回避するよりはむしろ歓迎するべきこととも考えられる。L1がどのような場合に使用されているのかを突き止め，それらのL1を英語で表現する機会を次第に増やすことで，英語の話し言葉全般の運用力を高めることにも繋がるのではないだろうか。

　学習者は，様々なストラテジーを使用してL2でのコミュニケーションを成立させようと努力する。適切な表現が見つからない場合には，L1使用ストラテジーもその対処法の1つとなる。しかし，L2の中でのL1使用の理由は，単に英語の知識が不足していることだけなのであろうか。本研究はどの

ような機能でどの程度のL1が用いられるのかの実態を調査し，L2コミュニケーションの阻害となるようなL1使用を少なくしていくための指導の一助とすることを目的としている。

（2）学習者の母語使用に関するこれまでの研究
1）先行研究
　これまでに学習者の母語使用がどう扱われてきたのか，また，どのような研究が行われてきたのかを概観する。
　Cook（1992）は，読解では特に初級・中級レベルの学習者はL1で考えて理解することが多いことを指摘し，O'Malley & Chamot（1990）は，読解においてしばしば用いられる認知ストラテジーがL1への翻訳であることを示している。
　Dornyei（1995）は学習ストラテジーを，コミュニケーションの困難さを避けようとする否定的な行動である削減ストラテジー（reduction strategies）とインタラクションを修正し保持しようとする積極的な行動である達成ストラテジー（achievement strategies）に分類している。これに基づいて，Nakatani（2005）はL2学習でのL1使用を，削減ストラテジーの中の「L1を基にしたストラテジー（first-language-based strategy）」と位置付けて，「学習者がコミュニケーションに困難さを感じた時に日本語で発する語彙」と定義している。学習者は無意識的に，また時に，意識的に日本語を用いることがあると説明している。
　L1使用は習得が進むにつれて次第に少なくなると考えられているため，L1使用に焦点を当てた研究は教育現場でも多いとは言えない。日本の中学生・高校生の作文を1万件以上収集したJapanese English-as-a-Foreign-Language Learner（JEFLL）Corpusを使用した清水（2007）では，特に前置詞や接続詞などの機能語については，学習者の学年が上がるほどL1の使用が少なくなることを指摘している。
　一方Meyer（2008）は，教室での効果的な言語使用という視点から，L1使用が学習者の情意フィルターを下げるのに役立つと指摘し，教室では教師の文法説明に対する生徒からの質問や教師の英語の発話の中で必要と考えられる部分には，L1の利用が考えられると提案しているが，具体的に教育効果を実証した研究ではない。また，話し言葉のL1使用についての実証研究はほとんど見当たらない。書き言葉では十分な計画時間がとれるが，話し言葉の場合はそうではないため，話し言葉の場合の方が書き言葉の場合よりも

多くのコミュニケーション・ストラテジーとしての L1 使用が予想されよう。
　コーパスを利用して大学生の英語の話し言葉での L1 使用を観察することによって，これまでとは違った視点から，日本人英語学習者の用いる英語の特徴を観察することができるのではないだろうか。

2）研究課題
　以上のような先行研究に基づいて，本研究では日本人大学生が英語の話し言葉の中で，どの程度の母語をどのような機能で使用するのか，また，英語の流暢さのレベルによって母語使用の頻度がどのように違っているのかを研究するために，以下の3つの設問に答えていく。

①日本人大学生は L2 英語の話し言葉でどの程度の量の L1 を使用するのか。
② L2 の話し言葉で使用される L1 にはどのような機能があるのか。
③学習者の運用力のレベルに応じて L1 の使用に違いがあるのか。あるのなら，どのような違いか。

（3）データと分析方法

1）使用コーパス
　本研究では LINDSEI の日本人学習者サブコーパスを使用した。LINDSEI の本来の目的は，違う母語背景を持つ学習者の英語の話し言葉を比較研究するための資料とするためである。英語を学ぶ世界16カ国の大学上級生の書き言葉を収集したサブコーパスからなる ICLE に対応するものとして，世界11カ国のサブコーパスを持つ話し言葉を収集した LINDSEI があることで，両コーパスの活用の幅はより広がっている。ここでは，そうした比較研究のための基礎研究例として，日本人学習者の日本語の使用を分析対象とした。

2）分析方法
　LINDSEI 日本人学習者サブコーパスにおける母語使用の実態を調査するために，まずはサンプルの中で用いられているすべての日本語を取り上げてその機能を検証した。その結果，名詞，動詞，形容詞，副詞を含む内容語（content words），間投詞（interjections），話者自身への語りかけを目的とした内語（internal monologues）の3種類に下位区分をすることとして，タグ付けを行った。
　次に，WordSmith Tools の WordList を用いて，3種類のタグをつけた語彙

の頻度順リストを作成し，それらの語彙の使用特徴と種類間の使用の比較を行った。

また，より英語が流暢なグループとそうでないグループの学習者間の母語使用の比較を行うことを目的に，英語の流暢さ（fluency）を基準にして，51のサンプルをより流暢なグループとそうでないグループの2つに振り分けた。グループ分けの判断は，2名の英語母語話者によって行われ，評価者間の相関は r = 0.922であった。

(4) 結果

すべてのL1の発語数とL1を含んだターン数を基に，L1語彙の使用率とL1が用いられたターン数の率を算出した。ターンとは，1人の話者が単独で話し始めてから，次の話者が話し始める直前までの発話行為をいう。L1を含んだターンの率を算出したのは，1回のターンを英語だけで話すことのできる割合がどの程度あるのかも，L1使用の実態を知る目安になると考えたからである。最後に，使用されたL1の機能を分類し，L1使用の特徴と学習者の英語運用力との関係を検討した。

1）L1の頻度

インタビューを受けた51名の大学生の英語の総使用語彙数のうち，日本語

表1　日本語使用率

総語数	日本語	日本語使用率
40,250語	151語	0.38%

の使用率は表1に示す通り，0.38%であった。

表2はインタビューを受けた大学生のすべてのターン数のうち，L1を含んだターン数とその総ターン数に比しての率を示している。L1を含んだターンとは，1語以上のL1を含んだターンを指し，1つのターンに2語以上のL1が含まれる場合もターン数は1とした。

表2　L1を含んだターンの使用率

総ターン数	L1を含んだターン数	L1を含んだターン数の率
2,978	82	2.75%

> **Technical Box** ターンと使用語数のカウント方法

発話の例：
Data No. 28 Level: High Number of words:573 B turn frequency: 84
Average # of words per turn: 6.82 Frequency of Japanese: 9
（Turn Nos. 26～29を以下に引用）
26 <B> my specialty is ... mm a ... <im>iiya</im> <cn>charhan</cn> <¥B>
27 <B> eh yes［fried rice <¥B>
28 <B> a very different <¥B>
29 <B> mm . my mother's fried rice is very .. mm ... salty <laughs> <¥B>
タグの説明：
<B> ＝インタビュイーのターンの始まり
<¥B> ＝インタビュイーのターンの終わり
<im> </im> ＝ L1 内語（internal monologue）の始まりと終わり
<cn> </cn> ＝ L1 内容語名詞（content word noun）の始まりと終わり
ターンと使用語数：
上記引用部分のターン数は4。使用語彙数は23。
my specialty is mm a iiya charhan / eh yes fried rice /
a very different / mm my mother's fried rice is very mm salty

注1）... はポーズを示す。
注2）［ はオーバーラップを示す。上記27では，インタビュアーの発話とのオーバーラップを示しているため，この部分と重なった発話がここには記されていない。

2）L1 の機能

　使用された L1 の第1の機能は，"udon-ya" とか "kyoutuu no" などのように内容語としての使用で，その単語のみで具体的な意味を持つ名詞・動詞・形容詞・副詞である。一方，文を成立させるための文法的な機能を果たし，それ自体で独立して意味のある事物・概念・事象・行動を表さない機能語に分類される前置詞・人称代名詞などの例は出現しなかった。L1 使用の第2の機能は，"eeto" や "unto" などの間投詞であり，第3の機能は，話者自身への語りかけと考えられる内語であった。
　以上の機能別に以下に示すようなタグ付けを行い，WordSmith Tools の WordList を用いて一覧を作成し，それぞれの頻度をまとめたのが表3である。

①内容語名詞　　　<cn> </cn>　　②内容語動詞　　　<cv> </cv>
③内容語形容詞　　<caj> </caj>　　④内容語副詞　　　<cad> </cad>
⑤間投詞　　　　　 　　　　⑥内語　　　　　　<im> </im>

多くの場合に，L1の間投詞やポーズは何回も続けて用いられており，上記の例⑧でもたった11語の発話の間に4回のポーズと3語の間投詞が用いられている。

c. 内語

もしL2で発話されれば，聞き手の助けを求める達成ストラテジーと考えられる類のものである。上記の例②の "*nandakke*" や例⑤の "*nandeshitakke*" がその例である。

3）学習者のレベルとL1使用

2名の英語母語話者に51名の大学生の発話を聞いてもらい，上位グループ26名と下位グループ25名に分類した。グループごとのL1使用を比較した結果を表4と5に示した。

下位グループの特徴は間投詞が多いことで，内容語では名詞の例しかな

表4　運用力別のグループごとのL1使用

レベル	総語彙数	L1語彙数	率	総ターン数	L1を含むターン数	率
上位グループ	20,495	57	0.28%	1,488	38	2.55%
下位グループ	19,755	94	0.48%	1,490	44	2.95%

表5　3機能別のL1使用の比較

レベル	内容語 名詞	内容語 動詞	内容語 形容詞	内容語 副詞	間投詞	内語	総計
上位グループ	12 (21.2%)	1 (1.8%)	1 (1.8%)	1 (1.8%)	33 (57.9%)	9 (15.8%)	57 (100.0%)
	15 (26.3%)						
下位グループ	10 (10.6%)	0	0	0	78 (83.0%)	6 (6.4%)	94 (100.0%)
	10 (10.6%)						

かった。それに比べて上位グループは間投詞の使用が下位グループに比べて20％以上も低く，内容語での使用が増えている。しかし統計的な有意差は見られなかった（$p=0.776>.05$）。

4）考察

全般的に，大学の上級レベル学習者の英語の話し言葉であってもL1の助けが必要で，使用語彙数では全体のたった0.4％にL1が用いられているだけだが，少なくとも1語以上のL1を含んだターンは全ターン数の3％近くになっている。

本コーパスに出現したL1は，内容語，間投詞，内語の3種類に分類が可能であった。内容語はほとんどの場合に，適切なL2での表現ができずL1を使用したものだが，中には，L1を使用した直後に適切なL2を思い出しているケースもある。また，適切な語が見つからないので，考え中であることを率直にL2で伝える例もあり，このようなケースは積極的なコミュニケーションのためのストラテジーの1つと考えてもよいであろう。

L1の間投詞や内語をL2のコミュニケーションに多く用いると，コミュニケーションの障害となる場合もあろう。L1間投詞の使用は，話者の話し言葉での英語使用の限界を示すもので，これに比べると，達成ストラテジーの1つと考えられる聞き手に助けを求めるL2使用の方が，コミュニケーションの継続という視点からは望ましい。

今回の調査では，清水（2007）の中学生・高校生を対象とした書き言葉での研究結果とは違い，L1の前置詞や接続詞の使用は全く見られなかった。本研究では下位グループが間投詞を非常に頻繁に用いていることから，下位グループに属する大学生は質問者の問に答えるだけの十分な語彙力や構文力などが身についていないために，自分が用いることのできる特定の文法的な構造にうまく当てはまる語彙を探すのに時間がかかっていることが想像できる。それに比べて上位グループは，相手の発話に対応して，同じ内容を表現するいくつかの手持ちの語彙や構造の中から適切なものを選んでL2使用を行い始めているように見える。しかし，聞き手に伝えたい内容がより豊富になり，より詳細な意味を表すL1語彙が必要となるために，内容語でのL2使用が多くなるのではないだろうか。話しことばの運用力の伸びとL1使用の種類と頻度には関連があることを示唆している。また，書き言葉と話し言葉というモードの違いは，L1使用にも違いをもたらすとも考えられ，今後のさらなる研究が必要であろう。

(5) まとめと課題

　英語学習者の話し言葉においては，L1 と L2 の文構造の違い，L2 でのコミュニケーション・ストラテジーの未発達，さらには聞き手に分かりやすい話し方をするだけの時間的な余裕のなさなどに起因して，L1 使用が起こりコミュニケーションの支障をきたすこともあり得る。

　データとした LINDSEI 日本人学習者サブコーパスではインタビューを日本人が行っている。このような環境では，特に間投詞が日本語になる可能性が高いとも考えられる。L2 としての英語の話し言葉の中で，聞き手が日本人の場合と英語母語話者の場合で，L1 の使用に違いがあるのかどうかも興味のある点である。さらに，LINDSEI に収集されている日本語以外の母語を持つ英語学習者の母語使用との比較からも，新たな発見が生まれる可能性がある。母語での間投詞の使用特徴が L2 である英語での間投詞の使用に影響を及ぼしているのだろうか，または，母語に関わらずその使用は普遍的な特徴を示すのであろうか。

　多かれ少なかれ，L2 での L1 使用は，学習者がより正確な表現でより詳細なコミュニケーションを行いたいと思うがために起こることが多いのではないだろうか。自らの英語力のギャップを感じることができる良いチャンスでもあるので，教師は，単に L1 使用をすべて否定する指導ではなく，なぜ，L2 のコミュニケーションの中で L1 を使用することになるのかをよく観察し，運用力のレベルに応じた適切な指導を行いたい。また，学習者自身が，自分の英語の録音を聞いたり，記述された英文を読んだりして，どのような場合に自分は L1 を使用するのか，また L1 を使用した表現は L2 ではどう表すのかなどを振り返り，気づき（awareness）を高める学習も効果があるのではないだろうか。

3章・まとめ

　本章では英語学習者の話し言葉を大規模に収集した初のコーパスであるLINDSEIを使用し，語用論的な視点からの談話研究も含む研究を紹介した。
　LINDSEI（2010）は，世界11カ国の協力で異なる母語を持つ学習者の英語をインタビューの方法で集め，それらを書き起こしたものを収集している。音声データは付されていないが，インタビューとその記述はすべての協力国が一定の規準に従って行っており，違った母語背景を持つ英語学習者の話し言葉の特徴を研究するための良い資料となっている。
　3・2ではLINDSEIの日本，中国，フランス，イタリアのサブコーパスに加えて，London-Lund Corpus（LLC）とWellington Corpus of Spoken New Zealand English（WSC）を資料として肯定的・否定的感情表現の使用を比較検討した。3・3では，日本人学習者の母語使用に焦点を当て，英語の話し言葉での日本語の機能を分析した。これらの研究は，学習者コーパスが語彙・文法的側面ばかりでなく，語用論や談話分析の研究にも有効な資料となり得ることを示している。そうした活用のためには，言語学諸分野に関する知識を基に，研究者がその研究目的に応じてコーパスにタグ付けをすることが有用で，これにより研究の幅がより広がることが期待される。

ブックガイド

　LINDSEI（2010）のハンドブックには，収集方法から構成まで詳しい解説がある。また，ベルギーのルーヴァン・カトリック大学のCECLのホームページにも，上記ハンドブックについての概要説明（http://www.uclouvain.be/en-352660.html）がある。日本人学習者の要求の談話分析についてはKaneko（2004）がある。学習者の英語運用力と発話行為の発達の関連をNICT JLE Corpusを使用して研究したもので，その手法が参考になる。

発展研究

1) ICLEの日本，中国，イタリア，フランスのサブコーパスを使用して，肯定的な感情表現の使用を分析し，LINDSEIでの結果と比較してみよう。
2) 日本人英語学習者はpleaseを多用することが観察されている。LINDSEIから，日本人学習者サブコーパスに加えて任意のサブコーパスを選び，どのような意味を表すためにpleaseが使用されているかを分析してみよう。また，LLCなどの母語話者コーパスと比較し，違いを検討しよう。

4章
学習者英語のコロケーション分析
―― 単語を組み合わせて表現する力を解明する

4・1 【概説】 学習者コーパス NICE とは

　本章および次章では，学習者コーパス NICE（Nagoya Interlanguage Corpus of English）の紹介と，それを使った研究例について説明する。本章では，本節で学習者コーパス NICE の概要とその構築方法を説明した後，複数の単語を組み合わせた「コロケーション」に関する研究例を紹介する。単語と文法は正しくても学習者の英語表現が不自然になってしまう原因はコロケーションにあると言える。4・2節では，形容詞を強調する強意副詞の分析例，また4・3節では，of を含む連語表現に関する分析例を取り上げる。次章では，日本人英語学習者と英語母語話者との比較を通して，学習者と母語話者が使用する表現の違いに関する研究例を紹介する。

(1) NICE とは

　NICE は，第二言語習得研究のために，日本語を母語とする大学生・大学院生のエッセイライティングデータを集めた学習者コーパスである。これには，学習者（Non-Native Speaker）が産出したデータからなるサブコーパス「NICE-NNS」と，それと比較するために，英語母語話者（Native Speaker）が産出したデータからなるサブコーパス「NICE-NS」とが含まれている。2008年に初版が公開され，その後，学習者データが追加され，2011年に第2版が公開された。それぞれの概要は表1の通りである。

表1　NICE の概要

	学習者（初版）	学習者（2版）	母語話者
総語数	69,858	116,135	119,020
ファイル数	207	342	200
平均語数	337	339	595

(2) NICE の基本設計

　NICE の構築にあたり，基本設計として重視したのは，第二言語習得研究のデータとして使用できるように，学習者の背景情報の記述とライティングタスクの実行環境の統制である。学習者は日本語を母語とする大学生・大学院生に限定し，英語学習に関する背景情報についてのアンケートに回答してもらい，その情報を各データに含めている。特に，英語の習熟度については，一般的な英語の標準テスト（主に TOEIC と TOEFL）のスコアをできる限り含めるようにし，およそ9割のデータにそうしたスコアに関する情報が含まれている。また，学習者データについては，TOEFL のライティングセクションである TWE（Test of Written English）の採点法に従い，大学での教育歴を持つ日本人英語教員によって行われた6段階評価の結果も各データに付与されている。

　ライティングタスクについては，テーマを，1）water pollution，2）violence on TV，3）teenagers，4）suicide，5）sports，6）school education，7）recycling，8）money，9）divorce，10）death penalty，11）crime という11種類に限定した。TOEFL の TWE などで取り上げられている作文の課題を参考にしながら，より一般的なテーマを設定した。これにより，テーマごとに関連語彙をある程度統制できるとともに，具体的な内容については書き手の自由に任せることで書きやすいライティングタスクとなることを意図した。ライティングの際には，辞書等参考図書の使用を禁止した。これは，学習者自身の持つ英語の産出能力をデータとして収集するためである。ライティングタスクには1時間という時間制限を設けた。TOEFL の TWE では時間制限は30分であるが，ライティングに慣れていない日本の大学生にとって，30分である程度まとまった分量の英文を書くことは事実上困難であることが経験的にわかっていたため，時間的なプレッシャーをかけて誤りが多く構成も不十分な英文を書かせるよりも，ある程度余裕を持たせて，学習者自身が持つ産出能力をできるだけ発揮できるようにすることを意図した。

(3) NICE の構築手順：データの収集と整形

　データの収集は，まず，タスクの内容を説明し，著作権に関する契約書に署名をしてもらったのち，パソコンのワープロソフトを使い1時間でライティングをしてもらった（ワープロソフトのスペルチェック機能は使用）。その後，学習者の英語学習についての背景情報に関するアンケートに回答し

てもらい，最後に謝礼を渡した。およそ90分でデータの収集は完了した。
　ワープロソフトで作成されたデータをテクストデータとして保存し直し，1文ごとに文末で改行し，データ部分を1文1行の形式にするとともに，アンケートの回答として得られた学習者の各種属性情報を本文データと合わせて1つのファイルとする整形作業を行った。フォーマットは，CHILDES (Child Language Data Exchange System) の CHAT フォーマットに準拠している。学習者の属性を記述した行は「@」で始まり，本文データの行は「*」で始まるようになっている。
　学習者データについては，初版の200ファイルについては，文ごとに英語母語話者にチェックをしてもらい，誤りもしくは不自然な表現がある文については添削文（行頭は「% NTV」）を付与してある。

(4) NICE の特徴

　学習者コーパス NICE は，規模という点では，比較的小規模なコーパスであるが，第二言語習得研究のためのデータとして以下の4つの点が特徴的であると言える。

1) 学習者の詳細な属性情報
2) タスクの統制
3) データの読みやすさ
4) 母語話者による添削文の付与（NICE-NNS のみ）

1) 学習者の詳細な属性情報

　第二言語習得研究のデータとしては，データを産出した学習者に関する属性情報が重要である。同じ母語であるからと言って他の要因，特に習熟度を無視してデータを分析することにより，得られた結果について不適切な一般化をしてしまうおそれがあるので注意が必要である。NICE-NNS では，年齢，性別，学年，専攻，英語の学習歴，英語以外の外国語の学習歴，TOEIC や TOEFL 等のスコア，海外滞在歴，英語の4技能の自己評価，文章を書くことに対する自信度，TWE の評価基準に基づくスコアが，各データファイルにヘッダ情報として記録されている。また，NICE-NS でも書き手の属性情報として，年齢や性別に加えて，どの国の出身か（アメリカ・イギリス・カナダ・オーストラリア），両親の母語，最終学歴，外国語の学習歴，書くことに対する自己評価が属性情報として記録されている。

2）タスクの統制

　学習者データの収集においては，監督者立会いのもとでライティングタスクを行っているため，辞書や参考書を見ずに1時間で産出したデータであることが確認されている。この点，データとしては実験データに等しい質が保たれている。

3）データの読みやすさ

　NICE では，データの読みやすさに，2つの点が配慮されている。1つは，コンピュータによる「データ処理の効率」を上げること，もう1つは，人がデータを読む際の「可読性」を高めることである。

　NICE では，1行に1文が並ぶ形式で，学習者のデータが記録されているので，例えば，学習者が書いた文の数を知りたい場合，「*」で始まる本文データの行数を数えればよいということになる。例えば Excel で読み込んで，オートフィルタ機能を使い，「*」が含まれるデータ行を表示して行数を調べることもできる。

　また，データに付随する情報をタグにして本文に埋め込むことをせず，例えば，添削文のように，本文の下の行に「%」で始まる行を設け，そこに行単位で情報を書き込んでいくため，もともとの本文は人が目視で読めるように保たれている。つまり，すべてを専用の分析ツールで分析するのではなく，テキストファイルを研究者個人が内容を確認しながら分析することができるようになっている。

4）添削文の付与

　学習者の産出データには誤用が含まれている。学習者コーパスによっては，誤用タグが付与してあるものもあるが，誤用分析は，目的に合わせて分析をする必要がある。「1つの誤用」に「1つの正解」があるわけではない。そこで，NICE では，あえて誤用分析をせず，母語話者による文単位の添削文を付与することで，学習者の文と添削文とを，分析者が分析の目的に応じて比較分析することで誤用分析ができるようにしてある。

　添削例：
　*JPN013: The harder I work, the more I get money.
　% NTV:　The harder I work, the more money I make.

　次節以降で，こうした特徴を持つ NICE を用いた研究例を紹介していく。

4・2 【研究例・1】
強意副詞と形容詞のコロケーションの分析

(1) 先行研究

　強意副詞（intensifier）は，形容詞の持つ意味を強めたり，和らげたりすることで，話者の主張，同意，慎重な態度などを表し，時には，個人やグループのアイデンティティーにも関わる（Lorenz, 1998）。強意副詞を適切に使用することは，学習者にとっても重要であると考えられる。Lorenz（1998）やGranger（1998）は，学習者コーパスと母語話者コーパスにおける強意副詞と形容詞の連鎖を比較し，両者で使用頻度に違いがあることを実証している。ところが，Lorenz（1998）とGranger（1998）とで結論が一致していたわけではない。Lorenz（1998）は，学習者は強意副詞を過剰使用する傾向があると報告しているが，Granger（1998）は，逆に，学習者は過少使用していると報告している。この結論の相違は，Lorenz（1998）が形容詞の意味を強める働きのあるすべての語彙項目や句を対象としたのに対し，Granger（1998）は語尾が -ly で終わる強意副詞のみを対象としている点に起因すると考えられる。また，学習者の習熟度の違いが影響している可能性もある。このように，強意副詞の用法について学習者コーパスで調査したと言っても，具体的にどのような表現をどのような学習者が使用したのか，という点を吟味した上で，そのデータに基づき何がどこまで明らかにできたのかを検討する必要がある。例えば，上級者を対象とした分析の結果が初級者や中級者に対しても当てはまるとは限らないため，結論の一般化には慎重になる必要がある。
　Quirk, Greenbaum, Leech, & Svartvik（1985）は，強意副詞を，被修飾語の意味を強める amplifier と，トーンを和らげ意味を制限する downtoner とに二分し，さらにそれぞれを下位分類している（次ページ表1）。
　Lorenz（1998）は，ドイツ語母語英語学習者について10代のグループと大学生のグループを比較し，10代の方が強意副詞を多く使用していたことから，熟達度の低い学習者ほど強意副詞を多用すると結論づけているが，2つのグループの英語の熟達度の差についての詳しい説明はない。また学習者は amplifier ばかりでなく，downtoner も過剰使用していたと報告しているが，

表1　強意副詞の種類

種類Ⅰ	種類Ⅱ	強意度	例	本研究のタグ
Amplifiers	Maximizers	最高	completely, absolutely	X
	Boosters	高い	very, greatly, highly	B
Downtoners	Approximators	標準に近い	almost, nearly, virtually	A
	Compromisers	標準より低い	quite, rather, enough	C
	Diminishers	低い	partly, slightly, merely	D
	Minimizers	最低	hardly, scarcely	N

downtoner の中で実際に過剰使用されていたのは compromiser のみであり，Lorenz（1998）では，強意副詞の種類別の細かな分析はなされていない。

以上のことから，本研究では学習者の習熟度が明記され，統制のとれたタスクを用いた学習者コーパス NICE を使用し，学習者の習熟度別に，形容詞を強調する強意副詞の用法を，細かな種類別に，母語話者のデータと比較観察する。この分析を通して，学習者の持つ強意副詞の用法に関する知識を包括的に明らかにできるはずである。

（2）研究方法

1）本研究で使用するデータ

NICE より学習者下位群（TOEIC 600点以下）・中位群（650-760点）・上位群（815点以上），および母語話者の4グループよりランダムにデータを抽出し，それぞれのサブコーパスの単語数がほぼ1万語になるようにデータを揃えた。

表2　使用したデータ一覧

グループ	総語数	ファイル数
下位群	10,001	35
中位群	9,945	29
上位群	10,089	22
母語話者	9,912	17

2）分析方法（タグ付与）

強意副詞＋形容詞の表現パターンを調べるために，まず，各単語に品詞タグ付けプログラム TreeTagger（http://www.ims.uni-stuttgart.de/projekte/corplex/

TreeTagger/) を使い品詞タグを付与する。その後，テキストエディタを使い，副詞を示すタグ（RB）と形容詞を示すタグ（JJ）のコロケーション表現を検索し，そのうち強意副詞と判断されるものに，前ページ表1のタグを手作業で付与していった。その際に，母語話者の添削文を参考に，その強意副詞が正用（T）か誤用（F）かを判断し，誤用（エラー）タグも付与した。例えば，"Sports do very important roles in our lives." という学習者の英文に対し，母語話者が "Sports thus play very important roles in our lives." と添削している場合，学習者の "very important" という表現には booster を表す「B」と正用を表す「T」というタグを付与した。すべての分析作業（タグ付与）が完了した時点で，付与したタグを検索し，各タグの頻度を計算し，頻度の差を χ^2 検定により比較した。χ^2 検定は，例えば下位群と母語話者の booster を比較したい場合，下位群と母語話者の booster 数と booster 以外の語数（総語数－booster 数）の 2×2 分割表を使用して分析を行った。学習者の3グループそれぞれと母語話者との組み合わせを比較する際に検定の多重性の問題を回避するため，有意水準を，通常の5％ではなく，3で割った1.6%とした。

3） 使用頻度の総数の分析結果

分析の結果，4グループそれぞれにおいて使用されていた強意副詞＋形容詞のコロケーション表現の頻度は，表3の通りであった。

異なり語数では，学習者・母語話者とも34ないし39で，それほど違いはないが，延べ語数となると，下位群において母語話者と比べ有意な過剰使用が

表3　強意副詞＋形容詞の使用頻度

		下位群	中位群	上位群	母語話者
	異なり語数	34	39	39	34
	延べ語数	57*	50	41	39
下位分類	Booster	55**	42*	25	22
	Minimizer	2	4	5	4
	Compromizer	0	2	8	6
	Approximator	0	2	1	1
	Maximizer	0	0	2	5
	Diminisher	0	0	0	1

*$p < .016$, **$p < .003$

認められた（$\chi^2(1) = 3.24, p = .012$）。また，強意副詞の下位分類を見ていくと，母語話者と比較し際立つのが，下位群と中位群の booster の過剰使用である（それぞれ，$\chi^2(1) = 13.87, p < .001; \chi^2(1) = 6.20, p = .013$）。

4）コロケーション表現の分析結果

表4は，4つの群のいずれかにおいて，強意副詞と形容詞のコロケーション表現が3回以上使用されたものの頻度を示している。これを見ると，学習者では特に下位群において very を使った表現が多いことが観察される。そこで，強意副詞全体の頻度を見てみると図1のようになる。（頻度2以下のものは，others にまとめた。）

表4　いずれかの群で頻度3以上の表現の頻度

表現	下位群	中位群	上位群	母語話者
very important	8	8	2	2
very exciting	6	–	–	–
very hard	3	–	–	1
very high	3	–	–	–
very good	–	–	–	3

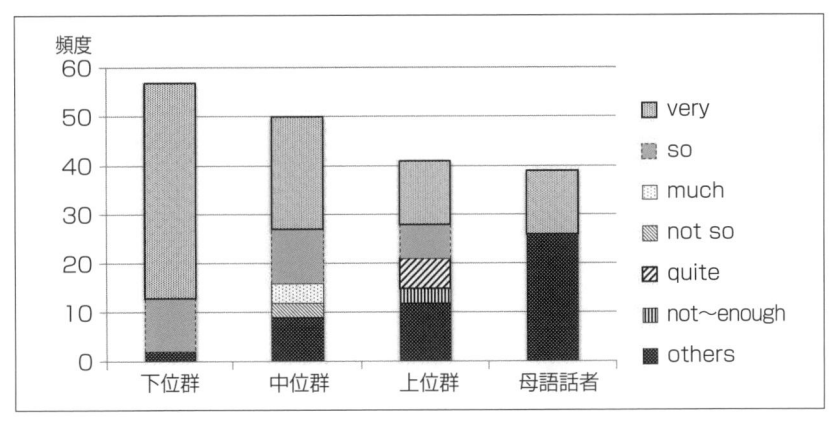

図1　グループ別強意副詞の頻度数

図1より，下位群においては very と so が過剰使用されていることが観察される。それに対し，母語話者では，頻度2以下のその他の表現が多用されている。これらの過剰・過少使用は，次ページの表5の通り，統計的に有意な頻度差がある。

表5　学習者群で過剰使用・過少使用が見られた強意副詞

強意副詞	下位群	中位群	上位群	母語話者
very	44**	23*	13	13
so	11**	11	7	0
その他	2**	9*	12	26

*p＜.016, **p＜.003

5）強意副詞の誤用分析結果

　母語話者の言語使用のデータの分析とは違い，学習者データの場合，使用頻度だけでなく，その使用が正用か誤用かという点も言語習得研究上貴重な情報となる。例えば，正用と誤用とを合わせた使用頻度全体の割合だけを見ると，下位群においてboosterが過剰使用されていることが観察されるとともに，下位群から上位群になるにつれ強意副詞の下位分類ごとの使用頻度の割合が母語話者に近づく傾向が観察される（図2）。しかし，このデータからは，学習者の使用した強意副詞が適切な使用であったのか不適切な使用であったのかということはわからない。

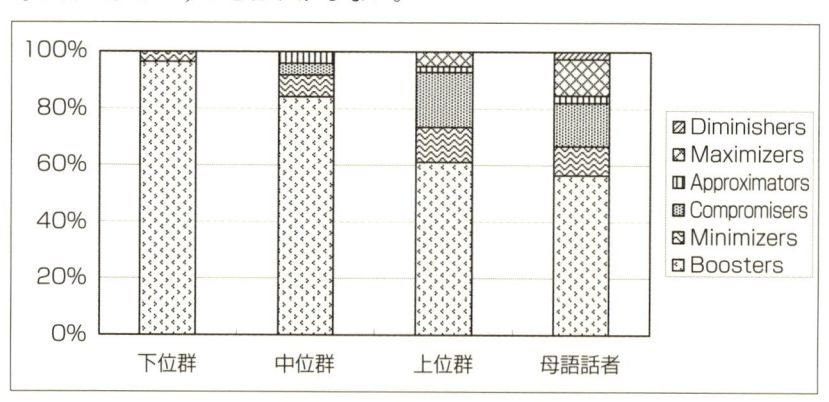

図2　強意副詞の下位分類の割合

　NICEには，学習者のデータに添削文が付与されているので，その添削文を参考に，学習者の強意副詞の使用が正用であったかどうかを判断し，強意副詞の下位分類ごとに正用と誤用を判別することができる。例えば，以下の例文の場合，母語話者の添削文では強意副詞veryが削除されている。こうした場合を「誤用」とみなすことができる。

　　*JPN164B:　I would like to think about those very important questions in this paper.

% NTV: This paper will address these important questions.

　このようにして，学習者と母語話者のデータにおける強意副詞の用法を，下位分類ごとに，正用と誤用とを分けてそれぞれの頻度を数えることにより，学習者の強意副詞の習得状況の全体像を把握することができる（図3）。こうすると，下位群に比べ中位群の方が，多様な下位分類の強意副詞を使いだすのとは裏腹に，booster の誤用が多くなっているということが観察できる。また，上級者といえども母語話者とは違っていることも確認できる。

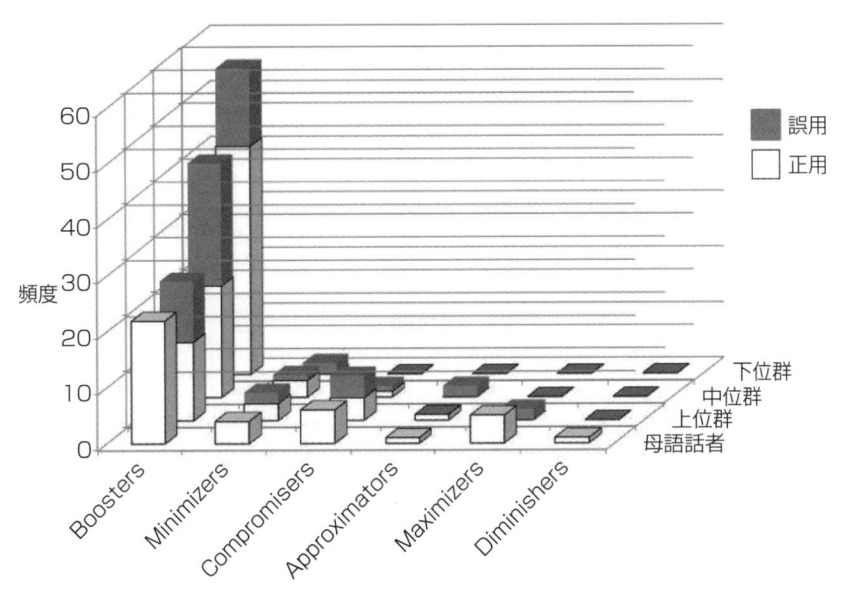

図3　学習者の強意副詞の習得状況の全体図

（3）考察とまとめ

　学習者の下位群と中位群では，強意副詞の過剰使用が見られたが，上位群となると比較的母語話者と同じ使用傾向になっていることが確認された。下位群と中位群の過剰使用の主な原因は，very important や very exciting など，特定の表現の過剰使用にあると考えられる。下位群では，強意副詞のうち booster の very と so だけで全体の95％以上を占めていた。熟達度が上がるにつれ，使用できる強意副詞のバリエーションが増える傾向にあると言えよう。
　また，booster の使用頻度は，中位群から上位群へと減り，上位群は母語話者とほぼ同じ使用頻度となっているが，正用率という観点から見ると，中

位群において，むしろ誤用率が増えている点が興味深い。中位群の文において，添削文で very が削除されている例が多くあった。これはある程度英文を書けるようになった中級において，very を多用した強意表現はむしろ不自然な印象を与えるということを示唆していると言えよう。

上位群においても，強意副詞を削除される修正が多かったが，上位群では very unbelievable などの不自然な強意表現の修正や，extremely good を very good に修正されるなど，低頻度語の不適切な使用が見られた。上級学習者では，語彙が豊富になり，多様な表現を試みようとしているが，結果的に母語話者の強意表現とは異なり，不自然になってしまうことがある。

また，上位群において quite の過剰使用が見られた点も興味深い。quite は，compromiser に分類され，compromiser の使用頻度だけを見ると上位群と母語話者とで有意差はないが，母語話者は，quite の他に pretty, rather, considerably がほぼ同頻度で用いられていたのに対し，上位群では，8例の compromiser の6例（75.0％）を quite が占めていた。さらに興味深いのは，上位群の使用した8例のうち4例は誤用とみなされ，これは上級となっても，強意副詞の使用は難しいところがあることを示していると言える。

Granger（1998）が，学習者の強意副詞は過少使用されていると報告したのに対し，Lorenz（1998）では，過剰使用すると報告されていた。この矛盾に関して，本研究のように，強意副詞全体を対象とし，かつその下位分類までを，熟達度別に見ることによって，この矛盾の原因は，Granger（1998）では -ly で終る amplifier のみを分析対象としたのに対し，Lorenz（1998）では他の強意副詞も分析対象にしており，実際の学習者の強意副詞の使用は very, so, quite などが高頻度で使用されていたことにあると言えよう。さらに，同じ学習者と言っても，下位群・中位群・上位群では，違った傾向を示しており，学習者データは習熟度別に分析をする必要があることが指摘される。

また，上位群は使用頻度においては母語話者に近づく傾向が観察されたが，使用頻度だけでなく，使用される表現の多様性と誤用という観点から，上級者といえども母語話者とは違っているということも確認された。

もう1つ重要な点は，強意副詞の下位分類として6種類が文法書によって提案されている（P.79表1参照）が，その6種類の分類というのは必ずしも同じ割合で使用されるのではないという点である。それは，母語話者データを見ることによって明らかとなる。ゆえに，学習者のデータを分析する際に，言語学的な枠組みを使うことは必要ではあるが，それだけでなく，母語話者の使用実態と合わせて学習者のデータを観察しなければ，学習者の使用実態は適切に観察できないということである。

4・3 【研究例・2】
of を含んだ連語表現の使用分析

(1) はじめに

　日本の大学生は，英語で論文を書く指導を十分に受けないまま，英語で卒業論文や修士論文を書くことがある。しかし，話し言葉と書き言葉では使用する語彙や定型表現に違いがあるため，論文に使う英語を特別に学ぶ必要がある。「学術論文」と言うと，学習者は難しい内容語を使うことばかりに目が行きがちで，of のような機能語の使い方にはなかなか気づくことがない。しかしながら近年の英語コーパスを利用した研究の結果，学術的な書き言葉において，of を含んだ定型表現が重要な役割を果たしていることが明らかになった（Biber, et al., 1999; Stubbs, 2007）。本稿ではまず，書き言葉において of がどのような機能を果たしているかを指摘する。続いて英語母語話者と学習者の作文における of を含んだ定型表現の使用を NICE を用いて調査する。

(2) 先行研究

1) of の使用頻度

　British National Corpus（BNC）や Bank of English（BOE）といった英語の大規模コーパスでは，最も出現頻度の高い語は the であり，次は of である。BNC の書き言葉コーパスに限定してみても，of の出現頻度順位は 2 位である。Stubbs（2007）は，BNC を利用した高頻度表現の調査により，英語の高頻度表現には of が含まれているものが多いことを明らかにしている。BNCから単語5つの連続（5-grams）を頻度順に抽出すると，上位10表現のうち7表現は of を含んでいる。また，単語5つの連続のうち，1語のみ可変となっているような定型句（一般的に Phrase-frame と言うが，5語の場合は5-frames）を頻度順に抽出すると，上位10表現のうち8表現は of を含んでいることがわかる。つまり，of は定型的な表現パターンの中で繰り返し使われるために，英語母語話者コーパスにおける出現頻度が高くなると考えられ

る。一方，学習者コーパスでは，コーパスによって of の出現頻度順位にばらつきがある。例えば ICLE では 8 位で，NICE-NNS では 6 位である。また，同じ BNC でも話し言葉コーパスでは of の出現頻度順位は 9 位である。英語母語話者コーパスと日本人英語学習者コーパスでは，書き言葉における of の使い方に何か違いがあるのだろうか。また，習熟度のレベルと of の使い方には何か関係があるのだろうか。

2) 書き言葉における of の機能

Lexical bundles とは，話し言葉や書き言葉で繰り返し共起する単語の連続のことである。Longman Grammar of Spoken and Written English（LGSWE）(Biber, Johansson, Leech, Conrad, & Finegan, 1999) では，操作上の定義として lexical bundles を 3 語以上の単語の連続としており，4 語の連続の場合，100万語に10回以上出現する表現を，繰り返し出現する lexical bundles と定めている。LGSWE Corpus の学術的な書き言葉データ（academic prose）では，100万語に10回以上出現する 4 語の lexical bundles が277種類確認されているが，その中でも最も多いのは「of を含む名詞句表現」で69種類，次に「of を含む前置詞句表現」で56種類である。また，phrase-frame を BNC data-base (Fletcher 2003/2004) で検索すると，4 語表現の場合，上位100表現のうち半数が of を含んでいることがわかる。このことから，英語母語話者は of を含む表現のレパートリーをたくさん持っていると考えられる。LGSWE によると，of を含む lexical bundles は，書き言葉において以下に挙げる重要な意味機能を持っている。

【of を含む名詞句の主な機能】
　(a) 量，大きさ，場所など物質的描写の機能
　　　例）the shape of the, other parts of the, the size of the
　(b) 単純な存在を表す機能
　　　例）the presence of the, the existence of a
　(c) 抽象的な質を表す機能
　　　例）the nature of the, the value of the, the use of a
　(d) 時間的経過を伴った出来事・プロセス
　　　例）the development of a, the course of the

【of を含む前置詞句の主な機能】
　(a) 抽象的，論理的な前後関係を表す機能（as, in の前置詞句が多い）

例) as a result of, as a function of, in the case of, on the basis of
(b) 時間的前後関係を表す機能
　　　例) at the end of, at the time of
(c) 時間的経緯や期間を表す機能
　　　例) in the course of, in the process of, in the development of

　伝統文法では of は前置詞に分類されるが，Sinclair（1991）が指摘しているように，実際は後続する名詞との結びつきよりも前置された名詞句との意味的な結びつきの方が強い。前にくる名詞 N_1 と結びつき，N_1 が of の後ろにくる名詞 N_2 を意味的に指定するため，結果として複数語から成る名詞句（multi-word noun phrase）を形成する。Lewis（2000）は，特定の名詞句表現を形成することこそが of の中心的な役割であるにも関わらず，英語教育ではそのことが無視されていると述べている。

(3) 研究課題

　本研究では，英語母語話者と日本人英語学習者（上級・中級）が of を定型的なパターンの中で使用しているかどうかを調査する。第一に，NICE の母語話者データと学習者データにおいて of を含む lexical bundles がどの程度使われているかを比較する。第二に，lexical bundles 以外の表現が定型的なパターンの中で使用されているか調べるため，of を含む高頻度の phrase-frame（p-frame）がどの程度使われているかを比較する。

(4) 研究の方法と手順

1) レベル別コーパスデータの整備

　TOEIC のスコアに従い，学習者データを上級（800-990点）と中級（400-729点）に分け，それぞれを1つのファイルにまとめた。この作業には Unix コマンドの grep と cat を使用した。母語話者データに関しては学習者データの語数に近くなるよう配慮した上で，ランダムにファイルを抽出し，

表1　各グループのデータサイズ

	母語話者	上級者 (800-990点)	中級者 (400-729点)
総語数	34,869	31,538	28,740
ファイル数	51	71	90

1つのファイルにまとめた。本研究で比較する3グループのデータの総語数とファイル数を表1に示す。

2）ofの出現頻度の比較

各グループの総語数を数えた後，語彙頻度表を作成し，ofの使用頻度を求めた。この作業にはPerl言語を使用した。その結果，母語話者データ（NS）ではofの頻度順位は3位で1,075回，上級者データ（Adv）では3位で689回，中級者データ（Int）では6位で499回使用されていた。データ間で使用頻度に有意差があるかどうかを確かめるため，対数尤度比検定を行った。その結果，いずれのグループ間にも有意水準0.1％で頻度差が認められた（NS-Adv: $G^2 = 50.84$, $df = 1$, $p < .001$; NS-Int: $G^2 = 119.10$, $df = 1$, $p < .001$; Adv-Int: $G^2 = 15.43$, $df = 1$, $p < .001$）。

Technical Box　レベル別コーパスデータの整備とofの頻度カウント

①レベル別コーパスデータの整備
1) TOEIC800点から990点の人が書いたファイルの名前を列挙する
   ```
   grep -l 'TOEIC=[89][0-9][0-9]' nns/*.txt
   ```
2) 列挙されたファイルを結合する
   ```
   cat JPN006.txt JPN011.txt JPN027.txt… > 保存名.txt
   ```

②ofの頻度カウント
1) 学習者が書いた文（行）のみ抽出する
   ```
   grep *JPN ファイル名.txt > 保存1.txt
   ```
1) 文頭の学習者のIDを削除する
   ```
   perl -pe 's/¥*JPN¥d¥d¥d¥: //g;' 保存1.txt > 保存2.txt
   ```
3) 単語以外の記号類を削除してから，単語ごとに改行
   ```
   perl -pe 's/¥W//g;' 保存2.txt | perl -pe 's/ /¥n/g;' > 保存3.txt
   ```
4) 単語をソートし，重複の数を数え，高頻度順にソートする
   ```
   sort 保存3.txt | uniq -c | sort -rn
   ```

3）ofを含むlexical bundlesを抽出する

4語から成るlexical bundlesを抽出するため，まずUnixコマンドとPerl言語を使用して4-gram表現の頻度表を作成した。その後，125種類（名詞句69種類と前置詞句56種類）のlexical bundlesに当てはまる表現を抽出した。各グループが使用したlexical bundlesの延べ語数と異なり語数は次ページ以降の表2から表4の通りである。なお，本研究で用いたデータは各グループ4万語以下であるため，表2から表4の表現が必ずしも100万語に10回以上

出現する lexical bundles であるかどうかは判断できない。特に頻度1の表現については，lexical bundles ではなく，偶然一致した語の連続である可能性も否定できないが，本研究では LGSWE Corpus で定義された125種類の表現については1回の出現でも lexical bundles として取り扱う。

表2　母語話者データにおける of を含む lexical bundles

頻度	of を含む名詞句 LB	頻度	of を含む前置詞句 LB
6	one of the most	12	in the case of
2	the end of the	8	as a result of
2	parts of the world	8	as a function of
1	the use of the	3	at the expense of
1	the rest of the	2	by the end of
1	the part of the	1	with the exception of
1	the needs of the	1	in the process of
1	the importance of the	1	in the number of
1	the effects of the	1	in terms of the
1	the case of the	1	at the end of
1	different parts of the	1	at the beginning of
1	and the development of	1	as part of a

（異なり語数＝24，延べ語数＝59）

表3　上級者データにおける of を含む lexical bundles

頻度	of を含む名詞句 LB	頻度	of を含む前置詞句 LB
6	one of the most	2	to the development of
1	the role of the	1	in the study of
1	the results of the	1	in the process of
1	the effect of the	1	in terms of the
1	parts of the world	1	as part of the
1	one of the main	1	as a result of
1	both sides of the	1	
1	and the number of	1	

（異なり語数＝14，延べ語数＝20）

4章　学習者英語のコロケーション分析

表4　中級者データにおける of を含む lexical bundles

頻度	of を含む名詞句 LB	頻度	of を含む前置詞句 LB
3	one of the most	3	in the process of
1	the needs of the	2	as a result of
1	the level of the	1	in the case of
1	the form of the		
1	and the number of		

（異なり語数 = 8，延べ語数 = 13）

　of の総数のうち，lexical bundles の文脈で使われている of の延べ語数にグループ間で差があるかどうかを調べるため，対数尤度比検定を行った。その結果母語話者と学習者の間には有意水準1％で有意な差が認められたが，上級者と中級者には差は見られなかった（NS-Adv: $G^2 = 6.65$, $df = 1$, $p < .01$; NS-Int: $G^2 = 6.86$, $df = 1$, $p < .01$; Adv-Int: $G^2 = 0.09$, $df = 1$, $p = .76$）。

4）of を含む p-frame を抽出する

　BNC data-base（Fletcher 2003/2004）で4語の p-frame を検索し，上位100表現の中から of を含む47表現を抜き出した。47表現のうち，表現が重複する可能性の低いものだけを拾い出したところ26表現であった。表現が重複する可能性があるものとは，例えば in the * of と the * of the である。これらの表現は in the * of the という5語表現の一部である可能性がある。このような重複を避けるため，本研究では3語目が可変で4語目に of がくる表現（例：in the * of）と，3語目に of がきて4語目が可変となっている表現（例：a lot of *）に限定して表現を抽出した。抽出した表現を目で確認し，さらに重複の可能性がある表現は片方を削除した。表5は各コーパスに出現したp-frame の延べ語数と異なり語数である。表現は BNC に出現する頻度の順番に高頻度のものから並べてある。

　表5からわかる通り，中級学習者は使用している p-frame の種類が上級者より少なく，a lot of * を多用している。具体的な表現についても，a lot of * の場合，延べ語数に対する異なり語数が少なく，約半数は同じ表現の繰り返しであることがわかる。各コーパスで使用されている p-frame の種類の割合と，具体的な表現の延べ語数に対する異なり語数の割合とをかけたものを計算してみると，母語話者が84.79％（25/26*179/203*100），上級者が69.82％（22/26*118/143*100），中級者が39.72％（16/26*91/141*100）であった。この

表5　各コーパスに出現する高頻度 p-frame

4-frames	NS	Adv	Int	4-frames	NS	Adv	Int
in the * of	12/13	4/4	3/3	from the * of	7/7	1/1	-----
of the * of	11/11	8/8	5/7	part of the *	6/6	4/4	-----
to the * of	21/22	8/8	4/4	is the * of	10/12	6/6	6/7
at the * of	3/3	-----	1/1	a number of *	-----	1/1	1/1
on the * of	5/5	-----	-----	a lot of *	9/10	22/43	40/86
one of the *	10/11	19/21	5/5	some of the *	6/6	3/3	-----
and the * of	9/9	6/6	-----	in a * of	2/2	-----	-----
with the * of	12/12	6/6	4/4	with a * of	2/2	1/3	1/1
for the * of	7/14	1/1	5/5	is a * of	7/10	5/5	4/4
by the * of	6/6	1/1	2/3	the rest of *	2/5	-----	-----
the end of *	3/4	2/2	-----	about the * of	10/12	6/6	6/6
as a * of	5/6	5/5	2/2	and a * of	6/6	1/1	-----
that the * of	7/7	6/6	2/2	the first * of	1/2	2/2	-----
				合計	179/203	118/143	91/141

（異なり語数 / 延べ語数）

ことから，母語話者は p-frame のような言語パターンを多く持っており，パターン内の1語を変えてさまざまな表現を生み出すという経済的かつ生産的な言語使用をしていると考えられる。一方中級者は，表現の異なり語数の割合が少なく，パターン内の表現のバリエーションが乏しいと考えられる。

Technical Box　n-gram, lexical bundles, p-frames の処理

①4-gram 表現の処理
1) 単語ごとに改行したリストを作成する
   perl -pe 's/ /¥n/g;' ﾌｧｲﾙ名.txt > リスト1.txt
2) リスト1の2，3，4行目から開始するリストをそれぞれ作成する
   tail +2 リスト1.txt > リスト2.txt
   tail +3 リスト1.txt > リスト3.txt
   tail +4 リスト1.txt > リスト4.txt
3) リスト1から4までを横につなぎ，4語の連続を作成する
   paste リスト1.txt リスト2.txt リスト3.txt リスト4.txt > 保存1.txt
4) すべて小文字に変換し，カンマとピリオドを削除する
   tr A-Z a-z < 保存1.txt | perl -pe 's/[¥.¥,]//g;' > 保存2.txt
5) 4語表現をソートし，重複の数を数え，高頻度順にソートする
   sort 保存2.txt | uniq -c | sort -nr > 保存3.txt

② lexical bundles の処理
1) 125種類の lexical bundles を列挙し，抽出する（以下，…部分に表現を列挙）

```
while(<>) {if (/ about the nature of \n/|/ as a result of \n/|/ as a
function of \n/|/ as part of the \n/…); print;} 4gram.txt
```

③ p-frames の処理
 1) 125種類の lexical bundles に当てはまらない表現を抽出する
```
while(<>) {next if (/ about the nature of \n/|/ as a result of \n/|/
as a function of \n/…); print;} 4gram.txt > 保存1.txt
```
 2) 26種類の p-frames を列挙し，抽出する
```
while(<>) {if(/ and a \w+ of \n/|/ and the \w+ of \n/|/ as a \w+
of \n/|/ at the \w+ of \n/|/ by the \w+ of \n/…); print;} 保存1.txt
```

(5) 結果のまとめ

本研究の分析により得られた結果は以下の3点である。
① of の全体的な使用数は中級学習者，上級学習者，母語話者の順に増加する。
② 母語話者は学習者よりも of を含む lexical bundles を多く使用する。学習者間に違いはない。
③ 中級，上級，母語話者の順に使用する p-frame の種類が増え，可変部分に入れる単語のバリエーションが増える。

(6) 考察と結論

　本研究では，母語話者と学習者が使用する of の使い方にどのような違いがあるかを，lexical bundles と p-frame の比較を通して検討した。母語話者と上級学習者は，ともに語彙頻度表での of の順位が3位であるが，相対的な使用頻度は母語話者の方が有意に多い。母語話者は総語数（34,869語）に対する of（1,075回）の割合が3.08％であり，これは BNC の書き言葉データにおける割合（31,109回/100万語）と同等である。これに対し，上級学習者は総語数（31,538語）に対する of（689回）の割合が2.18％であり，書き言葉で使われる of の割合よりも少なくなっている。中級学習者に関しては総語数（28,740語）に対する of（499回）の割合は1.74％である。これは，BNC の話し言葉データにおける割合（14,550回/100万語）に近い割合である。of を含んだ連語表現は，英語の書き言葉においてよく使われる表現であるため，学習者は書き言葉にふさわしい of の使い方ができていないことが示唆される。実際に，書き言葉においてよく使われる of を含んだ lexical bundles の使用数を比較したところ，母語話者と学習者の間で有意な差が見られた。

lexical bundles 以外で of がどのように使われているかを調べたところ，母語話者・学習者ともに高頻度の p-frame に当てはまる表現が多く使用されていた。高頻度 p-frame に当てはまる表現の延べ語数を単純に比較すると，中級者は上級者と母語話者よりも有意に多くパターンに当てはまる表現を使用しているという結果になる。しかしながら，使用している表現の種類を見ると，中級者は a lot of * を多用していることがわかり，使用している p-frame の種類と具体的な表現のバリエーションは乏しいことが明らかとなった。一方，母語話者は使用している p-frame の種類も豊富であり，可変部分にさまざまな語を入れることで，一定のパターンの中で自由自在にことばを操っていることが示唆された。

　単語の使い方を，連続した語のパターンの中で覚えるのではなく，一語ずつ日本語との対訳として覚えた学習者は，of の意味を所有の「の」として捉えている場合がある。試しに所有の意味を持つ形態素「's」と，人称代名詞の所有格（my, your, his, her, its, our, your, their）と，所有代名詞（mine, yours, his, hers, ours, yours, theirs）の使用頻度を調べたところ，学習者と母語話者の間および上級者と中級者の間に有意な差は見られなかった。所有の意味を持つ他の単語や形態素は頻度の上では使えているにも関わらず，of に関してはうまく使えていない。このことからも，of を単純に所有の「の」として覚えるだけでは不十分であり，表現パターンの中で学習させる必要性がある。

4章・まとめ

　本章では，学習者コーパス NICE について，目的，基本設計，構築手順，特徴について概説し，コロケーションに関する 2 つの研究事例を紹介した。
　まず，形容詞を強調するために使用される強意副詞について NICE の学習者データから熟達度別に下位群・中位群・上位群の 3 種類のデータを選び，それらを NICE の母語話者データと比較することによって，学習者の使用する「強意副詞＋形容詞」のコロケーション表現に偏りがあることを観察した。単に，学習者データの頻度を見るだけでなく，それを同条件で収集した母語話者データと比較すること，そして，学習者データも，習熟度によってレベル分けをして観察すること，さらに，使用したデータを，正用と誤用とに分けて使用頻度を観察することで，学習者のコロケーション表現の全体像を観察することができることを示した。次に，前置詞 of を含むコロケーション表現を観察した。こちらは NICE の母語話者データと，学習者データのうち上級者と中級者のデータを比較した。全体的な使用数が中級・上級・母語話者の順に増えることと，その使用頻度が学習者と母語話者とで有意な差がある（母語話者の方が多い）ことが観察された。また，of を含む句のフレームの多様性を観察したところ，句自体の多様性や句に含まれる単語の多様性も母語話者の方が豊かであることが明らかになった。
　単語という単位だけでなく，語と語の結びつきというコロケーションにおいても学習者と母語話者とではさまざまな差が観察される。コロケーションに注意することで，より自然で流暢な表現を行えるようになる。

ブックガイド
　NICE については，藤村・滝沢編（2011）の概説も参考になる。学習者コーパスを使ったコロケーション研究については Nesselhauf（2004）が詳しい。

発展研究
1) NICE のオンライン検索サイトで，学習者が多用すると言われている強意副詞 very を検索して，学習者と母語話者でその使用にどのような違いがあるか観察してみよう。http://bill.gsid.nagoya-u.ac.jp/nice/search/
2) 英語母語話者の使用する 2 語表現で一番多いものは of the である。NICE の学習者データと母語話者データで of the を検索し，その頻度の違いと用法の違いについて観察してみよう。

5 章
学習者英語と母語話者との比較
——ネイティブらしさのポイントを解明する

5・1 【概説】
NICE による母語話者データとの比較

(1)「ネイティブらしさ」とは

　TOEFL や TOEIC などの英語の試験でほぼ満点を取るような英語の上級者でも，その学習者が英語で話すのを聞くと英語母語話者はその話し手が母語話者ではないことに気づいてしまう。話し言葉の場合は発音の「ネイティブらしさ」も英語母語話者かどうかに気づく手がかりとなるが，書き言葉の場合でも同じことが起きる。英語を母語としない人が書いた英文を英語母語話者が読むと，そこに何か不自然さを感じ，書いた人の母語が英語ではないことに気づく。使われている単語も文法も「正しい」にもかかわらず「ネイティブらしさ」に欠けることに気づいてしまう。いったいそれはどうしてか？

　Pawley and Syder（1983）はこの問題を「言語理論にとっての2つの難問」（Two puzzles for linguistic theory）と指摘している。1つめは，文法的に正しいだけでなく「ネイティブらしい」表現を使う能力とは何か，という問題（nativelike selection），2つめは，苦もなく流暢に思ったことをすぐに表現できるのはどうしてか，という問題（nativelike fluency）である。例えば，以下の例の場合，例文 (2) の (a) から (h) は，語彙的・統語的には「正しい」が，母語話者はこのようには表現せず例文 (1) のように表現する。

(1) I want to marry you.
(2) (a) I wish to be wedded to you.
　　(b) I desire you to become married to me.
　　(c) Your marrying me is desired by me.
　　(d) My becoming your spouse is what I want.
　　(e) I want marriage with you.
　　(f) What is desired by me is to wed you.
　　(g) I, who am speaking, want to marry you, whom I am addressing.
　　(h) It is my wish that I become married to you.

Pawley and Syder (1983, p.196)

英語学習者が「ネイティブらしさ」を身につけようとした場合，単語をたくさん知っていることと文法的に正しい文を産出できるだけではなく，上の例文の (1) と (2) が違うということを判断できるようにならなければならない。Pawley and Syder (1983) は，こうした例を取り上げ，句レベル（例：marry you），短い発話レベル（例：Are you ready?），文レベル（例：Call me as soon as you get home.）において，母語話者は膨大な量の表現を覚えていることを指摘し，一方で文法規則による言語表現の創造性を当然認めながらも，もう一方で，ある程度の数の単語からなる表現をかたまりとして覚える語彙化という現象の重要性を指摘している。そして，この文法的創造性と語彙化の問題は程度の問題（matters of degree）であり，ここに厳密な境界線を引こうということはむしろ母語話者の持つ言語知識に対する理解をゆがめることになる恐れがあると指摘している。

（2）英語学習者と母語話者の比較

　学習者の表現が「ネイティブらしさ」に欠ける原因を，Kjellmer (1991, p.124) は，表現を構成する単語の使い方が慣用的ではないからであろうと示唆している。この点について，De Cock, Granger, Leech and McEnery (1998) は，インタビューデータに基づく英語母語話者と学習者の2種類のコーパス（母語話者データ約5万7千語，学習者データ約4万1千語）を比較し，英語学習者も「慣用的」な表現を使うが，その使用は母語話者と同様ではないということを実証している。例えば，あいまいさを表す表現 and things like that の使用頻度は母語話者では14に対し学習者は3，逆に and so on は母語話者が2に対し学習者は18であった。すなわち，学習者の表現が「ネイティブらしさ」に欠けるのは，慣用的な表現を学習者が使わないという単純な理由ではなく，その使い方に偏りがあり，その使用傾向が英語母語話者とは違っているということである。
　これは，書き言葉である NICE のデータでも同様に観察される。学習者は，慣用的な表現を覚えていないわけではなく，覚えている慣用的な表現の種類が少なく，かつ，覚えている表現を多用する傾向にある。英文エッセイを書くというタスクにより産出されたデータである NICE の場合，話の出だしで使う表現として覚えたと思われる6語表現 I would like to talk about が NICE-NNS（ver. 1）では11回使用されている。また，talk を write にした I would like to write about が5回使用されている。この2つの6語表現が合わせて16回使用されているのに対し，NICE-NS ではいずれも一度も使用されていない。

これは，母語話者がこうした表現を知らなかったということではなく，使用しなかったということである。逆に，4語表現で in the case of という表現を使ったのは学習者データでは2回であったが，母語話者データでは18回あった。

　連語表現としては一番短い2語表現について NICE を観察してみると，母語話者データでは，一般に最頻と言われている of the が590回で一番多く，次に in the が584回，it is が308回と続く。それに対し，学習者データでは，of the は4位で245回，in the は3位で254回，it is が最頻で343回である。すなわち，母語話者における上位2位の2語表現の頻度は，学習者においては半分以下となっている。これが何を意味しているのかを解釈するには注意が必要である。まず，母語話者も学習者もこれらの2語表現を知っていながら，その使用頻度が違うという解釈は可能である。しかし，これらをひとかたまりの連語表現の頻度として解釈することは妥当かどうか，という点に問題があると考えられる。つまり，ここで使用されている単語 of, in, the はいずれも機能語であり，機能語と機能語の結びつきだけで1つのかたまりを構成していると考えてよいかどうか，という問題である。of the と in the のいずれにも含まれる the の頻度を見てみると，母語話者データでは5,799回であるのに対し，学習者データでは2,662回である。となると，学習者の場合，そもそも定冠詞 the の使用頻度が母語話者の半分以下である。2語から成る連語表現と言っても，そのうちの1語の頻度自体が半分以下であれば，それを含む2語表現の頻度が半分以下となるのも不合理なことではない。すなわち，これは，連語表現の頻度の問題であるのか，連語を構成する単語の頻度の問題であるのか，という点に注意しなければならないということを示唆している。

　前章で取り上げたコロケーションに関する事例は，語と語の慣用的な結びつきに関する研究であり，コロケーションの知識の量と質において母語話者と学習者とでは違いがあるということを示しており，その違いが「ネイティブらしさ」の問題に反映していることも確かではあるが，連語表現の頻度の表面的な比較だけでは適切な一般化ができないことがあるので注意が必要である。

　学習者コーパスと母語話者コーパスとの比較を通して「ネイティブらしさ」を観察することもできるが，もうひとつ重要なのは「ネイティブらしさ」の裏返しである学習者の使用表現の「不自然さ」の観察である。そのためには，学習者コーパスのデータに含まれる不自然な表現を調べることになる。文法的な誤りという意味での誤用ではなく，不自然さの訂正も含む広い意味

での誤用分析が必要になる。

　NICEには，英語母語話者による添削文が付与されているので，学習者の文と添削文とを比較することにより，そうした不自然さを特定することができるようになっている。例えば，学習者が多用した6語表現のI would like to talk/write aboutであるが，16箇所のうち訂正が行われていないものは5箇所のみで，11箇所は動詞句をdiscuss, explain, present, examineなどの動詞に変えるか，文全体を書き換えるという訂正が行われている。これは，英語学習者がこうした動詞を単語として知らないわけではなく，英文を読む際には何ら問題なく理解できる単語であっても，自らが産出する際には使えないという受容語彙と産出語彙の差の問題であり，学習者にとっての語彙知識とは何か，という問題にもつながっている。

（3）この章で紹介する研究について

　本章の5・2では，判別分析という分析手法を使い，単語や連語の総数や異なり数や文に含まれる平均単語数など15の言語的特徴をスコアにし，どのような言語的特徴に着目すれば，英語学習者が書いたエッセイと母語話者が書いたエッセイとを見分ける（判別する）ことができるか，という研究を紹介する。

　英語学習者と母語話者が1時間でエッセイを書くというタスクにより収集された学習者コーパスNICEでは，エッセイの総語数の平均が学習者では約340語，母語話者では約600語と，語彙的な違いが明白である。しかし，単に単語数が多いというのではなく，語彙知識が豊かであるとはどういうことなのか，そしてそれは母語話者と学習者，学習者でも上級者と中級者とではどのような点に相違があるのか，ということを綿密に調べた研究を5・3で紹介する。

5・2 【研究例・1】
判別分析を使った学習者英語の言語的特徴

(1) はじめに

　学習者が産出したり，発話した語の総数や種類といった言語的特徴は，第二言語習得過程の一端を表すと考えられる。ライティングを例にとってみても，Hinkel（2003）は，母語話者英語の言語的特徴と比較することで，学習者特有の言語的特徴を論じている。また，Ferris（1994）は，習熟度の異なるグループのデータを，単語の総語数（token），平均文長（words per sentence）および平均単語長（word length）などの28指標の言語的特徴について，ステップワイズ方式による判別分析（Stepwise discriminant analysis）を用いて分析し，言語的特徴が習熟度によって異なることを指摘している。これらの研究は，学習者コーパスやコンピュータを活用することで分析できる言語的特徴をもとに，客観的に母語話者との差異やL2言語能力の発達指標を分析している点で共通している。
　この節では，Ferris（1994）でも使用されているステップワイズ方式による判別分析という手法を応用し，英語母語話者と日本人英語学習者を判別する言語的特徴について調べる方法を説明する。
　判別分析とは，すでに得られている母集団の標本データに基づいて群が分類されている場合，新しいデータがどの群に属するかを判別する方法である。ステップワイズ方式とは，逐次選択または変数増減法とも呼ばれ，最も判別に貢献する説明変数の選択を行う方法である（Huberty, 1994；山際・田中，1997）。つまり，ステップワイズ方式による判別分析では，より判別に効果が大きい説明変数は選ばれるが，一方で，判別にあまり貢献しない変数は取り除かれることになる。

(2) 先行研究

　日本人英語学習者の言語的特徴を単語単位で分析した研究にSugiura et al.（2007）がある。この研究では，NICEにおける英文エッセイ（NICE-NNS

200ファイル,総語数69,858語,NICE-NS 208ファイル,総語数117,571語）の単語の総語数,異なり語数（type），タイプトークン比（Type/Token Ratio, 以下 TTR），文数（number of sentences），平均文長および平均単語長の6つの言語的特徴について,ステップワイズ方式による判別分析を行った。この分析では,母語話者と学習者の2グループを基準変数として分類し,取り上げた6指標を説明変数として,どの言語的特徴が母語話者と学習者の判別に寄与する指標なのかを検証した。その結果,総語数と異なり語数の2変数が,学習者と母語話者を判別できる指標であることが明らかになった（図1）。判別関数式は以下のようになり,正判別率は94.8％であった。

$$Z=-0.14{}^*Type+0.02{}^*Token+17.91$$

Zは基準変数（この場合,母語話者であるか学習者であるか），異なり語数（Type）と総語数（Token）が選択された目的変数となり,最後の17.91は定数項である。この結果は,同じタスクで書かれたエッセイにおいて単語の総語数と異なり語数という2つの特性を観察することで,そのエッセイが学習者のグループに属するのか,母語話者のグループになるのかが94.8％の判別率で分類できることを意味する。この研究では第1群を学習者（NNS）とし,第2群を英語母語話者（NS）として分析した。この場合,判別関数式が正の時第1群,負の時第2群となる。例えば,あるエッセイの総数が400語で異なり語数が150語の場合,Z＝4.91で「＋」となり,第1群の学習者によるエッセイであると判別される。図1の散布図からも,判別関数で学習者と母語話者が2群に分類されており,母語話者の方が総語数と異なり語数ともに多いことがわかる。

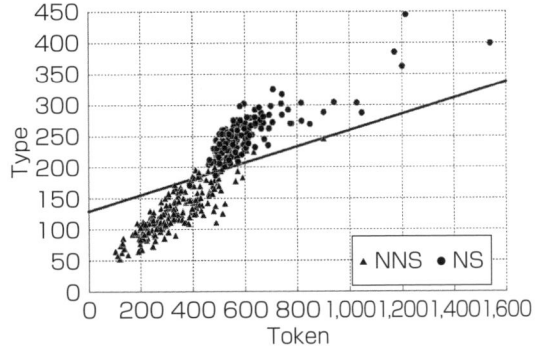

図1 母語話者と学習者の判別図と判別関数（Sugiura et al., 2007）

学習者英語の言語的特徴について，単語よりスパンの長い連語表現レベルの言語的特徴に注目して分析した研究に石田・杉浦（2012）がある。Biber et al.（1999）によれば，母語話者はさまざまな lexical bundles を膨大に使用している。その量は書き言葉（学術文）全体の20％，話し言葉（会話）の28％を占めると言う。そこで，母語話者と学習者の言語的特徴の差異は語彙的な特性にだけでなく，連語表現の使用にも表れると推測される。そこで，石田・杉浦（2012）は，2語以上の単語が連鎖して繰り返して産出された表現を連語表現（n-gram）と定義し，Sugiura et al.（2007）と比較するために，連語表現の総数，異なり数および Guiraud index（以下 GI）を分析対象とし，ステップワイズ方式による判別分析を行った。なお，Sugiura et al.（2007）では TTR を使っているが，テクストの長さに影響されるため，この研究では代わりに GI を採用している。この指標は，異なり数÷$\sqrt{\text{総数}}$で計算する。連語表現の判別分析の結果，2語表現では総数と GI，3語表現と4語表現では総数，5語から7語表現では異なり数，8語表現では総数，9語表現では異なり数が，学習者と母語話者の判別に寄与する指標となった。

　Sugiura et al.（2007）の結果では，単語の総語数と異なり語数が判別に効果的な指標として選択され，石田・杉浦（2012）の結果も，4語表現以下の連語表現で常に総（語）数が判別に寄与する変数の1つとして選ばれた。つまり，2つの研究結果から，総（語）数が判別分析に貢献する指標として共通して選択されており，このことから，総（語）数が学習者と母語話者を見分ける重要な言語的特徴となり得る可能性が示唆された。さらに，単語単位では母語話者の方が総語数が多いが，連語単位では学習者の方が総数が多くなっている点に注意が必要であることが指摘された。

（3）本研究の目的

　Sugiura et al.（2007）と石田・杉浦（2012）では，それぞれ単語単位と連語単位という異なるレベルで同じ手法を使って学習者と英語母語話者を判別する指標を検証している。そこで本研究では，2つの研究で使用された指標を説明変数として扱い，どの言語的特徴が学習者と母語話者を判別するのに寄与するのかを検証する。ここでは，単語の総語数，異なり語数，GI，文数および平均文長，連語表現の2語から6語表現の総数と異なり数の合計15指標を取り上げて分析する。

(4) 分析方法

　NICE のエッセイは11のテーマで書かれているが，この研究では，テーマが 1 語のみのエッセイ（NICE-NNS 125ファイルと NICE-NS 125ファイル）を分析対象として判別分析を行う。分析対象を 1 語のテーマのみのエッセイにしたのは，書き手がテーマやプロンプトの表現をそのまま借用しエッセイ中で使用することがよくあるので，テーマやトピックに使われている表現が連語表現として数えられるのを避けるためである。

1) 言語的特徴の抽出方法

　判別分析をするためには，個々のエッセイからそれぞれ言語的特徴を抽出して，一覧表にする必要がある。NICE では，特定の分析ツールは付加されていないため，各言語的特徴の頻度を算出するためには WordSmith Tools などの既存のテクスト処理ツールを使うか，Perl のようなプログラミング言語を使って，スクリプトを独自に作成し処理することもできる。今回の研究では，言語的特徴は Unix/Linux 上で，主に Unix コマンドと Perl スクリプトを利用してテクスト処理をした。プログラミング言語を用いてスクリプトを作成する利点は，自分で処理内容を細かく指定し確認して，テクスト処理ができることである。

　本研究では，最初に NICE からテーマが 1 語のみのエッセイを Unix コマンドで抽出し，判別分析のために個々のエッセイファイルの単語の総語数，異なり語数，GI，文数および平均文長の 5 つの言語的特徴を抽出した。空行や記号類などの処理も行わなくてはいけないため Perl でスクリプトを作成し，個々のファイルにおける 2 語から 6 語表現の総数と異なり数を抽出した。そして，学習者と母語話者の 2 グループを基準変数とし，15指標を説明変数とした判別分析を行った。

> **Technical Box** Perlスクリプトの活用
> 以下に主な Perl スクリプトを示す。
> ①テーマが 1 語のみのエッセイを抜き出す。
> 　特定のタイトルのエッセイを出力する。
> 　perl -pe 'if(/¥@TOPIC¥:¥t ファイル名 /){print " $ARGV";}' *.txt

②各言語的特徴を抽出する。
＜総語数（Token）＞
(1) NICE における学習者の書いた文だけ抜き出し，話者記号を削除し保存する。
grep *JPN ファイル名.txt | perl -pe 's/^¥*JPN.+:¥t//g;' > 保存名.txt
(2) 保存したファイルを1つのフォルダーに入れて，各ファイルの総語数を数える。
wc -w *.txt > 保存名.txt
＜文数＞
NICE は1文1行になっているので，話者記号の数を数える。
grep -c *JPN*.txt

＜平均文長＞
(1) 上記で出した Token と文数を表計算ソフト（Excel）に入力する。
(2) Token ÷ 文数の計算をする。

＜異なり語数（Type）＞
(1) Token の（2）で作成したフォルダーに lemma.pl と lemma.dici を入れ，lemma.pl を実行する。
perl lemma.pl *.txt > 保存名.txt
(2) 出力したデータをソートしてまとめる。
sort 保存名.txt | uniq -c > 新しい保存名.txt
(3) 表計算ソフト（Excel）に入れるため，スペースをタブに変える。
perl -pe 's/(¥w)(¥s)(¥w)/¥1¥t¥3/g;'(2)の保存名.txt > kekka.txt
(4) kekka.txt を Excel に入れ，関数を使って計算する。
=countif($C$1:$C$20000,"JPN001.txt")

〈GI〉
上記の Type と Token を使って，異なり数÷√総数 で計算する。

③2語から6語表現の Token と Type の抽出をする。
(1) エッセイデータの入ったフォルダーに script.pl を入れ，script.pl を実行する。
perl script.pl *.txt > 保存名.txt
(2) (1) の結果を Excel に代入して，2語から6語表現の Token と Type の頻度を計算する。

2）判別分析

両群の母分散共分散行列によって，判別分析は線型判別関数によって判別する場合とマハラノビス距離を用いて判別する場合に大別される（山際・田

中，1997)。本節では Sugiura et al.（2007)[ii] に従って線型判別関数による判別分析を行った。

> |Technical Box| 判別分析の Excel マクロ
> 　判別分析は，表計算ソフトでも一般的な統計解析分析ソフト（SPSS や R など）を利用してもできる。ここでは，群馬大学の青木繁伸先生による汎用性の高い表計算ソフト Excel の sdis マクロを使った方法を紹介する。
> ＜Excel マクロの入力方法＞
> ①青木繁伸先生のウェブサイトから Excel シートをダウンロードし，算出した15指標を入力する。
> ②「分析開始」というポップアップをクリックする。
> ③「群変数のセルの範囲を入力」という指示が出るので，群変数（本研究では 1群が学習者，2群が母語話者）のセルが変数名も含め指定する。
> ④「判別分析に用いる変数のセルの範囲を入力」という指示が出るので説明変数のセルを変数名ごと指定する。この時，群変数のセルの行と説明変数のセルの行が同数であることが必要である。
> ⑤「結果の入力先のセルを入力」とポップアップが表示されるので，結果を出力したいセルをクリックすると，そこに判別結果が表示される。
> ⑥「ステップワイズ変数選択をする時は 1，しない時は 0 を入力してください。」と表示されるので，今回の研究では 1 を入力する。
> ⑦「Pin の値を指定してください。」と「Pout の値を指定してください。」と p 値について聞かれるので指定すれば，判別結果が出力される。

（5）結果と考察

　日本人英語学習者と英語母語話者の15の言語的特徴を判別分析した結果を示したのが表 1 である。単語の総語数，異なり語数，GI と連語表現の 2 語表現の総数が判別係数として学習者と母語話者の 2 群を見分ける指標となった。

表 1　判別に寄与する言語的特徴と判別係数

言語的特徴	判別係数
異なり語数	−0.27
2 語表現の総数	0.04
単語の GI	4.20
総語数	0.02

図2は実際の判別分析の出力結果の一部である。この図の「判別関数」の数値をもとに判別関数式を示すと次のようになる。

$$Z=-0.27^{*}\mathrm{type}+0.04^{*}\mathrm{2gramtoken}+4.20^{*}\mathrm{GI}+0.02^{*}\mathrm{token}-0.57$$

正判別率は96.0％（$p<0.05$）[iii]であった。高い正判別率で，判別に効果的に貢献していると選ばれた4つの指標のうち3つは単語レベルでの指標であり，連語表現レベルでは2語表現の総数のみであった。その中でも最も寄与率（偏F値）の高いのは，ステップ1で選ばれた異なり語数であった。

★ ステップ 1 ★				
***** 分類関数 *****				
	第1群	第2群	偏F値	p値
type	-0.1980279	-0.3634998	582.41959	5.1001E-17
定数項	13.3462913	44.9692881		
			偏F値の自由度：(1, 248)	
ウィルクスのλ		0.29864421		
等価なF値		582.41959	自由度：(1, 248)	
p 値		7.4276E-18		
★ ステップ 2 ★				
***** 分類関数 *****				
	第1群	第2群	偏F値	p値
type	-0.1959176	-0.3973342	665.38016	0
2gramtoken	-0.0032964	0.05284828	30.4335142	8.7064E-08
定数項	13.3519345	46.4197883		

***** 判別関数 *****			
第1群と第2群の判別			
マハラノビスの汎距離		3.43220955	
理論的誤判別率		0.04307143	
	判別係数	標準化判別係数	
type	-0.2726144	-18.332065	
2gramtoken	0.04460697	2.30140715	
GI	4.20426283	7.43589226	
token	0.02452076	4.45441725	
定数項	-0.5668299		
***** 判別結果 *****			
		判別された群	
実際の群	第1群	第2群	合計
第1群	116	9	125
%	[92.8]	[7.2]	[100.0]
第2群	1	124	125
%	[0.8]	[99.2]	[100.0]
正判別率 =	96.00%		

図2　判別分析の出力結果（抜粋）

単語単位と連語表現の言語的特徴を別々に判別分析した2つの結果を合わせて考えただけでは，総（語）数が重要な指標のように思われたが，直接データを合わせて分析し比較してみると，むしろ語彙的な特徴が連語表現より判別に寄与している言語的特徴が多い。これは，Sugiura et al.（2007）の単語単位の判別分析では94.8％の正判別率であったのに対し，連語表現レベルの石田・杉浦（2012）では最も高い正判別率で2語表現の66％であったことからも推測される。また，連語表現の場合，4語表現以上になると，特に母語話者の使用頻度は下がる。表現のレパートリーの豊富な母語話者は学習者ほど繰り返して同じ表現を使わない傾向がある。繰り返して4語以上の表現を使用しない母語話者エッセイもあり，そうなるとそもそも判別の比較が困難となる。そういう理由から，連語表現レベルは，学習者と母語話者の使用頻度の高い2語表現のみが選定された可能性もある。

(6) おわりに

　本節では，学習者と母語話者の英語を判別する言語的特徴について15指標を取り上げ，判別分析を行った。今回の研究結果から，単語の総語数，異なり語数，GIと2語表現の総数が学習者と母語話者の英語力の判別に寄与する指標であるということがわかり，語彙的特徴が連語表現の特徴よりも判別に貢献している言語的特徴が多いことが明らかになった。これは，語彙的特徴において，学習者と母語話者の差異がより顕著に表れる可能性を示唆するものであるが，この点については他の分析手法や条件を用いてさらなる検証が必要であろう。

　言語的特徴を判別分析で調べようとする時，最も重要なことは，どのような特性を説明変数として設定し，出てきた結果をいかに解釈・考察するかにある。そのためには，研究目的を明確にすることや，データを詳細に観察することが不可欠である。

　今回は判別分析を使ったライティングの研究を紹介したが，SLA研究ではスピーキング（Iwashita et al., 2008；Hulstijn et al., 2012）やテスティング（Cheng, Klinger and Zheng, 2007）など多方面で，判別分析を応用して学習者の言語能力を予測・判定しようとする研究が進んでおり，今後もさまざまな分野で利用されると思われる。

注：
i lemma.pl と lemma.dic については，http://www.eng.ritsumei.ac.jp/asao/resources/lemma/ を参照。
ii Sugiura et al.（2007）では，非線型判別分析も行い，線型判別分析とほぼ同様の結果が得られたとしている。
iii http://aoki2.si.gunma-u.ac.jp/lecture/stats-by-excel/vba/html/sdis.html を参照。
iv 判別分析の精度の評価をするのに，交差検証法（cross validation）という手法がある。これは，データを等分に分割し，分割した1つのグループを取り除いて，モデルの推定を行い，取り除いたグループで精度を評価する方法である。詳細については，山口他（2004）を参照。

5・3 【研究例・2】
語彙の豊かさと習熟度の関係

(1) はじめに

　これまでの第二言語における語彙習得研究の多くは，学習者の受容語彙知識を研究対象としてきた。しかしながら，近年のコンピュータや学習者コーパスの発達にともない，学習者が実際に産出する語彙を分析・評価する試みが盛んになってきている。

　Laufer (1998) は，第二言語学習者が母語話者と顕著に異なるのは，スピーキングやライティング時の語彙使用においてであると述べている。つまり，母語話者が多様で広範な語彙を使用するのに対し，学習者は限られた語彙しか使用しない。また学習者間でも，習熟度が上がるにつれて幅広い語彙が使用されるようになると指摘している。このような話者や書き手の語彙使用がどの程度多様であり広範なものかを量的に示す試みが，語彙の豊かさ (lexical richness) 指標である (Laufer & Nation, 1995)。第二言語習得研究では特に，学習者がメンタルレキシコン内に持つ語彙サイズが，語彙の豊かさに反映されると考えられている (Meara & Bell, 2001)。しかしながら，語彙サイズの測定対象が学習者の持つ受容語彙であるのに対し，語彙の豊かさの測定対象は学習者の発表語彙であるという点で，2者は異なる。学習者はある語彙を受容的に認識できたとしても，実際の発話でその語彙を使用できるとは限らない。学習者の受容語彙と発表語彙は発達の仕方も異なると考えられる。

　語彙の豊かさを測定する試みは大きく2つに分けられる。1つは，テクストにおける異語数と総語数に基づき，どの程度多様な語彙が使用されているかを評価するものであり，もう1つは，語彙の一般的な頻度情報を利用して，頻度の観点から学習者の語彙使用がどの程度広範なものかを評価するものである。ここでは前者を語彙の多様さ，後者を語彙の広範さと呼ぶことにする。

　ライティングにおいて，語彙の豊かさは重要な役割を担う。ライティングでは，同じ表現を繰り返し使用するのは望ましくないとされるため，熟達した書き手は，語の繰り返しを避けさまざまな言い換え表現を使用するなど，

より多様な語彙を使用すると考えられる。また，さまざまな状況に合わせて最適な言語表現を行うためには，高頻度で一般的な語彙だけではなく，より低頻度で特殊な語彙を使用する必要がある。例えば，ある状況を見て"The man saw the woman."と描写する書き手と，"The bishop observed the actress."と描写する書き手では，後者の方がその場に特有な状況を表現できていると考えられる。このような語彙の豊かさは，ライティング評価と中程度の有意な正の相関があると報告されている（e.g. Engber, 1995；Linnarud, 1986）。これは，1つの要因がライティング評価を説明できる割合としては，かなり高いと考えられる。

　本節は，語彙の豊かさの2つの側面（語彙の多様さと広範さ）を測定する指標について解説し，各指標の信頼性を調べた上で，NICEを利用し，2つの側面のうちどちらが上級学習者と母語話者，また，習熟度の異なる学習者群で明確に異なるのかを調査した結果を報告する。

（2）語彙の豊かさと習熟度の関係を調べた研究

　Arnaud（1984），Engber（1995），Linnarud（1986），Reid（1986），Daller & Phelan（2007），杉浦（2008）らは，学習者のライティングにおける語彙の豊かさや総語数，平均文長，統語的特徴などを調べ，ライティングの評価と最も相関の強い要因を調べたり，重回帰分析によりライティング評価に影響する要因のモデル化を行ったりしている。また，Malvern & Richards（2002），Koizumi（2005）らは，スピーキングの評価と語彙の豊かさの関係を調べている。これらの研究では総じて，語彙の豊かさはライティングやスピーキングの評価に大きな影響を与える要因の1つであると報告されている。

　また，Laufer（1998），Laufer & Paribakht（1998），Vermeer（2000）らは，学習者のライティングやスピーキングにおける語彙の豊かさと語彙テストの結果を比較し，学習者の受容語彙と発表語彙の関係を調べたり，学習者の習熟度の変化にともない発表語彙がどのように発達するかを調べている。このような研究は，学習者の語彙発達の全体像をつかむために，今後ますます重要になると考えられる。

（3）語彙の多様さとその測定方法

1）TTRとその修正式

　語彙の多様さ指標の中で，最もよく知られ，さまざまな研究で使用されて

いるのは，TTR（type-token ratio）である。TTR は，異なり語数（Type）÷総語数（Token）で算出される。

しかしながら，TTR はテクスト中の総語数の増加にともない減少するという問題を持つ。これは，テクスト内では繰り返し使用される語があるため，総語数の増加に対する異なり語数の増加率が徐々に減少するためである。したがって，習熟度がより高く産出量も多い学習者の TTR の方が，そうではない学習者の TTR よりも低くなる，または差がないという現象が起こる。

このような TTR の問題を緩和するために，さまざまな TTR の修正式が提案されてきた。代表的なものは，TTR の分母（総語数）に対し平方根をとる Guiraud Index や，TTR の分子・分母ともに対数をとる Herdan Index などである。しかしこれらの修正を行っても，スコアがテクストの長さの影響を受けることが報告されている（e.g. Hess, Haug & Landry, 1989）。

2）D：TTR 曲線全体を予測

Malvern & Richards（1997）は，テクストからランダムに取った語をデータとして TTR 曲線全体を予測することで，TTR がテクストの長さに依存する問題を解決する方法を提案した。図1のように，どのような人の TTR 曲線でも下降曲線を描くが，語彙が多様であるほど下降がゆるやかになり，TTR 曲線が上部に位置するという性質に着目している。D のスコアは，このような TTR 曲線がどの程度上部に位置するかを示すものであり，スコアが高いほど，語彙が多様であると解釈される。

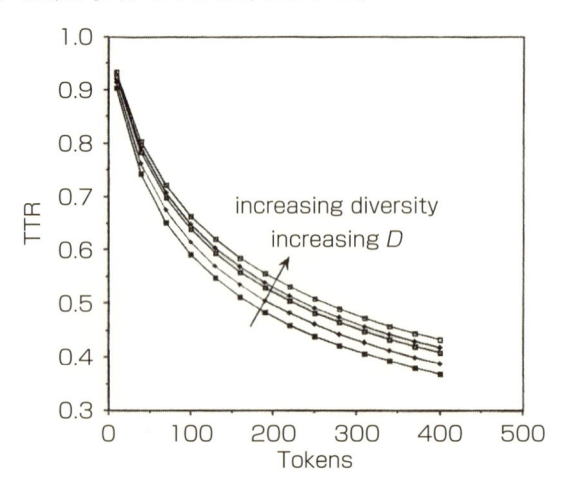

図1　D と TTR 曲線（McKee, Malvern & Richards, 2000）

3）MTLD：異語数増加の停滞点を利用

McCarthy & Jarvis (2010) は，D よりさらにテキストの長さの影響を受けにくいとする MTLD (the Measure of Textual Lexical Diversity) を開発した。MTLD は，異なり語数の増加が停滞するポイント（具体的には TTR＝0.72）までに要するテキストの平均的な長さから算出される。例えばスコアが55の場合，平均55語で異なり語数の増加が停滞した（TTR が0.72に達した）ことを示す。スコアの値が大きいほど，語彙が多様であると解釈される。

（4）語彙の広範さとその測定方法

1）P_Lex：低頻度語の出現確率を利用

Meara & Bell (2001) は，テキストにおける低頻度語の出現は稀な事象と考えられるため，その出現確率はポアソン分布に近似できるとし，ポアソンカーブを表すラムダ値をスコアとする P_Lex を開発した。P_Lex における典型的なスコアは 0～4.5とされ，値が高いほど低頻度語の使用確率が高いことを示す。

2）S：高頻度語のテキストカバー率から発表語彙レベルを推定

小島 (2010, 2011) は，語彙の広範さの指標 S を開発した。S は，テキストから50語ずつ取った各サンプルにおける高頻度語の累積カバー率をデータとし，データに最も近似するモデルを求め，累積カバー率が100％に達する単語の頻度順位を推定する。P_Lex のラムダ値が具体的に何を示すのかイメージしにくいのに対し，例えば S が2,016の場合，そのテキストの発表語彙レベルは2,016語と解釈できるという利点がある。

（5）本研究の研究課題

学習者の言語発達は，語彙の多様さと広範さのどちらに顕著に現れるかという議論がある。Meara & Bell (2001)，Vermeer (2004) らは，語彙の多様さの観点ではどのような単語が使用されたかは区別されないため，習熟度の異なる学習者群でもあまり差がなく，縦断的な研究においてもほとんど向上が見られないと述べている。彼らはまた，単語の一般的な頻度は語彙の習得順序を決める重要な要因の1つとされるため，語彙の広範さの方が学習者の語彙使用の発達をよりよく反映できると述べている。これに対し Malvern, Richards, Chipere & Duran (2004) は，2者は語彙使用の異なる側面について

の情報を提供するものであり，相補的な関係にあると述べている。
　このような比較で注意すべき点は，テクストの長さの影響を受けにくく，スコアの安定した指標を使用して，語彙の多様さと広範さを測定する必要があるということである。例えば，総語数の増加にともないスコアが上昇するような指標を使用した場合，習熟度の異なる学習者群を区別したとしても，その主な要因は語彙の多様さや広範さではなく，産出量の違いという可能性も考えられる。このようなスコアの安定性は，指標の信頼性の問題として議論される。本研究の研究設問は次の2つである。

①語彙の豊かさ指標の中で，信頼性の高い指標はどれか。
②語彙の多様さと広範さでは，どちらが英語学習者と母語話者，また習熟度の異なる英語学習者群で明確に異なるか。

　研究設問1について，Guiraud Index（以下，GI），D，MTLD，P_Lex，Sを対象に指標の信頼性について調査する。数あるTTRの修正式の中でGIを選んだ理由は，GIは多くの第二言語習得研究で利用されてきたためである。研究設問2について，研究設問1の調査結果で信頼性が高いと判断された指標のみを使用し，3群におけるスコアに有意な差があるかを検討する。

(6) データ・分析方法

　本研究で使用したデータは，NICE ver.2.1に収録された日本人英語学習者（大学生または大学院生）のエッセイで，エッセイのトピックが"school education"であり，かつTOEICまたはTOEFL受験スコアの記録がある56のエッセイを対象とした。母語話者のエッセイについても同様に，NICE ver.2.1より"school education"をトピックとする29のエッセイを分析対象とした。学習者はTOEICまたはTOEFLのスコアに基づき，中級者（TOEIC 500-650またはTOEFL 433-510）と上級者（TOEIC 700-940またはTOEFL 540-583）の2群に分類した。エッセイの平均総語数は，中級者263語，上級者419語，母語話者632語，標準偏差はそれぞれ81，129，199であった。
　コンピュータプログラムで各指標のスコアを算出する前に，すべてのエッセイについてスペリングミスの修正を行い，固有名詞は除外した。また，英語ではない単語（例：nenkin, arbiter）等は，語彙的エラーとして除外した。語彙的エラーのチェックについては，調査で対象とする学習者のエッセイ56中16（28.6%）のみ，調査者ともう1人の評定者（英語教員・修士）の2人

により行った。評価者間信頼性を調べたところ，カッパ係数0.85であった。

上述のように事前処理をした同じエッセイについて，5つの指標におけるスコアを算出した。

（7）結果と考察

研究設問1を検討するため，56の学習者エッセイを前半と後半に分けた上で，それぞれの指標のスコアを算出し，エッセイ全体でのスコアと比較した（表1参照）。

それぞれの指標に対して，エッセイの前半・後半・全体におけるスコアを対象に分散分析（一要因被験者内計画）を行ったところ，P_Lex, S では有意差がなかったのに対し，GI, D, MTLD では有意差が確認された（$p < .01$）。効果量を調べたところ，S では効果量なし（$r=.04$），P_Lex, D, MTLD では効果量小（それぞれ，$r=.14, .21, .29$）GI では効果量大（$r=.68$）であった。効果量の基準値は，Cohen（1988）を参照した。これらの効果量の大きさは，スコアにおけるテクストの長さの影響の程度と解釈できる。すなわち，S, P_Lex, D, MTLD はテクストの長さの影響をあまり受けず，安定した結果を返す（つまり信頼性が高い）のに対し，GI はテクストの長さの影響を大きく受け，信頼性が低いと考えられる。効果量が大であった GI を対象に，シェイファーの方法による多重比較を行ったところ，エッセイの前半と全体，エッセイの後半と全体におけるスコアに有意差があり，エッセイ全体におけるスコアの方が，エッセイの前半または後半におけるスコアよりも有意に高かった。このことから，TTR と比べてテクストの長さの影響を受けにくいとされる GI であっても，総語数の増加にともないスコアが上昇する性質を持つことが示された。これは Hess et al.（1989）の結果と一致する。

研究設問2を検討するため，上記結果より指標の信頼性が比較的高かった

表1　エッセイの前半・後半・全体における
5つの指標の平均値と標準偏差（$N=56$）

	GI(SD)	D(SD)	MTLD(SD)	P_Lex(SD)	S(SD)
前半	6.78(1.03)	62.6(18.0)	59.2(15.2)	0.84(0.32)	2,205(807)
後半	6.92(1.03)	67.8(20.5)	65.7(19.7)	0.82(0.31)	2,199(829)
全体	7.59(1.13)	66.1(16.6)	59.5(14.7)	0.76(0.45)	2,232(726)

表2 4つの指標間のピアソン積率相関係数（N=85）

	MTLD	P_Lex	S
D	0.89**	0.43**	0.34**
MTLD	1	0.41**	0.31**
P_Lex		1	0.91**

**p < .01

　S, P_Lex, D, MTLD を使用し，まず指標間の相関を調べたところ，表2の通りとなった。

　表2より，語彙の多様さ指標であるDとMTLD間や，語彙の広範さ指標であるP_LexとS間には強い相関が見られたのに対し，DまたはMTLDと，P_LexまたはS間には中程度の相関しか見られなかった。語彙の多様さと広範さは重なる部分はあるもののまったく同じではなく，語彙の豊かさの異なる側面と言えることを確認した上で，習熟度の異なる3群におけるそれぞれの指標のスコアを比較した。

　それぞれの指標に対して，3群の分散分析（一要因被験者間計画）を行っ

表3 3群における各指標スコアの平均値と標準偏差

	D(SD)	MTLD(SD)	P_Lex(SD)	S(SD)
中級者（n=28）	63.1(17.0)	58.0(15.9)	0.63(0.23)	1,925(463)
上級者（n=28）	69.0(15.9)	61.0(13.5)	0.88(0.34)	2,473(840)
母語話者（n=29）	89.9(13.6)	81.1(13.5)	1.28(0.34)	3,439(1,051)

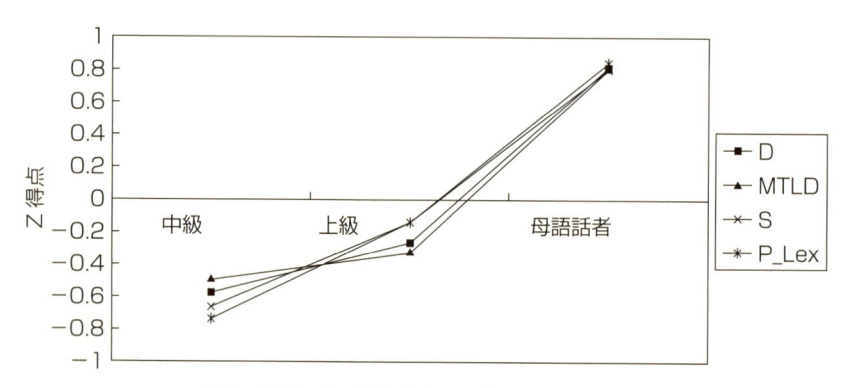

図2 3群における各指標の平均スコア（Z得点）

たところ，すべての指標において有意差が確認された（$p < .01$）。また効果量を求めたところ，すべての指標で大きな効果（$\eta^2 > .14$）が確認された。

　シェイファーの方法による多重比較の結果，SとP_Lexでは3群のスコアに有意な差があったのに対し（$p < .05$），DとMTLDでは，母語話者と中級者間，また母語話者と上級者間は有意差があり両者を区別したが（$p < .01$），中級者と上級者間では有意差がなかった。図2は，それぞれの指標のスコアをZ値変換し，3群におけるスコアの平均値をグラフにしたものである。

　以上の分析結果より，語彙の多様さと広範さは語彙の豊かさの異なる側面と考えられるが，両者ともに学習者と母語話者では有意に異なっていたことから，学習者と母語話者の語彙の豊かさは顕著に異なるというLaufer（1998）の主張を支持する結果となった。しかしながら，SとP_Lexでは中級者群と上級者群を区別したのに対し，DとMTLDでは2群を区別しなかったことから，語彙の多様さよりも，頻度レベルから見た語彙の広範さの方が，習熟度の異なる英語学習者群で明確に異なることを支持する結果となった。

(8) 結論

　語彙の多様さと広範さは書き手の語彙使用における2つの異なる側面であり，両者ともに，英語学習者と母語話者では明確に異なることが示された。しかし，語彙の多様さの観点では，習熟度の異なる英語学習者群の語彙使用は区別されなかったのに対し，広範さの観点では2群は区別されたことから，語彙の広範さは学習者のメンタルレキシコンの発達をよりよく反映し，習熟度の異なる学習者を区別することが示された。

Technical Box 語彙統計のプログラム

　Dの分析ツールとしては，CLAN（Computerised Language Analysis）プログラムのvocdがある（http://childes.psy.cmu.edu/clan/）。このプログラムでは，データがテキストファイルで保存されており，かつCHAT形式で整形されている必要があるが，NICEのデータはCHAT形式に準拠しているためそのまま利用できる。CLANを立ち上げ，workingボタンで作業ディレクトリを選択し，コマンド画面にvocd + t "*" *.txtと入力する。各ファイルに対するD_optimumの値がスコアとなる。

　MTLDの分析ツールとしては，Gramulatorが公開されている（https://umdrive.memphis.edu/pmmccrth/public/software/software_index.htm）。このプログラムでは，データがテキストファイルで保存されており，かつタグやヘッダーなどの付い

ていないプレーンなテクストである必要がある。NICE ver 2.1以降は，ヘッダー等を除いたプレーンテクスト版を用意している。出力の MTLD（raw）の欄がスコアである。

　P_Lex の分析ツールとして，同名の P_Lex が公開されている（http://www.lognostics.co.uk/tools/）。準備するデータ形式は Gramulator の場合と同様である。まず，"load text" ボタンで分析対象ファイルを選択する。基本語彙表にないテクスト中の単語が1つずつ現れるため，"mistake"，"name"，"number" 等のボタンを選んで単語の特性を指定する。最後に "report" ボタンを選ぶとラムダ値が表示される。

　S の分析ツールは，http://kojima-gifu-cwc.main.jp/ にて公開予定である。

5章・まとめ

　本章では，まず概論で，「ネイティブらしさ」とは何かという問題と，学習者データと母語話者データを使って，「ネイティブらしさ」を観察する際の注意点について，説明をし，「ネイティブらしさ」の裏返しである学習者の表現の不自然さの研究の重要性を誤用分析と結びつけて説明した。

　学習者の産出する英文で，文法も単語も間違っていないのに，英語母語話者に訂正されるような表現を観察することで，逆に「ネイティブらしさ」を見つけることができるであろう。学習者と母語話者に同じ条件で産出をしてもらい，どのような違いが生じるのかを比較観察することで，ネイティブらしさと学習者の不自然さとを明らかにできる。そうすることにより，英語学習者には何が足りないかがわかり，さらに，どうすればよいかという教育へとつなげることができるはずである。

　5・2では，判別分析により15の言語的特徴を分析し，英語学習者が書いたエッセイと母語話者が書いたエッセイとを判別するという研究を紹介した。結果として，単語の総語数と異なり語数および語彙の多様性を示す Guiraud index，そして2語の連語表現の総数が判別に影響を与えることがわかった。しかし，この研究も連語表現をどのように定義するかにより結果が異なってくる可能性があり，今後のさらなる研究が必要である。

　5・3では，語彙の豊かさについて，広範さと多様性という二種類の観点から，学習者と母語話者の違い，そして学習者の習熟度の違いについて，分析した。この研究の結果，広範さも多様性も，学習者と母語話者とで明らかに差があることがわかった一方で，多様性に関しては学習者の習熟度を区別できないのに対し，広範さという観点からは上級者と中級者とを区別できることが明らかになった。

ブックガイド

　「ネイティブらしさ」については，概説で引用した Pawley and Syder（1983）をまず読むべきであろう。語彙知識というものをどう考えればよいか，また，どのように評価すべきかという研究に関しては，Daller, Milton, and Treffers-Daller（2007）が詳しい。

発展研究

NICE には，6段階のライティング評価（TWE）が付いている。評価3未満のエッセイ（77ファイル）と4以上のエッセイ（100ファイル）では，語彙の豊かさに違いがあるだろうか。複数の指標を使って調べてみよう。

6章
学習者英語の学習段階別分析
―― 学習レベル別の英語の特徴を解明する

6・1 【概説】 学習者コーパス JEFLL コーパスとは

(1) 概要

　JEFLL（Japanese EFL Learner）コーパスは日本人中高生1万人の英作文を集めた約70万語弱の学習者コーパスである。学習者コーパスの対象は世界的に見ても大学生以上のデータが大半を占めているのが現状である。大学生は電子媒体によるデータ収集がしやすく，また研究者が最もアクセスしやすい集団ということもその理由の1つであろう。逆に初学者のデータは数が少ない。ワープロは中高生でも使えるが，授業中の課題としての英作文はパソコンなどの使用が限定されてしまい現実にはほとんどが手書きの英作文であり，データ収集は困難を極める。JEFLLコーパスはそのようなデータとしては規模も比較的大きく収集にはかなりの年月を要した。JEFLLコーパスは現在web検索サイトの形式で公開されており，研究教育用に自由に利用することができる。JEFLLコーパスに関する詳細情報は投野（2007）を参照のこと。

(2) 母集団

　母集団は日本人中高生の英語学習者である。JEFLLコーパスの母体となったのは，1991-92年度の科学研究費一般研究（B）「教科教育における教師のフィードバックとその効果―英作文指導を例として」（代表：金谷憲）で収集されたTGU（Tokyo Gakugei University）Learner Corpus（約20万語）である。実際のデータ収集は80年代の後半に行われているので，学習者コーパスの構築としては世界的にも初期のものになる。その後，全国の研究協力してくれた中学・高校からのデータを加えて現在の規模に拡大した。

(3) 規模

　JEFLLコーパスは2012年11月現在の公開版でのサイズは669,281語（10,038件）である。表1にJEFLLコーパスの基本語彙統計を示す。

表1　JEFLL コーパス学年別語彙統計

	中1	中2	中3	高1	高2	高3
延べ語数	51,149	159,736	117,766	91,096	170,555	78,979
異なり語数	2,639	6,259	5,161	4,293	7,847	4,958
作文件数	1,393	2,635	1,589	1,255	1,977	1,189

(4) 英作文タスク

　JEFLL コーパスのタスクは6種類の自由英作文テーマで論説文3タイプ，叙述文3タイプに分かれる。表2にテーマとサブコーパスごとの語彙統計を示す。

表2　トピック別サブコーパスの語彙統計

	トピック	語数	作文件数
論説文	朝ご飯にはパンがいいかご飯がいいか	137,291	2,033
論説文	大地震が起きたら何を持って逃げますか	127,071	2,055
論説文	お年玉○円もらったら，何を買いますか	78,307	1,286
叙述文	あなたの学校の文化祭について教えてください	161,618	2,280
叙述文	浦島太郎のその後を想像して書いてください	87,264	1,358
叙述文	今までに見た怖い夢について教えてください	77,730	1,026

　英作文タスクはすべて統一した方法で授業時間内に実施された。制限時間は20分間，辞書の使用は不可，一定の指示文とモデル英文が提示された。また中学1年生にも同一課題を出しているため，どうしても英語が出てこない場合にはその部分だけ日本語の使用を許可した。

(5) JEFLL コーパス検索ツール

　JEFLL コーパスは「小学館コーパス・ネットワーク」(http://scn.jkn21.com/~jefll03)において無償でアクセスできる。検索モードは大別して，①語（句）検索，②品詞検索，③共起検索，④単語リストの4種類ある。語句

検索では基本的なコンコーダンサーの機能が利用でき，語句集計機能では検索語に対して特定の品詞（例えば eat + 名詞など）をからめたコリゲーション統計なども出すことが可能である．共起検索では，共起関係を見たい検索語（中心語と呼ぶ）を指定し，かつその中心語の品詞の指定，共起語の品詞指定などが柔軟にできる．図1は make を中心語に，共起語を名詞に指定して左右の共起語を Log-log という統計値をもとにソートした部分出力である．共起統計は生頻度，T-スコア，MI スコア，Log-log と4種類が利用可能である．最後に単語リスト機能はコーパスを対象として，さまざまな単語リストを切り出すことが可能で，品詞リストや特定の接辞を持つ単語だけをリスト化したりなど便利な機能を備えている．個人情報（氏名や学校名など）は公開に際してすべてマスキング処理をして匿名化している．

-3		-2		-1		0	1		2		3	
mother	9.56 (11)	mother	8.72 (10)	mother	15.67 (20)	make	sandwiches	14.33 (4)	movie	22.98 (21)	rule	24.43 (9)
appetite	6.62 (2)	time	6.68 (10)	classes	10.32 (6)	1001	foods	10.70 (8)	fat	20.85 (11)	mind	12.05 (5)
class	6.14 (12)	song	6.48 (5)	class	7.95 (15)		gyoza	9.04 (2)	effort	14.60 (4)	house	10.53 (12)
members	4.60 (2)	effort	6.30 (2)	students	7.39 (5)		lunch	8.42 (6)	plan	13.46 (5)	memory	8.39 (4)
group	3.77 (2)	groups	5.13 (2)	boys	6.84 (3)		breakfast	7.97 (17)	story	13.07 (9)	summer	5.64 (3)
otohime	2.61 (2)	weeks	5.10 (2)	clubs	5.34 (2)		reports	7.82 (2)	goal	10.92 (3)	festival	4.46 (12)
work	2.49 (2)	success	4.90 (2)	club	5.10 (5)		piza	7.62 (2)	ghost	10.40 (5)	movie	3.84 (3)
classes	2.41 (2)	music	4.48 (4)	foods	3.41 (3)		movie	7.34 (5)	friends	9.14 (9)	september	3.74 (3)
festival	1.98 (8)	minutes	3.56 (2)	milk	1.48 (3)		display	7.30 (3)	memories	8.62 (4)	ghost	3.16 (2)
days	1.47 (2)	grade	3.54 (2)	music	1.24 (2)		movies	7.12 (3)	lunch	8.42 (6)	picture	2.68 (2)
time	1.38 (4)	wear	3.54 (2)	family	0.67 (2)		bands	6.54 (2)	bords	8.30 (2)	friends	2.06 (3)
club	0.88 (2)	art	3.06 (2)	rice	0.62 (5)		effort	6.30 (2)	gus	8.04 (2)	fun	1.70 (2)
atruction	0.00 (1)	classes	2.41 (2)	house	0.35 (2)		cocoa	5.87 (2)	potion	7.62 (2)	song	1.47 (2)
beginners	0.00 (1)	room	1.66 (2)	1g	0.00 (1)		people	5.73 (8)	stage	7.34 (4)	mother	1.41 (3)
bible	0.00 (1)	days	1.47 (2)	alway	0.00 (1)		cloth	5.45 (2)	sandwich	7.04 (2)	friend	1.26 (2)
books	0.00 (1)	thing	1.10 (2)	arnd	0.00 (1)		bread	4.84 (11)	group	6.90 (3)	thing	1.10 (2)
boys	0.00 (1)	things	0.88 (2)	book	0.00 (1)		sound	4.38 (2)	kinds	6.80 (3)	family	0.67 (2)
castle	0.00 (1)	ability	0.00 (1)	bread	-0.00 (1)		set	4.23 (2)	records	6.54 (2)	play	0.65 (2)
chairs	0.00 (1)	angel	0.00 (1)	breakfast	0.00 (1)		udon	4.10 (2)	pasta	6.30 (2)	—for	0.00 (1)
chemistry	0.00 (1)	bear	0.00 (1)	children	0.00 (1)		rice	3.53 (9)	film	5.92 (2)	accident	0.00 (1)

図1　JEFLL コーパス共起検索画面（小学館コーパスネットワーク）

（6）JEFLL コーパスを用いた先行研究

　JEFLL コーパスを使った先行研究には，90年代に投野が行った初期の研究と2000年代に入ってからの新しい若手研究者による論考がある．Tono（1996）ではコロケーション情報やエラー情報を JEFLL から抽出したもので学習辞典の改訂の可能性を考察している．Tono & Aoki（1998）では不規則動詞の習得プロセスを JEFLL コーパスで調査し，Graboswki & Mindt（1995）の不規則動詞学習リストを改訂しようと試みている．Tono（1999）は JEFLL コーパスの品詞 n-gram を学年別に比較して，動詞中心の n-gram と名詞中心の n-gram が発達指標として有効であることを示した．Tono（2000）では，文

法形態素習得順序を JEFLL コーパスで追試を行い，冠詞の習得は従来提唱されていた普遍的順序に比べると日本人英語学習者はかなり遅いこと，逆に所有格-s は習得が早いことなど，母語の影響が強く表れることが示された。Tono（2002）では主要動詞の下位範疇化情報の獲得が母語知識，インプットとなる教科書の頻度などの影響をどのように受けるかといった多変量の関係を対数線型モデルを用いて検証した。さらに名詞句の発達を調査したKimura（2002），エラー分析を NICT JLE と比較した Abe & Tono（2005）などがある。JEFLL コーパスの全体像を総合的に分析したものとして，投野（2007）がある。

(7) まとめ

　JEFLL コーパスはテクスト・データそのものを公開できるように現在整備中である。さらに学年の情報以外に，CEFR レベルを付与したデータセットも作成中である。また JEFLL コーパスの一部データは後述する ICCI の日本人データとしても利用されている。

6・2 【研究例・1】
n-gram 分析による中高生の語彙・文法発達

(1) はじめに

n-gram とは，任意の n 個の単語や品詞の連続体のことである。n が 1 の場合は unigram，n = 2の場合は bigram，n = 3の場合は trigram と呼ばれる。n の数が大きくなればなるほどコーパス内での出現頻度が下がるので，trigram が分析対象となることが比較的多いと言える。

他分野での n-gram 分析の応用例を見てみよう。以下は Google Japan のあるウェブページ（注：http://googlejapan.blogspot.jp/2007/11/n-gram.html）に掲載されているクイズである。

"グーグルで＿＿＿"
＿＿＿には，どんな語が最もよく入るか？

Web から抽出された約2,550億単語の日本語データを検索した結果，答えは「検索」だったということだ。単語（や任意の文字列）の発生確率がその直前のものに依存すると仮定すると，直前の (n-1) 個の単語（や文字列）から次にくるものを予測することができる。これを n-gram モデル（シャノン・ヴィーヴァー，1964）と言う。例えば音声データを分析する場合，雑音などで現時点の単語を聞き取れなくても，このモデルを使って既存データの単語連鎖の発生確率からそれを予測することができる。

人文科学分野における n-gram によるテクスト分析の研究例として，近藤 (2000) がある。n-gram モデルを応用した共起頻度分析を古今和歌集に対して行った結果，特定の表現形式が男性あるいは女性に偏って出現することを明らかにし，和歌の表現形式にジェンダー性が存在すると指摘した。また山田 (2004) は，『孟子』と他の諸子書の bigram を比較した。その結果，『孟子』によく使われる表現の偏りが，孟子自身の著と同程度であることが確認された。つまり，『孟子』は彼自身の言説を基本に編纂されたものであり，その中に見られる表現が前4世紀後半期のものだと認められた。

このように n-gram モデルは，言語記述のための予測を含めた確率的言語モデルの 1 つである。しかし，特に言語学分野において用いられている多くの分析は n-gram モデルを用いているのではなく，n 語の連鎖である n-gram 統計を採用しているに過ぎない。その点に注意が必要である。

（2）n-gram を用いた学習者コーパス分析例

これまでに n-gram の手法を用いて学習者コーパスを分析した研究例は，2 つに大別できる。1 つは出現する単語の共起情報を求め，学習者が用いる語彙表現の特徴を明らかにしようとしているものである。もう 1 つは，データ内に出現する単語を品詞（POS：part of speech）に変換し，その連鎖の傾向を調べるものである。こちらの方が学習者の持つ文法知識の傾向がより見えやすいと言える。

前者の例として，NICE 学習者データの bigram から 6-gram までの単語連鎖と，英語母語話者の同様の単語連鎖を比較した阪上・古泉（2008）がある。NICE の学習者データでは，I think や It is のように主語位置に I あるいは It を置いた表現が多く，また作文のテーマを表す表現（death penalty や school education など）が目立った。一方で，NICE および BNC，ANC の母語話者データでは，of the，in the，for the，on the など，前置詞句の一部が多く抽出された。投野（2004）では，NICT JLE コーパスの各レベルに対して，単語連鎖（bigram，trigram，4-gram）を求めた。それによると，レベル 2 〜 4 の下位レベルでは Nice to meet you. / My name is ... といった挨拶の定型表現や，I like ... / I want to ... といった自分のことを述べる表現が顕著だった。レベル 5 になると，when I was ... / I had a ... / I had to ... など過去形の表現が，多少種類が豊富になり現れてくる。レベル 7 〜 9 の中上級では，I don't know + wh 節や I think + that のように接続詞が連鎖中に現れ，文構造がより複雑になっていることがわかるとしている。

一方，後者の品詞連鎖研究の例としては，例えば田中・藤井・冨浦・徳見（2006）がある。先行研究である藤井・冨浦・田中（2005）で提案している品詞 n-gram モデルによって，日本人英語学習者が書いたと判定された英語科学論文のデータについて，そこに共通してみられる品詞 trigram を抽出している。その結果，(a) 日本人が過剰使用している項目として，名詞による名詞の修飾・重出，文頭の前置詞・接続詞・副詞（連結語），受動態が見られ，(b) 過少使用している項目として，形容詞の限定用法，過去分詞による名詞の後置修飾，主語・述語間の副詞などが見られた。

次節では，JEFLL コーパスを（1）単語の n-gram，（2）品詞の n-gram それぞれの観点から分析した手順と結果を紹介する。本稿は，連鎖の傾向が最も見えやすいと思われる trigram（n＝3）を採用する。

（3）JEFLL コーパスの分析例・1：単語 trigram

1）使用データ

JEFLL コーパスの中 1 ～高 3 の各学年，全データ（669,281 語）を使用した（注：JEFLL コーパスのテクスト版は，現在一般に公開・配布されていない。この分析のために特別にテクスト版を利用した）。n-gram の頻度を求めるため，無料公開されているコーパス分析プログラムである AntConc を用いた。

> |Technical Box| AntConc
>
> AntConc とは Laurence Anthony 氏が開発し，自身のウェブサイトで無料公開しているコーパス分析プログラム。Concordance や wordlist 作成といった基本的な機能に加え，keyword の特定や collocation 分析を行うこともできる。
> http://www.antlab.sci.waseda.ac.jp/software.html

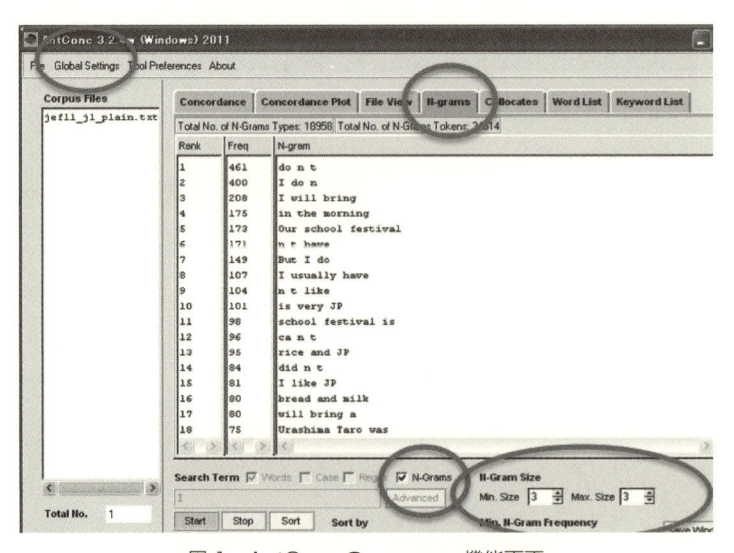

図 1　AntConc の n-grams 機能画面

2）分析の手順

　JEFLL コーパスにはヘッダー情報やタグがあらかじめ付与されているが，それらを分析に含めないように，テキストから不要な情報を削除したり，AntConc のタグ設定を変更したりする。AntConc には n-gram 分析を行う機能がある。「N-grams」のタブを選択し，N-gram Size の Min. Size, Max. Size の値を選択し，いくつの語の連鎖を検索するのか決定する。ここでは全体像がわかりやすいように，a) JEFLL コーパス全体の trigram（上位10），b）中学生 vs. 高校生それぞれの trigram（上位10）を求める。中学生 vs. 高校生については両者の違いをより明らかにするため，共通する単語連鎖が得られた場合，その頻度に有意な差があるかを log-likelihood で検定する。

　なお，以下の単語 trigram は品詞の形態素解析を行った後，品詞タグを除去したものに trigram を産出するプログラムをかけたため，can't が ca + n't に分割される。それを AntConc で読み込むとアポストロフィが単語と認識されないため，n't が n と t に分離されてしまう。これを回避するためには token definition でアポストロフィを単語の一部として処理するように定義するのが望ましいが，そうすると，I'm などを分離したい場合に困ってしまう。このあたりは形態素解析ツールと組み合わせをよく考慮して処理を行うべきポイントである。

3）分析の結果
a) JEFLL コーパス全体の trigram

表1　JEFLL コーパス全体に出現した上位10の trigram

ランク	trigram	頻度
1	do n t	4,359
2	I do n	3,483
3	I want to	1,931
4	I will bring	1,705
5	in the morning	1,676
6	ca n t	1,666
7	n t have	1,481
8	did n t	1,283
9	I ca n	1,207
10	I usually have	941

注1：n-gram 総数は515,025
注2：AntConc では否定の副詞 not の短縮形が n と t という
　　 別語として解釈される

表1を見ると，do n t（don't），I do n（I don't），ca n t（can't），n t have（not have），did n t（didn't），I ca n（I can't）など，否定表現が10連鎖中6つと多いことがわかる。JEFLLコーパスの6つのトピックのうち3つは論説文で，自分の意見を明示した上でその理由を求められている。その際には，「〜ではないから（…だ）」，「〜できないから（…する）」と，何かを否定した後に自分が肯定するものを示す談話構造が好まれているのかもしれない。また，一人称主格Iで始まる連鎖も特徴的だ。自らの意見，経験を書くことを求められる課題が多いとしても，その頻度は圧倒的だ。先に紹介した阪上・古泉（2008）は，英語母語話者の連鎖には前置詞＋theが多いことを明らかにしたが，JEFLLコーパスでは上位10にはin the morningという定型表現（課題シートのサンプル英文にある）しか現れていない。日本人英語学習者，特に初習者がなかなか冠詞を使用できない状態を表していると言える。

b）中学生 vs. 高校生それぞれの trigram

表2　中学生 vs. 高校生の上位10の trigram

ランク	有意差	中学生 trigram	頻度	高校生 trigram	頻度
1	** (+)	do n t	2,541	do n t	1,818
2	** (+)	I do n	2,044	I do n	1,439
3	** (+)	I will bring	1,109	I want to	957
4		I want to	974	ca n t	851
5	** (+)	in the morning	910	in the morning	766
6	** (+)	n t have	837	n t have	644
7		ca n t	815	I ca n	622
8	** (+)	did n t	783	I will bring	596
9		I usually have	588	did n t	500
10		I ca n	585	a lot of	489

注1：n-gram 総数は中学生が241,165，高校生が273,860
注2：**は0.01％水準で有意差があることを表す
注3：(+) は，中学生の方が高校生よりも過剰使用していることを表す

表2からわかるように，中学生と高校生の両者に共通している連鎖が上位10のうち9つと，ほぼ同じ表現を多用していることがわかった。しかし共通連鎖それぞれの頻度差を検定してみると，9つのうち6つについて有意な差が認められ，すべてにおいて中学生の方が高校生に対して過剰に使用していることがわかった。これはつまり，当該の表現は確かに多く使われているが，高校生は特定の連鎖ばかりを用いているわけではなく，そのバリエーションは中学生よりも豊富になっていることを示唆している。

（4）JEFLL コーパスの分析例・2：品詞 trigram

1）使用データ

　JEFLL コーパスの中1～高3の各学年，全データを使用した。データには自動的に品詞タグを付与するプログラムによって，すべての単語に品詞タグが付与されている（注：英国ランカスター大学のコーパス研究グループが開発，提供している CLAWS を用いた。タグセットは C7 を採用。下記表3にある品詞タグについては http://ucrel.lancs.ac.uk/claws7tags.html を参照されたい）。

2）分析の手順

　テクストエディタなどを使ってあらかじめテクスト整備を行っておくと，品詞連鎖の抽出がスムーズに行える。例えば JEFLL コーパス内に存在する日本語表記は，品詞タグを付ける段階で自動品詞タグ付与プログラムにエラーが起こりやすいため，一律に JP などにしておくとよい。品詞連鎖を求める際には単語を削除し，品詞タグのみを残したデータにする。中1～高3の各学年の上位20の品詞 trigram を一覧にし，それぞれの学年（またはその学年から上位）で特徴的だと思われる構造を探す。日本人英語学習者の文法知識発達の特徴として先行研究で指摘されている点を挙げておき，何に注目して出力結果を見るべきかあらかじめ決めておくとよい。ここでは，以下5点を見る。(a) 一人称 I 以外の主語は使われているか？ (b) 前置詞句は使われているか？ (c) 冠詞は使われているか？ (d) 形容詞の限定用法は使われているか？ (e) 接続詞は使われているか？

3）分析の結果

　まず (a) については，次ページ表3内の PPIS（代名詞 I の主格）と V（動詞）の連鎖によって，すべての学年にわたり主語が I であることが多いとわ

表3 中1〜高3の上位20の品詞 trigram

ランク	中1	中2	中3	高1	高2	高3
1	PPIS VV NN	PPIS VM VVI	PPIS VM VVI	PPIS VM VVI	PPIS VM VVI	PPIS VM VVI
2	PPIS VM VVI	PPIS VV NN	II AT NN	II AT NN	II AT NN	NN CC NN
3	PPIS VD XX	PPIS VD XX	PPIS VD XX	APPGE NN NN	AT JJ NN	PPIS VD XX
4	PPIS VV JP	VD XX VVI	VD XX VVI	VBDZ RG JJ	NN CC NN	II AT NN
5	NN CC NN	NN CC NN	VBDZ RG JJ	AT NN NN	II APPGE NN	PPIS VV NN
6	APPGE NN NN	VBZ RG JJ	PPIS VV NN	AT JJ NN	AT NN IO	II AT NNT
7	VBZ RG JJ	VBDZ RG JJ	AT JJ NN	AT NN IO	APPGE NN NN	VD XX VVI
8	VD XX VVI	APPGE NN NN	PPIS VM XX	NN CC NN	PPIS VV NN	NN II AT
9	NN CC JP	AT NN NN	II APPGE NN	II APPGE NN	PPIS VD XX	II APPGE NN
10	NN NN VBZ	II AT NN	NN CC NN	PPIS VD XX	NN IO NN	PPIS VV TO
11	RR PPIS VV	II AT NNT	VM XX VVI	NN IO NN	VM XX VVI	PPIS VM XX
12	NN VBZ JP	PPIS VV TO	PPIS VV TO	PPIS VV NN	VV TO VVI	APPGE NN NN
13	APPGE NN VBZ	PPIS VM XX	VV TO VVI	PPIS VM XX	AT NN NN	VM XX VVI
14	VV AT NN	NN CC JP	CS PPIS VV	VD XX VVI	PPIS VM XX	AT NN IO
15	VV NN CC	VM XX VVI	VBZ RG JJ	VVD AT NN	PPIS VV TO	VBZ RG JJ
16	CCB PPIS VD	II APPGE NN	NN II AT	PPIS VV TO	NN NN NN	VV TO VVI
17	PPIS VV AT	VV TO VVI	APPGE NN NN	NN II AT	VD XX VVI	NN NN NN
18	APPGE NN JP	NN II AT	II AT NNT	NN NN NN	CS PPIS VV	AT JJ NN
19	NN VBZ JJ	RG JJ NN	VVD AT NN	VV TO VVI	NN II AT	CS PPIS VV
20	JP NN JP	PPIS VVD AT	AT NN IO	VM XX VVI	VBZ RG JJ	PPIS RR VH

かる。中1ではNN＋VBZ（名詞＋is）の連鎖も4つ見られるが，中2〜高3の間にはそれがない。学年が上がることによって，主語の名詞句，本動詞の動詞句に修飾が付いてそれぞれ多少長くなり，3連鎖の中に主語部分と動詞部分が収まりきらなくなっているのかもしれない。

(b) については，前置詞を表すIで始まるタグを探していく。中1には前置詞を含む連鎖が見られないが，中2〜高3はII（前置詞句一般）またはIO（of）が見られる。ofを含む連鎖は中3では20位だが，それ以降学年が上がるにつれてより頻度が高くなる。ofを用いた前置詞句を作ることが，英語力の高まりの1つの指標となり得る。

(c) 日本人学習者の冠詞の過少使用は多くの先行研究で指摘されているところだが，ここでもそれが実証された。表3でAT（冠詞）が用いられている連鎖を特定していくと，学年が進むとともに右肩上がりにより高頻度連鎖として出現していることがわかる。

(d) 形容詞の限定用法はAT/RG JJ NN（冠詞／副詞＋形容詞＋名詞）の連鎖によって確実に特定できる。中1には現れず，中2の19位，中3では大きくランクを上げて7位，高1で6位，高2で3位となっている。高3で18位と下がってはいるが，これは形容詞の複数使用や後置修飾など，より複雑な修飾体系を習得したためかもしれない。

(e) 接続詞も，下位学年と上位学年を明確に分けている。中1ではCC（等位接続詞）が頻出しているが，一方でCS（従属接続詞）は中3以降の学年にしか出てきていない。このように，品詞連鎖を抽出し学年間の一致／差異を見つけることによって，特定の文法項目の使用・発達状況を知ることができる。

(5) まとめ

この節では，n-gram統計を用いたJEFLLコーパスの分析例を2つ紹介した。データ内に出現する単語または品詞のすべての連鎖を特定しその頻度を求めることは，手作業では到底行うことができず，コンピュータによるコーパス処理手法を十分に活用した分析と言える。単語の連鎖から学習者の語彙知識を調査したり，品詞の連鎖から文法知識を調査することなどに適している。

6・3 【研究例・2】
時制と相のエラー分析

(1) はじめに

　学習者言語のエラー分析（error analysis）は1970年代の第二言語習得研究において，中心的な役割を果たした（James, 1998）。ところが学習者言語の発達のある側面，つまり学習者が誤って使用している言語項目にしか着目しておらず，(a) 正しく使用できる項目，(b) 学習者の回避（avoidance）などによりまったく使用されていない項目，(c) 過少使用されている項目などを分析対象としていないという問題点を指摘されてきた（Ellis, 2008；Larsen-Freeman & Long, 1991）。そして今日，エラー分析は学習者コーパス研究の隆盛にともない，上記の問題点を解決する可能性を持つ Computer-aided Error Analysis（CEA）（Dagneaux, Denness, & Granger, 1998）へと移行したのである。

　この CEA を行うにあたり，まずは学習者コーパスにエラー情報を付与しなければならないのだが，機械によるエラーの自動判定は研究途上にあり，エラーの判定は手作業によって行われているため，多大な時間と労力をともなう（Dagneaux, Denness, & Granger, 1998；Meunier, 1998）。その上，エラーの判定には恣意的な部分もあり，判定者の解釈が入ってしまうことがある（Granger, 2003；Barlow, 2005）。しかしながら，ひとたびエラー情報が付与されたコーパスを完成させることができれば，その後に続く分析は機械学習などを用いて自動化する可能性が拓ける。そして，学習段階ごとのエラーを大量に分析し，言語発達の特徴を解明することができれば，そのメリットは計り知れない。

　学習者コーパスという巨大なデータベースが出現するまでは，小規模なデータを用いた散発的なエラー分析が主流であった。しかしいまや，学習段階の情報が付いた日本人英語学習者のコーパスが公開されており，しかも自由に使えるのである。CEA は，大規模学習者コーパスの威力が大いに発揮され，今後の成果が期待できる研究分野である。英語学習者が学習段階のどこで，何につまずいているのかということに対する理解を深めるために，学習者コーパスを用いたエラー研究はさまざまな可能性を秘めているのである。

この節では JEFLL コーパスを用いたエラー分析の手法について簡略に説明し，その研究事例を紹介する。

（2）日本人英語学習者コーパスを用いたエラー分析

日本人英語学習者の「話し言葉」と「書き言葉」のコーパスに同じエラータグを付与した研究例がある。Abe（2007a, 2007b）は，日本最大級の英語スピーキングコーパスである NICT JLE コーパス（和泉他，2004）の一部に31種類のエラータグを付与し，話し言葉のエラーと学習者の習熟度の関係を探った。その結果，全体的な傾向として，初級レベルの学習者には動詞に関するエラーが多く，上級レベルの学習者には名詞に関するエラーが多いことが明らかになった。また，動詞に関するエラーの中には，学習段階が進むにつれ，エラーが減少するものがあることが確認された。つまり，名詞と動詞に関するエラーの中には，日本人英語学習者の習熟度の指標になる項目があることが予想されるのであるが，今後はその中から，より高い精度で習熟度を判別できる項目を特定することが必要になることがわかったのである。また阿部（2007）は，同様のエラータグを JEFLL コーパスのうち3万語分に付与し，それらが学習段階を通してどのように変化するかを追跡し，言語使用の全体的な記述を試みた。その結果，さまざまなエラーの中でも，時制に関するエラーが顕著であることが明らかになった。そこで，これらの研究結果を受けて，本研究事例では動詞を取り上げる。そして，学習段階が進むにつれて，特に動詞の時制と相のエラーがどのように変化するかを分析する。

（3）使用データ

JEFLL コーパスは，「論説文」と「叙述文」という2つのタイプの作文データによって構築されている。ここでは，動詞の時制と相のエラーを分析対象とするため，出来事について順を追って述べている「叙述文」のデータを利用する。そして，その中でも「あなたの学校の文化祭について教えてください」というトピックのみを分析対象とする。また JEFLL コーパスには，さまざまなタイプの学校に属する中高校生のデータが含まれているのであるが，学年が上がるにつれ，中高生のエラーが，どのように変化していくかをより厳密に観察するために，中高一貫校のデータのみを利用する。そして6学年の中から，1つの学年ごとに約5,000語の英作文を抽出し，合計30,000語のコーパスを作成することにする（次ページ表1参照）。

表1　学年別サブコーパスデータの大きさ

	中1	中2	中3	高1	高2	高3	合計
総ファイル数	104	77	87	46	53	55	422
総語数	4,994	5,004	5,000	4,997	5,000	5,005	30,000
平均語数	48.02	64.99	57.47	108.63	94.34	91.00	71.09

注：学年ごとの総語数にほとんど差がないため，ほぼ同一サイズとみなし，統計的な頻度の修正は行わない。

（4）分析手法

1）分析の手順

　分析の手順として，まず3万語のコーパスに，CLAWS C7 tagset（Garside & Smith, 1997）を利用して，品詞タグを自動的に付与した。次に NICT JLE コーパス（和泉他，2004）と同様の動詞の時制と相に関するエラータグを手作業により付与した。そして，品詞タグが付与されたデータを用いて，正用法の頻度を算出した。さらに，エラータグが付与されたデータを用いて，誤用法の頻度を算出した。最後にエラー率を計算した。

2）分析対象とする言語項目

　ここでは，時制（過去，現在，未来）と相（完了形，進行形，完了進行形）に関するエラーを分析対象としている。それぞれの「疑問形」，「否定形」，「省略形」，「能動態」は分析対象としたが，受動態は含めていない。また動詞の活用形に関しては，時制と相のエラーではなく，「活用形に関するエラー」とみなした（例：begin の過去形を bagan とするエラー）。

3）エラータグ付与に関する原則

　Ellis & Barkhuizen（2005）を参照し，エラータグの付与に関して，原則を設け，統一性を持たせるように留意した。まず作文のスタイルやディスコースは考慮せず，文法的に明らかに誤っているもののみをエラーとみなした。そしてエラー情報だけではなく，ターゲットとされるべきである言語形式に関する情報も付与した。このことにより，本来であればどのような時制や相を用いるべきであったかという考察が可能になる。しかし，学習者が正しく産出しようと意図した英文を推測するのは困難であると同時に恣意的であるため，最小限の修正で，最も簡単に訂正できるものを修正候補として出した。

4）エラータグ付与とその検索

　動詞の時制のエラーを示すタグ（<v_tns></v_tns>）と，動詞の相のエラーを示すタグ（<v_asp></v_asp>）の2種類を用いた。まずエラーが始まるところに<v_tns crr＝"XXX">というタグを挿入し，エラーが終わるところに</v_tns>というタグを挿入して，エラー部分を2つのタグで囲んだ。そしてさらに修正候補を引用符の中に入れた（crr＝"shouted"）。以下の例は，本来であれば動詞の過去形（shouted）を使用するべきであるが，誤って現在形（shout）が使用されてしまったことを示している（例：My teacher came and <v_tns crr＝"shouted">shout</v_tns>!!）。

　エラータグの付与が終了した後，分析用ソフト（AntConc）の検索機能を用いて，エラーの総数を把握した。エラーを含む例文を読み込むことで，学習者がどのような文脈で，何を誤っているのかについても分析を行った。また修正候補を見ることで，本来であればどのような動詞の時制や相を利用するべきであったのかということも確認した。

(5) 分析結果

1）時制のエラー

　中1の時制に関するエラー率は60％と突出していた（表2参照）。JEFLLコーパスを用いた先行研究においても，時制のエラーは顕著であった（阿部，2007）のであるが，中1は英語の勉強を始めたばかりであり，特定の時間を英語で表現する方法を習得していないため，このような結果になると考えられる。

　次に他の学年を見ると，中2から高3までの間には，時制のエラー率がほとんど変化していないことがわかる。10％前後のエラー率はそれほど高くはないのであるが，学年が進んでもエラー率があまり減少していない。しかしながら興味深いことに，中1から高3までの合計730件のエラー例のうち，

表2　学年間における時制のエラー率

	中1	中2	中3	高1	高2	高3	合計
正用法＋誤用法	531	728	747	703	716	725	4,150
誤用法	320	107	91	81	70	61	730
エラー率	60%	15%	12%	12%	10%	8%	18%

719件（98％）が「必要なところで，過去形を使用していない」というタイプのエラーであった。以下の例は，高3の作文である。この学習者は過去時制を用いて，学園祭を叙述しようとしているのであるが，文中に過去形と現在形が混在してしまっている。

We held a school festival at September 14 and 15. Our class _**make**_ a piramid's inside. It_'s_ very dark, and almost a ghost house. I played a ［JP：ミイラ］ one third in that time. At first, I hadn't enjoyed it very well, but at the second day, I was getting interested in it. Especially, girl's reaction _**is**_ better than boy's. Although it was good but in fact, our class wasn't accepted in it by ［JP：生徒会］. And we had to pay its cost by ourselves. My only ［JP：心残り］ is that I _**can**_ went to few of other class and _**can't**_ see other holdings because I was busy to do my work. After the festival, we _**hold**_ ［JP：うちあげ］ until the middle night. We also _**enjoy**_ there.

2）時制のエラーに関する考察

　ここでの研究事例は，「あなたの学校の文化祭について教えてください」というトピックの作文のみを分析対象としているので，当然のことながら，過去形が多く使用されている。よって全体の98％が，「必要なところで，過去形を使用していない」というエラーであるという結果は，トピックの影響により引き起こされたとも考えられる。

　また高校生にもなると，文化祭を叙述するだけではなく，他校の文化祭と比較したり，より文化祭を楽しむための方法について述べたりする試みが見られた。そのため，過去形を使用しなければならないことがわかっていても，動詞の時制だけではなく，語彙や構文，そして作文の内容，およびパラグラフの構造にも注意を払うために，「必要なところで，過去形を使用していない」というエラーが引き起こされたとも考えられる。

　しかし，この研究事例とは異なるトピックを用いている日本人英語学習者の話し言葉の分析からも，ここでの結果と同様，過去形を使い続けることが困難であることが明らかになっている（Kaneko, 2004）。話し言葉の方が，時制を的確に使い続けるのはより難しいはずであるが，読み直しや書き直しができる書き言葉においても，必要なところで過去形が使用されていないのである。よって今後は，文化祭に関する叙述的な作文だけではなく，異なるトピックを題材としたデータに関して，時制の使用状況を確認する必要があるだろう。

　さらには，「必要なところで，過去形を使用していない」というエラーが

多い理由として，日本人英語学習者の母語である日本語の影響も考えられる。Granger（1999）は，7.5万語のフランス語を母語とする英語学習者の作文データを用いて，時制のエラーを分析しており，「単純過去形を使うべきところで，単純現在形を使ってしまっている」というエラーが多いと述べている。ここでの研究事例の結果と異なり，フランス語を母語とする英語学習者の作文においては，「必要なところで，過去形を使用していない」というエラー以外にもさまざまなタイプの時制のエラーが見られるのである。

3）相のエラー

時制のエラー（合計730件）と比較すると，相のエラー（合計39件）は大幅に数が少ないことが明らかになった（表3参照）。相のエラーの総数は少ないのであるが，中学3年間でエラー率が大きく減少した後，高1で再び上昇し，高校3年間において徐々に減少するという傾向があった。

表3　学年間における相のエラー率

	中1	中2	中3	高1	高2	高3	合計
正用法＋誤用法	9	30	20	25	22	39	145
誤用法	9	16	1	6	3	4	39
エラー率	100%	53%	5%	24%	14%	10%	27%

そこで次に，この中学3年間と高校3年間におけるエラーの減少傾向が何に起因するのかを考察してみる。すると，相のエラー（合計39件）のうち，「進行形を使用するべき時に，基本形を使用している」というエラーは，2件（5%）しかなかった。しかし反対に，「基本形を使用するべき時に，進行形や完了形を使用している」というエラーは37件（95%）あった。さらには，後者のエラーについて，その内訳を見ると，27件が「進行形」に関するもの

表4　「基本形を使用するべき時に，進行形や完了形を使用している」エラーの内訳

	中1	中2	中3	高1	高2	高3	合計
進行相の誤用法	9	14	0	2	2	0	27
完了相の誤用法	0	2	0	4	0	4	10
合計	9	16	0	6	2	4	37

で，10件が「完了形」に関するものであった（前ページ表4参照）。
　まず進行形に関するエラーを見ると，中1の9件と，中2の14件が，「不必要な進行形」の大半を占めている。以下は，中1の作文例である。

Our school festival is very fun. My class [JP：行ったのはげきです]. Its name is***. Many people *is visiting*. We was busy. But we're very fine [JP：で終わりました].

　中2になると，多少エラーの数が増えるのであるが，中1と比較して特徴的であったのは，誤って進行形を使用している学習者と正しく使用している学習者の個人差が大きいことである。例えばここでの結果においては，同じ4人の学習者が3回以上繰り返して，必要のない時に進行形を使用していたのである。すなわち，「不必要な進行形」の使用に関しては，これが個人差に起因するものである可能性が高いのである。しかしながら，この個人差については，今後，トピックの違う作文やより大規模なデータによって，その使用状況を把握する必要があるだろう。
　誤りの総数は少ないながらも，中1と中2においては相の誤りのうち，進行形のエラーが多いという傾向が見られたのであるが，中3になると，相のエラーはゼロになった（前ページの表4参照）。そして，高1になると，再びエラー率が上昇するのであり，中学では進行形のエラーが多いのに対して，高校では高2を除き，進行形よりも完了形のエラーが多いという傾向が見られた。これは高校に入り，完了形が授業で導入された結果ではないかと考えられる。また高校生になると，仮定法過去完了なども使用してみたいという意欲が出てくるため，混同を引き起こしていると予想される。以下は，高校生の作文例である。

　例1：We were so busy making them that we **had hardly had** time to eat lunch.
　例2：I bought about ten books and I **had read** it all day, because I don't like casino.

4）相のエラーに関する考察

　動詞の時制のエラーに関しては，中2以降，あまりエラー率に変化は見られなかった。それに対して，相のエラーはその総数がかなり少ないとはいえ，エラー率は減少する傾向が見られた。Kennedy（1998）によって，英語母語話者の書き言葉においては「単純過去形」，話し言葉においては「単純現在

形」が多く使用されているにも関わらず，授業用のシラバスでは，単純現在形よりも，現在進行形に重点が置かれているということが指摘されているのであるが，この研究事例の結果である「必要以上に進行形を用いてしまう」という日本人英語学習者の言語使用の傾向を考慮すると，進行形と基本形の使い分けができるように指導する必要があるかもしれない。

またGranger (1999) によると，フランス語を母語とする英語学習者も，「不必要な現在進行形」を使用する傾向があると言う。しかしながら，フランス語を母語とする英語学習者の場合は「単純現在形ではなく，現在進行形を使用している」エラーと，「現在進行形ではなく，単純現在形を使用している」エラーの頻度にあまり差がない。ところが一方，ここでの研究事例では，「基本形ではなく，誤って進行形を使用している」というエラーばかりが多く見られたのである。時制のエラーと同様，フランス語を母語とする英語学習者と日本人英語学習者の相のエラーの出現傾向に違いがあるのは興味深い。今後は，習熟度をそろえ，さらには異なる母語を持つ英語学習者のデータとつき合わせる必要があるだろう。

(6) 結論

　動詞の時制と相のエラーを通して，JEFLLコーパスを分析したことにより，日本人英語学習者に特徴的な2つのエラー傾向が見えてきた。まずは，過去形を正しく用いることが難しいことである。そして，相のエラーは時制のエラーと比較して，その総数は少ないながらも，中1と中2のレベルにおいては基本形ではなく「進行形」を，高校生以上は「完了形」を誤って使用する傾向があることである。

6章・まとめ

　本章では中高生の英作文1万件を集めたJEFLLコーパスを用いて，単語・品詞n-gramおよびエラータグ付与を行ったデータの分析を見た。JEFLLコーパスはICLE, NICEと異なり，学習段階の異なる作文の比較ができる点が大きな特徴である。学年を習得レベルと完全に同一視できないが，日本の英語教育の環境下で中学から高校にかけての1万人規模のデータを鳥瞰することによる発見はいろいろな示唆を与えてくれる。

　言語特徴の抽出としては，単語と品詞のn-gramとエラータグを見た。n-gramは言語モデルとして取り扱うこともでき，2-gram, 3-gramのモデルの評価を発達段階別に見ることで新しい発見があるかもしれない。精密に付けたエラータグからはさまざまな学習過程の情報を得ることができる。

ブックガイド

　JEFLL Corpusの概論書としては投野（2007）を参照のこと。N-gramモデルの解説はManning & Schütze（1999）の第6章が詳しい。エラータグに関しては，和泉他（2005）にNICT JLEコーパスに付与したエラータグの詳細なマニュアルが付属していて参考になる。

発展研究

1) JEFLLコーパス検索サイトを利用して，make, take, getなどの基本動詞を含む3語の連鎖を作成（語句検索で対象となる動詞で検索→語句集計で右2語のスパンでリストを作成）。①中1・2，②中3・高1，③高1・2の3グループでこの結果を比較してみよう。
2) JEFLLコーパスの検索サイトから検索フィールドに［JP］と入れると，日本語部分が一括で検索できる。その一部をダウンロードした上で，英作文中の英語にできなかった日本語部分を英語に修正してみよう。それを見ながら，どのような英語が日本語にしにくいか？　その傾向は学年別に見た時に変化があるか？　などを考察してみよう。
3) 自分が関心のある文法エラーについて，JEFLLコーパスの検索結果の一部をダウンロードして，該当する誤り部分にエラータグを付与してみよう。エラータグの形式については和泉他（2005）のマニュアルを参照。その結果をAntConc, WordSmithなどで検索・整理してみよう。

7章
CEFR基準特性と学習者英語
──レベル別の学習目標を設定する

7・1 【概説】
学習者コーパス ICCI とは

(1) 概要

International Corpus of Crosslinguistic Interlanguage（ICCI）は8カ国・地域の9,000人の初～中級レベルの英語学習者の英作文を集めた約84万語の学習者コーパスである。プロジェクトは2008年3月に東京外国語大学グローバル COE の一環として発足。5年間で完成し2012年3月に公開された。プロジェクトの目的は，学習者コーパスで比較的収集が困難で種類の乏しい初級学習者データを対象として，JEFLL コーパス（第6章参照）に比較し得る異なる母語の英語学習者コーパスを構築することであった。コーパスは web 検索ツール上で公開されているだけでなく，全データをテキストでダウンロードすることが可能である。

(2) 母集団

ICCI の母集団は8カ国・地域（日本，オーストリア，イスラエル，中国，香港，ポーランド，スペイン，台湾）の初～中級レベルの英語学習者である。これらの国・地域の選定は，主として学習者コーパスの研究を行っている研究者がまず連携し，自国（地域）のデータ収集を担当できるかという条件の上で選定されたもので，特別に理由はない。しかし，JEFLL コーパスと比較するという意味でヨーロッパだけでなく，アジア圏の EFL 環境のデータを欲しいという意図はあり，中国，台湾などはその理由で選ばれている。JEFLL と比較するという必要から，できるだけ英語学習初期からのデータ収集を試みたが，香港などを除くと小学校1年生くらいから英語を勉強していても，ライティングの指導をされていない学習者が多く，小学校高学年からのデータが主になっている。

(3) 規模

ICCI は2013年7月現在の公開版でのサイズは844,400語（9,000件）である。表1に ICCI の基本語彙統計を示す。

表1　ICCI 国・地域別語彙統計

	日本	オーストリア	中国	香港	イスラエル	ポーランド	スペイン	台湾
総語数	233,403	113,515	95,058	75,306	140,391	65,556	49,174	71,997
件数	2,600	773	951	790	1,800	751	654	681

国・地域別のコーパス・サイズには偏りがあるが，サブコーパスは各国・地域最低500件，50,000語を目標とした。収集はすべて各国・地域の担当の研究者が手配して小中高の教員と連携して行った。データは手書き作文なので収集・電子化には大きな労力を要し，プロジェクトの期限が切られているため，現状で利用可能なデータをすべて公開し，あとは利用者のニーズに従ってサブコーパスを自由に選定できるように便を図った。

ICCI は前述のように，初学者データをできるだけ集めるように意図されているが，実際の学年ごとの内訳は表2の通りである。

表2　ICCI 学年別サブコーパス

学年	件数	総語数
3年生	108	4,606
4年生	46	4,307
5年生	274	15,293
6年生	1,096	74,099
7年生	1,627	131,067
8年生	1,592	152,411
9年生	1,206	127,105
10年生	1,160	117,041
11年生	1,189	138,254
12年生	690	78,774
不明	12	1,443

(4) 英作文タスク

ICCI の英作文の主要テーマとサブコーパスごとの語彙統計を表 3 に示す。

表3　ICCI トピック別サブコーパスの語彙統計

トピック	語数	作文件数
My Favourite Foods	334,914	3,718
Money	288,600	3,163
Funny story	65,044	786
My Favourite Films	65,655	642
My Birthday	21,303	200
A Good or Bad Day	34,988	181
School	8,885	103
Dream	12,260	74
Describe Yourself	6,413	68
Postcard	6,338	65

　英作文タスクはすべて統一した方法で授業時間内に実施された。制限時間は20分間，辞書の使用は不可，一定の指示文がそれぞれの母語に翻訳されて提示された。JEFLL コーパスとの相互比較のため，food（自分の好きな食べ物とその理由）と money（一定のお金が貯まったら何が欲しいか？）に関するエッセイが多めになっている。

(5) ICCI 検索ツール

　ICCI はプロジェクトの一環として専用の検索ツールを公開している（http://tonolab.tufs.ac.jp/icci/)。ユーザー登録するとすべてのテクスト・データと学習者情報のメタデータがダウンロードできる。個人情報（学習者の氏名，学校名，個人が特定されるその他の情報）はすべて ETN タグでマスクされている。検索システムでは国・地域，学年，性別，母語，作文トピックなどを自由に指定してサブコーパスを選定の上，語・句・品詞をからめた複

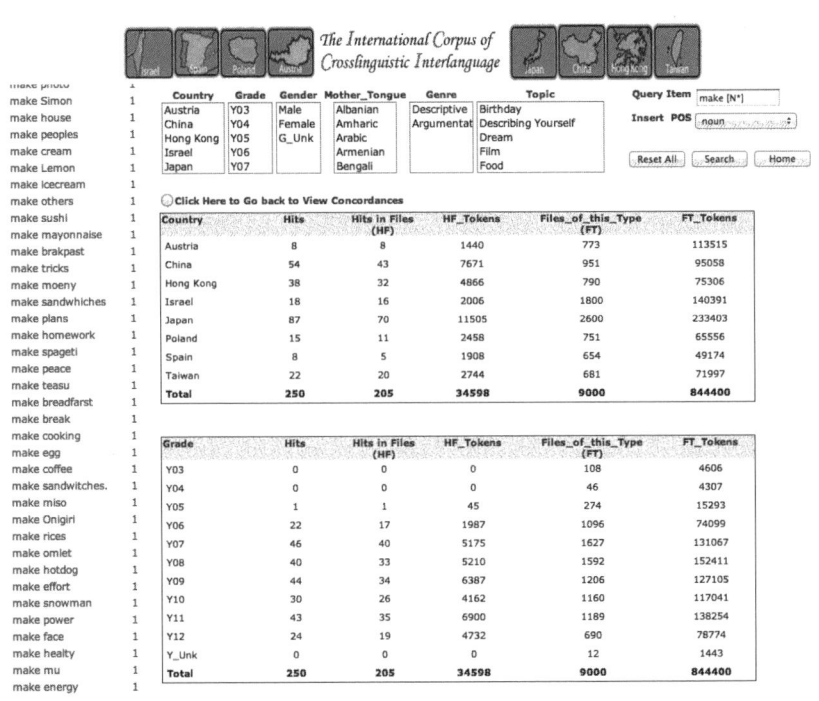

図1 ICCI検索ツール（make＋名詞のサブコーパス分布統計の出力画面）

合的な検索が可能。その上，統計情報として，検索結果に対し上記の変数をベースにした頻度一覧を一度に出力する機能もあり，すぐに分析ツールに結果を出力することが可能である（図1参照）。

(6) ICCI を使った先行研究

ICCI はデータ公開と同時に共同研究チームによる分析結果が Tono, Kawaguchi & Minegishi（2012）により出版されている。この中で，Hong（2012）は ICCI の検索インタフェースに関して報告，Schiftner & Runkin（2012）はオーストリアの学習者データによる指示詞（demonstrative）の獲得について考察している。Lenko-Szymanska（2012）と Pérez Paredes & Belén Díez-Bedmar（2012）はポーランド，スペインの英語学習者の冠詞習得に関して ICCI を用いた調査を行い，Levitzky-Aviad（2012）はイスラエルの英語学習者を中心に2000〜3000語得レベルの語彙習得状況に関する調査報告を行った。さらに，Liu & Zhang（2012）は接続詞の獲得について，Shih &

7章　CEFR 基準特性と学習者英語　145

Ma（2012）は台湾の英語学習者を中心に統語的複雑さの指標の発達変化を報告している。Tono（2012）はICCIを用いて動詞の下位範疇化情報の獲得を調査，習得レベルを特徴付ける基準特性（criterial feature）としての役割に関して分析した。

ICCIのチームは2011年ワルシャワで開催されたTALC（Teaching and Language Corpora）でも特別シンポジウムを行い，Lenko-Szymanska, Hong, Levitzky-Aviadそして投野が研究成果を発表している。また2013年7月現在，International Journal of Corpus Linguisticsにおける特集号を編纂中である。

（7）まとめ

ICCIは英語学習者の初級レベルのデータが乏しかった現状に鑑み，母語のバラエティを考慮した8カ国・地域の初級レベル学習者コーパスとしてユニークな位置づけを占めている。サブコーパスの均衡は十分とは言えないが，目的に応じて柔軟にサブコーパスの取捨選択ができるように学習者情報メタデータをテキストと同時に全面的に公開・配布して利用に供している。

ICCIはまた国際学習者コーパス・プロジェクトとして，学習者コーパス研究の研究チームが国際協力して構築したコーパスとしても意義が大きい。それらの研究者がICCIを用いて発信していくことで，ICLEなどを偏重していた学習者コーパスの研究動向が少しでも多面的な要素を持つことが期待できる。

7・2 【研究例・1】
基準特性の抽出

(1) はじめに

　本節では，ICCI からの文長を対象とした基準特性（criterial feature）の抽出について説明する。基準特性とは熟達度を特徴付け，下位レベルから上位レベルを区別する学習者言語の特性のことである（Hawkins & Filipović, 2012）。文長の代表的指標である mean length of utterance（MLU）は一発話または一文の長さの平均値を指し，文構造の複雑さを表すとされている。MLU は第一言語獲得研究，第二言語習得研究，言語障害研究，英作文の自動採点研究などで学習者の言語能力の指標として幅広く用いられている。MLU には一発話・一文内の語数を数える方法と形態素を数える方法の2つがあるが，両者には高い相関が見られる。ここでは Hawkins & Filipović のケンブリッジ学習者コーパスを用いた研究と比較・対照するため，語数をカウントする方法を用いる。

　Hawkins & Filipović は Cambridge Learner Corpus（CLC）の CEFR の A2-C2 レベル相当部分から母語が日本語・中国語・スペイン語・ロシア語のいずれかである学習者の英作文を抜き出し，母語の割合が均等になるように各レベル1,000文ずつを抽出し，一文の平均語数をカウントした。それによると MLU は A2 で7.9，B1 で10.8，B2 で14.2，C1 で17.3，C2 で19.0であった。では，CLC よりも下位レベルの学習者が多くを占める ICCI ではどうであろうか。また，同じく下位レベル（日本人大学生）を対象とした Ishikawa (1995) では，MLU は必ずしも第二言語発達の良い指標ではないという結果が出ているが，Ishikawa (1995) と比較して幅広い熟達度をカバーしていると考えられる ICCI ではどうだろうか。以下では MLU に基づき CLC と ICCI の比較を行った後，学年の進行に従い文長は伸長傾向にあるのか否かを検証する。

(2) 手法の概観

　ICCI の学年が付与されている英作文内の各文の語数をカウントした。

「文」はスペースなどの語の区切り，改行文字，大文字が続くピリオド，クエスチョンマーク，エクスクラメーションマークで区切った。Hawkins & Filipović (2012) では慣用表現（Dear John など）や，動詞または叙述用法の形容詞が欠けている文（疑問文に答える The man over there. など）を除いているが，慣用表現や書き手の意図を同定することは，特に学習者の熟達度が高くない場合には主観をともなうことから，本研究ではこれらを行わなかった。またコンマのみで節をつないでいる場合などが散見されたため，50語以上の文（全体の0.81%）は分析対象外とした。

本研究では2種類の分析を行った。分析1は MLU 値に基づくもので，まず各国・地域（オーストリア・中国・香港・イスラエル・日本・ポーランド・スペイン・台湾の8カ国と地域）×各学年（3～12年生，ただし欠損値が多々あり）について，平均文長を求めた。それを Hawkins & Filipović (2012) の結果と対照し，MLU の面から ICCI の各国・地域や各学年は CEFR のどのレベルに位置するかを検討した。その後，MLU が基準特性になり得るか否かを検証するため，学年と国・地域を独立変数，MLU 値を従属変数とする回帰モデルを構築し，学年の係数の有意性を確認した。

分析2では，MLU の代わりに従属変数をコーパス内の各文の語数とすることにより，分析1では不可能であった，タスク効果をモデルに組み込んだ際の学年の影響を調査した。具体的には，学習者間の文長の差異を国・地域，トピック，学年が有意に説明するか否かを，混合効果モデルを用いて検証した。

(3) 分析・1

表1は国・地域と学年別の MLU 値，図1は国・地域別に MLU 値の学年間の推移を図示したものである。表1の NA はデータが存在しないことを表す。図1の直線は学年を独立変数，MLU 値を従属変数とする回帰直線である。また五本の横線（点線）は Hawkins & Filipović (2012) に基づく値で，下から CEFR の A2, B1, B2, C1, C2 レベルを表している。右下のパネルは全データを合わせた際の回帰直線と LOWESS である。

図1の学年の下の括弧内の数字は当該データポイントの文の総数（データサイズ）を表す。すべて表示すると煩雑になるため，Hawkins & Filipović (2012) のデータサイズ（一ケースあたり250文）を下回る箇所のみ表示している。香港などの一部の学年で250文を下回っているものの，概ね信頼のおけるデータサイズであることがわかる。

図中のアルファベットは，国・地域×学年内での各トピックのMLU値である。凡例は図下を参照されたい。データサイズはさまざまなので，すべてが信頼できる値ではない。また中国の7年生のMoney（MLU値30.2）とFunny Story（25.1），イスラエルのBirthday（24.6）のMLU値は他よりも高く，それらを含めると図が下にずれて見にくくなるため，図からは除外した。
　中国を除く7カ国と地域では回帰直線の傾きが正である。中国も変則的である7年生を除けば傾きが正になると思われる。したがって，国・地域に

表1　国・地域×学年のMLU値

国＼学年	3	4	5	6	7	8	9	10	11	12
オーストリア	NA	NA	6.86	8.42	10.65	10.82	13.07	12.40	17.70	NA
中国	NA	NA	NA	8.65	14.04	9.09	9.50	11.02	NA	NA
香港	8.44	19.27	12.12	11.21	12.89	14.54	11.76	17.13	14.17	NA
イスラエル	NA	NA	15.60	14.08	15.28	14.98	14.98	15.84	15.95	15.69
日本	NA	NA	NA	NA	6.25	7.63	8.35	8.26	10.31	9.69
ポーランド	NA	11.00	7.26	8.81	7.81	8.69	9.60	11.21	11.23	12.93
スペイン	NA	NA	10.06	9.80	10.74	11.87	11.25	12.57	14.89	17.45
台湾	NA	NA	NA	NA	11.93	11.69	10.89	14.02	13.56	12.59

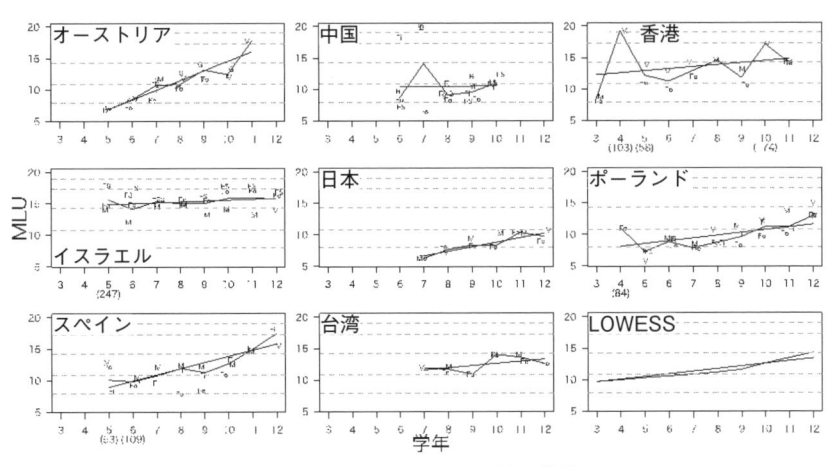

図1　各国・地域のMLU値の推移

注：括弧内の数字は文の総数を表す。図中の1-2文字はトピックを示している。凡例は以下の通り。B = Birthday, DY = Describing Yourself, Dr = Dream, Fi = Film, FS = Funny Story, Fo = Food, G = Good or Bad Day, M = Money, P = Postcard, S = School

7章　CEFR基準特性と学習者英語　*149*

よって程度の差はあるものの，学年が上がるにつれて MLU 値は高くなる傾向にあることがわかる。これは右下の全データを合わせた図からも見て取れる。LOWESS を見ると，3年生から8年生辺りまでは横ばいだが，そこから12年生まで MLU 値は高くなっている。ただし，日本や台湾は6年生以下のデータがなく，中国は11年生以降のデータがないなど，学年により含まれている国・地域が異なるため，LOWESS の解釈には注意が必要である。

> **Technical Box** LOWESS とは
> LOWESS（回帰式スムージング）とは局所的に重み付けを行った非線形回帰モデルであり，横軸上で近い点により強い影響を受ける。散布図で全体の傾向をつかむためなどに利用される。詳細は Baayen（2008）や Larson-Hall & Herrington（2010）を参照されたい。

　Hawkins & Filipović（2012）の CLC（ケンブリッジ学習者コーパス）に基づく CEFR の MLU 値と比較すると，全体としては8～9年生あたりまでは B1 レベル強で推移し，その後急速に伸び12年生では B2 レベルを超えている（前ページ右下パネルの LOWESS 参照）。ただし，個々の国・地域間で大きな差が認められる。例えば日本は7年生の時点では A2 未満で，12年生でも B1 程度である。一方でイスラエルは，後述するようにトピック間の差はあるものの，5年生から12年生まで概ね B2 と C1 の間を推移している。またオーストリアは伸びが顕著で，5年生時に A2 以下だったのが11年生では C1 レベルに到達している。総じて，MLU 面からは ICCI は CLC の下位半分程度に相当するが，国・地域間の差も大きいとまとめられる。

　学年が進むに従い MLU 値が有意に高くなるか否かを検証するため，回帰分析を試みた。国・地域×学年の58ケースを対象に，MLU 値を従属変数，国・地域と学年を独立変数とした重回帰モデルを構築した。その際，切片の推定値に意味を持たせるため，学年は8を減じ，3～12年生を−5から4としてモデルに導入した。国・地域は名義尺度であるためダミー変数を用いてモデルに入れたが，モデル構築後，モデルの適合度を有意に下げない範囲で水準を合成していった。すなわち，学年を統制した際に MLU 値が同程度の国・地域を合併し，推定する必要のあるパラメータ数を減らした。具体的には，モデルの推定値が最も近傍している2カ国・地域を合成し，合成する前後のモデルを比較した。2つのモデルの適合度に有意差がない場合，水準合成後のモデルを採択し，さらに国・地域を合成していった。最初に有意差が出た合成前のモデルを最終モデルとし，次ページ表2に報告する。

まずモデルは有意に MLU を予測し，国・地域と学年で MLU 値の分散の約 6 割を説明している。国・地域変数の参照水準はオーストリア・スペイン・台湾なので，切片の推定値である11.70は 8 年生時点での当該 3 カ国・地域の MLU の予測値である。国・地域変数に目を移すと，香港・イスラエルの 2 カ国・地域は，学年を統制すると上記 3 カ国・地域よりも2.82語長い文を書く傾向にある。一方で中国・ポーランドは1.64語短い文を書く傾向にある。日本はそれをさらに下回り，オーストリア・スペイン・台湾よりも4.15語短い文を書く傾向にある。最後に基準特性という面からは最も重要な学年であるが，1 学年進むと平均文長が0.58語長くなる傾向にあり，それは有意である。つまり総じて見た場合，学年が進行すると文長は伸びる傾向にあることが統計分析の結果からも明らかとなった。ただし 1 学年につき0.58語というのは，国・地域間に最大 7 語の差があることを考えると，それほど大きな値ではないようにも思われる。

表2　MLU をケースとした回帰モデル

変数	水準	推定値	標準誤差	t 値	p 値
（切片）		11.70	0.42	27.59	<0.001
国・地域	中国・ポーランド	−1.64	0.67	−2.46	0.017
	香港・イスラエル	2.82	0.63	4.45	<0.001
	日本	−4.15	0.89	−4.65	<0.001
学年−8		0.58	0.11	5.17	<0.001

注：F (4, 53) = 21.83；$p < 0.001$；調整 $R^2 = 0.59$

（4）分析・2

　p.149の図 1 を再度見てみると，1 つの国・地域内での分散が大きい場合があることに気づく。特に香港やスペインでは，回帰直線から大きく乖離しているように見える。一方で，日本やイスラエルのように，比較的直線的な推移を見せる国・地域もある。またトピック別の MLU 値を見てみると，同じ国・地域の同じ学年であっても，トピックによって MLU 値が CEFR で 1 レベル以上異なることは珍しくない。では長い文を引き出しやすいトピックというのはあるのだろうか。またタスク効果を考慮に入れた場合でも，学年が進行するにつれて文長が伸びる傾向は変わらないのだろうか。さらに，図 1

が示唆するように，伸びの程度に国・地域間の差はあるのだろうか．以下ではこれらを線形混合効果モデルにより検証する．

p.149の表1で示した国・地域×学年のMLU値は複数のトピックを含んでいるため，タスク効果の検証には当該MLU値を従属変数とすることはできない．そのため一文の長さを従属変数とした，63,662ケースのデータセットを作成した．それぞれの文に対し，その文が書かれたトピック，記した学習者のID，学年，国・地域を付与した．混合効果モデルの固定効果と同一の説明変数を持つ重回帰モデルの残差が正規分布しなかったため，文長は自然対数を用いて対数変換を施した．

対数変換された文長を従属変数，学習者を変量効果，学年，国・地域，トピック，それに学年と国・地域の交互作用を固定効果とする混合効果モデルを構築した．固定効果の変数の値は学習者内では不変であるため，すべて学習者間の分散を説明することになる．分析はRのlme4パッケージを用いて行い，最尤推定法を用いてパラメータの推定を行った．また先述した重回帰モデルと同様に，学年は8を引いた値を変数として入れ，名義尺度変数はダミー変数を用い，モデルの適合度を下げない範囲で水準を合成していった．ただし国・地域に関しては学年との交互作用をモデルに組み込んでいるため，水準の合成は行わなかった．国・地域の参照水準はオーストリア，トピックの参照水準はBirthdayである．

次ページの表3が最終モデルの概要である．まず変量効果の欄は学習者間の（対数変換した）文長の分散が，独立変数群により説明される部分を除いた後に0.06であることを示している．本研究の目的に照らし合わせた場合，より重要なのは固定効果の欄である．最初の5列は重回帰モデルと変わらないが，最終列のp値は，RのlanguageRパッケージのpval.fnc関数を用いて算出した，試行回数1万回のマルコフ連鎖モンテカルロ（MCMC）法に基づくp値である．固定効果を上から順に見ていくと，まず国・地域は重回帰モデルの結果と概ね一致している．すなわち，参照水準（オーストリア）と

Technical Box 混合効果モデルとは

混合効果モデルとは固定効果と変量効果の両方を含むモデルであり，これを用いることにより従属変数の分散を複数の区分に分割することができる．本稿の例では，変量効果として学習者をモデルに導入することにより，対数変換された文長の分散を学習者間分散（学習者間の平均文長の差）と学習者内分散（個々の学習者内での文長の差）に分けられる．固定効果として導入する説明変数はどちらの分散も説明し得る．

比較してMLU値が香港・イスラエルの2カ国・地域は高く，スペインと台湾は同程度で，中国・ポーランドは低く，日本はそれよりさらに低い。学年も重回帰モデルと同様に有意である。ただし国・地域と学年の交互作用をモデルに組み込んでいるため，表3の学年変数は，国・地域の参照水準であるオーストリアについての推定値と検定結果である。他の国・地域についても学年変数が有意であるかどうかを検証するため，参照水準をそれぞれの国・地域に変更し同モデルを当てはめ，学年変数のMCMCに基づくp値を算出した。その結果，中国は有意差が認められなかったが（$p=0.069$），他の国・地域は有意差が確認された（すべて$p<0.001$）。すなわち，中国は学年が進行してもMLU値が上がる，または下がるとは言えないが，他の国・地域では学年と共にMLU値も上がっていくことが明らかとなった。中国が例外的な振る舞いを見せる理由は，7年生のMLU値が高く，それにより中国の前

表3　文をケースとした混合効果モデル

	変量効果			
群	切片・傾き		分散	標準偏差
学習者	（切片）		0.06	0.25
残差			0.30	0.55

		固定効果			
変数	水準	推定値	標準誤差	t値	pMCMC
（切片）		2.48	0.03	77.85	<0.001
国・地域	中国	−0.09	0.02	−4.96	<0.001
	香港	0.28	0.02	14.12	<0.001
	イスラエル	0.28	0.01	18.87	<0.001
	日本	−0.28	0.01	−18.98	<0.001
	ポーランド	−0.08	0.02	−4.67	<0.001
	スペイン	0.06	0.02	2.95	0.003
	台湾	0.17	0.02	7.64	<0.001
学年−8		0.14	0.01	21.57	<0.001
トピック	Describing Yourself/Film/Money/Postcard	−0.26	0.03	−8.70	<0.001
	Dream/Funny Story/Good or Bad Day	−0.11	0.03	−3.46	<0.001
	Food	−0.33	0.03	−10.77	<0.001
	School	0.44	0.05	8.77	<0.001
国・地域：学年−8	中国：学年−8	−0.15	0.01	−12.66	<0.001
	香港：学年−8	−0.08	0.01	−8.28	<0.001
	イスラエル：学年−8	−0.12	0.01	−15.12	<0.001
	日本：学年−8	−0.05	0.01	−6.82	<0.001
	ポーランド：学年−8	−0.07	0.01	−8.61	<0.001
	スペイン：学年−8	−0.06	0.01	−5.43	<0.001
	台湾：学年−8	−0.10	0.01	−10.09	<0.001

半部のMLU予測値が上がってしまったためと考えられる（p.149図1参照）。

　トピックに焦点を移すと，タスク効果があることがわかる。国・地域と学年の影響を統制した際に長い文を最も引き出しやすいのはSchool，続いて参照水準であるBirthday，その後Dream, Funny Story, Good or Bad Dayが同程度で続き，Describing Yourself, Film, Money, Postcardが続く。そして平均文長が最も短くなる傾向にあるのがFoodである。例えばオーストリア（参照水準）の8年生時（学年＝0）のMLU予測値をSchoolとFoodで比較すると，Schoolは$e^{2.48+0.44}=18.6$語，Foodは$e^{2.48-0.33}=8.6$語と9.9語（誤差は端数処理による）もの差がある。

　ただし，本研究のタスク効果の解釈には注意が必要である。というのはトピックと国・地域や学年には強い連関があり，例えばBirthdayやSchoolに解答しているのはほぼ中国の学習者のみであるし，Describing Yourself, Dream, Good or Bad Day, Postcardに関してはオーストリアの学習者のみが解答している。上でオーストリアの学習者がSchoolとFoodに解答することを仮定したが，実際はオーストリアの学習者はSchoolには解答しておらず，あくまでタスク効果が他の国・地域（この場合は中国のみ）と変わらないとするとMLU値はこの程度になるはずという予測値である。

　最後に国・地域と学年の交互作用を見てみると，すべて負の値で，国・地域の参照水準であるオーストリアの値（0.14）を絶対値で上回っているのは中国のみである。つまり，中国は学年の効果がマイナス，他国・地域に関してはプラスであると言える。ただし，上で述べたように中国に関してはゼロとの有意差が認められない。学年の効果の程度については国・地域間で差があり，前ページ表3の推定値からは概ね「オーストリア」「香港・日本・ポーランド・スペイン」「イスラエル・台湾」「中国」の4群に分けられ，この順に学年の進行と共に文長が伸びる程度が小さくなっていくと言えそうである。またこれは図1の傾きの大きさの順とも一致する。交互作用の直感的な理解を得るために，8年生から9年生にかけてのMoneyのトピック下で書かれた作文のMLU予測値の伸びを見てみると，オーストリアが$e^{2.48+0.14-0.26}-e^{2.48-0.26}=10.56-9.19=1.37$語の伸び，一方でイスラエルは$e^{2.48+0.28+0.14-0.26-0.12}-e^{2.48+0.28-0.26}=12.38-12.14=0.24$語の伸びと，5倍以上の開きがあることがわかる。

（5）考察・結論

　上述したように，MLUは中国を除いて学年が進行するに従い増加傾向に

あるものの，国・地域間の絶対値の差は大きい。概ね「香港・イスラエル・スペイン・台湾」「オーストリア・中国・ポーランド」「日本」の順にMLU値は大きいが，これが当該国・地域の住民の英語力の差を反映したものなのか，MLU値に対して固有の母語の影響なのかは定かではない。

　同様に，上昇する程度にも国・地域間の差があり，「オーストリア」「香港・日本・ポーランド・スペイン」「イスラエル・台湾」「中国」の順に上昇度合いが下がっていき，中国に関しては学年と共に文長が伸長するとは言えない。この差も当該国・地域の英語教育の成功の程度を示すものであるのか，母語など学習者内部の要因が伸長の程度を決めているのか定かではない。しかしその伸び幅（8→9年生の予測値ベースで最大1.37語）は国・地域間の差（最大7語）やトピック間の差（最大10語）に比べると小さいように思われる。

　文長には国・地域差のほかにトピック間の差も確認され，「School」「Birthday」「Dream, Funny Story, Good or Bad Day」「Describing Yourself, Film, Money, Postcard」「Food」の順に短くなる傾向にある。ただしトピックは他の変数との連関が高いため，特に上述したような学習者の国・地域に偏りがあるトピックに関しては解釈に注意を要する。

　では文長は基準特性になり得るのだろうか。国・地域とトピックの影響を統制してもMLU値が学年と共に上昇する以上，なるとは言えそうである。しかし具体的な値は伸び幅も含め国・地域によること，また文長はタスクにも大きく左右されることは念頭に置くべきであろう。

7・3 【研究例・2】
機械学習を用いた英語力レベル基準特性の抽出

(1) はじめに

　学習者コーパス研究の1つの課題として，英語力レベルが異なるとどのような言語的特徴が現れ，それと英語力レベルとをどう関連づけるかという問題がある。本節では，言語的特徴が不特定多数あり，どれが有効な指標かを特定したい場合，機械学習の手法を用いて英語力レベルを判別する因子の選択を行う方法を解説する。

　これらの言語的特徴は English Profile プロジェクトにより「基準特性（criterial feature）」という用語で定義され，研究者の間で注目を集めている。Hawkins & Buttery（2010）によれば，基準特性は以下の4タイプに分かれる。

(a) 正の言語使用：ある言語的特徴の正用法での使用がレベルを弁別する場合。

(b) 負の言語使用（＝誤り）：ある言語的特徴の誤用がレベルを弁別する場合。

(c) 正の言語使用分布：言語的特徴の使用分布が母語話者の分布に近似する場合。

(d) 負の言語使用分布：言語的特徴の使用分布が母語話者の分布とずれている場合。

　不特定多数の言語的特徴と言っても，コンピュータにそれらの判断をさせるためには，あらかじめ候補となる言語的特徴を選び，その言語的特徴の正用法，誤用およびその頻度と分布の統計を学習者データから得る必要がある。言語的特徴の特定に関しては，「時制と相」，「受動態」などと最初から関心のある文法事項に絞って検討することも考えられる[注]が，特定の言語的特徴をあらかじめ決めてしまわずに，項目間の重み付けも含めて統計処理にかけてしまう，という方法もある。今回は後者の例を紹介する。

注：Hawkins（2009）は English Profile のプロジェクト計画書の中で基準特性の候補として20種類の仮説を確認したいと提唱している。

（2）手法の概観

　ICCI は学年別データなので，最初に ICCI の作文データに CEFR のレベル（A1〜C2）を付与する必要がある。今回は日本を除く6,677ファイルのエッセイに作文のテキスト長をもとに CEFR レベルを暫定的に付与したデータを作り，擬似的な CEFR レベルで実験を行った。なぜならば，テキスト長は Hawkins & Filipović（2012）では有効な基準特性の1つとして指摘されているからである。しかし，実際はテキスト長は CEFR レベルを決める多くの指標の1つに過ぎず，実際に各テキストが正しく分類されているかどうか確認する作業を別途人手で行わなければならない。今回はデータの活用例を紹介するという趣旨なので，この部分は省略してある。

　CEFR レベルを分ける基準特性を抽出する課題は，自然言語処理では機械学習またはデータマイニングと考えられる。通例，機械学習の目的は未知のデータに関して正確な予測（prediction）を行うことである。そのために，訓練（学習）データ（training data）から何らかの分類に寄与する識別パターン（特徴）を学習し，それをもとにして識別演算と識別辞書を構築，そのシステムの評価をテストデータ（test data）で行う，というステップを踏む。一方，データマイニング的な発想で行くと，予測する精度よりも，予測に使われるさまざまな特徴群を新たに明らかにすることに主眼がある。つまり機械学習の場合は，結果を重視するのだが，データマイニングでは同様の機械学習の手法を使いつつも，興味の中心としてはプロセスで蓄えられる新しい知識に主眼がある。我々のニーズとしては，まず CEFR レベルの基準特性となる言語的特徴群が明確に把握でき，そのインベントリーが完成できることが第一義的な目標であり，その後に基準判定などの応用分野に活かせばよい。

　英語学習者データの場合に当てはめて考えると，識別パターンが前述の「基準特性」であり，これについては何らかの言語特徴をあらかじめ研究者が基準特性の候補として選定することになる。代表的なものでは，確率的言語モデル（probabilistic language model）の分野では n-gram モデル，文脈自由文法，など。また語彙情報獲得（lexical acquisition）の分野では，格フレーム（または動詞の下位範疇化情報），コロケーション，などが考えられる。また，訓練データにあらかじめ正解データを用意しておくものを「教師あり学習（supervised learning）」，正解データなしを「教師なし学習（unsupervised learning）」と言う。今回は CEFR レベルが（暫定的にだが）判定されている英作文から言語的特徴を取り出すので，教師あり学習になる。

　言語的特徴から分類を行うプログラムの総称を分類器（classifier）と言う。

分類器にはいろいろな手法があり，決定木，サポートベクターマシン，ニューラルネットワーク，ナイーブベイズ，アンサンブル学習などが知られている。各手法の解説は専門書に譲るが，ここでは英語学習者データのレベル別基準特性抽出における分類器の利用可能性に焦点を置いて検討する。

（3）コーパスからの言語的特徴の選定と検索

言語的特徴の抽出に関してはさまざまな手法が利用できる。ここでは，Stanford Parser という構文解析ツールを用いて，ICCI データに構文解析情報を付与し，そこから以下のような①語彙プロファイル指標（語彙の豊富さ，流暢さなどの指標），および②統語的複雑さの指標を多数取り出して，それらをもとにして機械学習を行わせてみる。指標の取り出しには，Tregex および Lu（2010）で紹介されている Tregex の検索式を使用した。この中で，あまり使用されない用語のみ簡単に説明しておく。複合名詞句（complex nominal）というのは（a）名詞に形容詞，所有格，前置詞句，関係節，分詞などが付与されているもの，（b）名詞節，（c）主格の位置に来る動名詞・不定詞，の3パターンの総称を指す。複合 T-unit（complex T-unit）は，T-unit のうち「主節＋従属節」の構造のものを指す。等位句（coordinate phrase）は形容詞，副詞，名詞，動詞が and で等位構造になっている句を指す。

表1　抽出対象の言語的特徴一覧

	言語的特徴	略号		言語的特徴	略号
流暢さの指標	テクスト総語数	W	複雑さの指標	従属節の数	DC
	テクスト中のセンテンス数	S		複合 T-unit の数	CT
	節の数	C		複合名詞句の数	CN
	T-unit の数	T		節/文	C/S
	平均文長	MLS		T-unit/文	T/S
	平均 T-unit 長	MLT		動詞句/T-unit	VP/T
	平均節長	MLC		節/T-unit	C/T
	動詞句の数	VP		従属節/節	DC/C
				従属節/T-unit	DC/T
				複合 T-unit/T-unit	CT/T
				等位句/節	CP/C
				等位句/T-unit	CP/T
				複合名詞句/T-unit	CN/T
				複合名詞句/節	CN/C

これ以外に実際の分類器にかける際の変数には，地域（region：ICCI の学習者データの母語に応じて 7 地域に分類）という項目を加えて処理している。

（4）分類器の選択

機械学習のツールには Weka 3.6.5. を用いた。Weka は機械学習のさまざまな手法を実装したオープンソースのデータマイニングツールである。Weka の詳しい解説書としては，Witten, Frank & Hall（2011）を参照されたい。この中から，以下の分類器を選定，相互比較した（各手法の詳細はそれぞれに付した文献を参照）。

―決定木・回帰木
- ➢ Decision Table（Kohavi 1995）
- ➢ J4.8 pruned tree（C4.5）（Quinlan 1993）
- ➢ Simple CART（Breiman et a. 1984）

―ベイズ則
- ➢ Naïve Bayes（John & Langley 1995）

―関数
- ➢ Logistic regression（le Cessie & van Houwelingen 1992）

―アンサンブル学習
- ➢ Bagging（Breiman 1996）
- ➢ Random Forests（Breiman 2001）

代表的な手法であるサポートベクターマシンを使用していないのは，Weka 上で唯一サポートベクターマシンだけが今回のデータセットのフォーマットでは動作しなかったためで，何らかの前処理を施してからでないと適用できない模様であったので割愛した。

学習データの利用法も 2 種類を比較した。1 つは ICCI データ全部を利用して学習を行った場合。この場合は，学習データで学習を行って同一データでテストするということになる。通常，この方法の方が当然ながら予測精度は高くなる。もう 1 つは，10 分割交叉検証法（10-fold cross-validation）を使った場合で比較した。これはデータを 10 等分して，まず 1 つのデータで学習を行い，残りの 9 個のデータ群でテストする，それを次々に 10 等分すべてに関して繰り返す，という方法である。どちらの方法でも，教師あり学習（疑似 CEFR レベルを明示した上で学習）で行った。

(5) 結果

結果に関して，記述統計，分類器の評価，分類器が用いた言語的特徴と基準特性としての評価について触れる。

1) 記述統計

図1は疑似的な CEFR レベルで分類したテクストの各指標内での分布を図示したものである。図の左上から2つめが CEFR の4分類を示し，左から A1, A2, B1, B2 にあたる。これらの4分類の分布状況がその他の言語特徴の分布内に濃淡で示してある。全般的な傾向としては，W, S, VP, C, T, DC などは比較的 A レベルが左側（値の低い位置）に，B レベルが高い位置に分布しているので，CEFR レベルとの相関があると読み取ることができる。

次ページの図2は複雑さの指標のうち，従属節の節中の割合（DC/C），複合名詞句の節中の割合（CN/C）を取り出したものである。図1と異なり，割合の指標の場合にはレベルとの相関は明確に現れていない。むしろ DC/C などのように A レベルが「不使用」部分に集中していることを見ると，従属節の使用・不使用の方が基準特性として有効である可能性を示している。

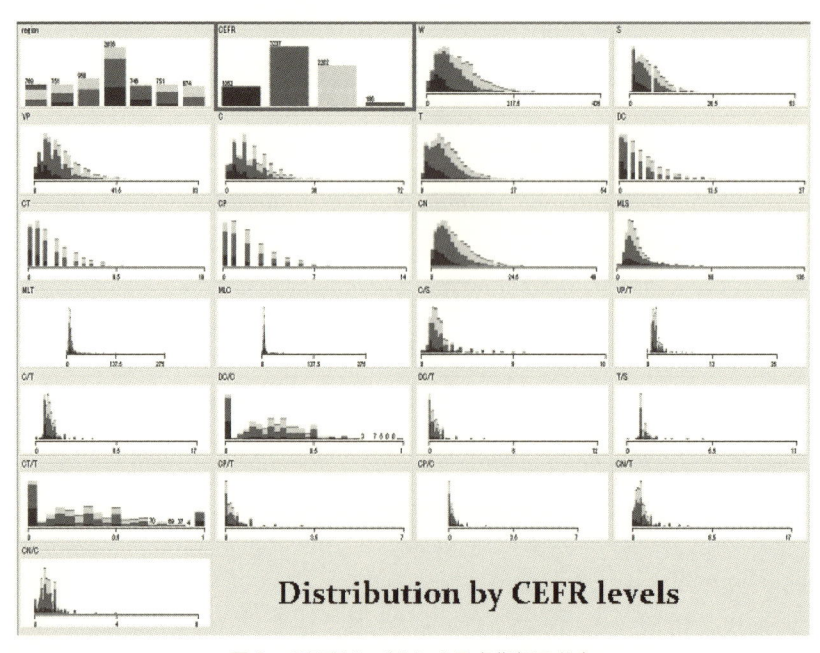

図1 CEFR レベルによる各指標の分布

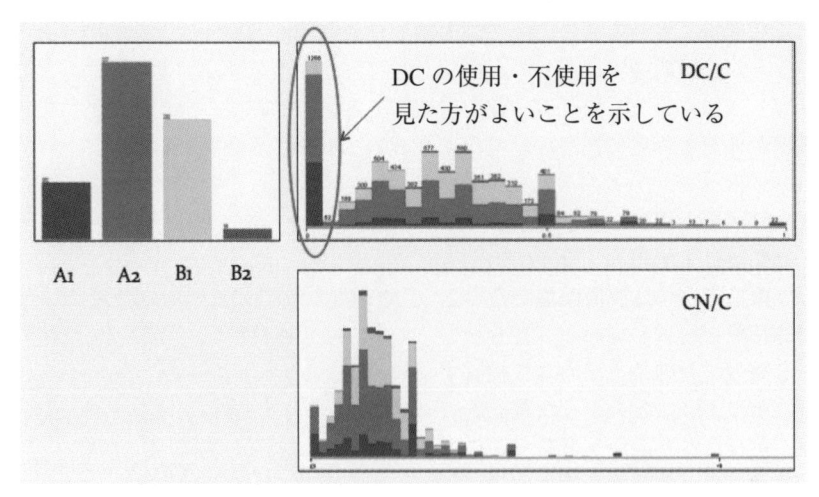

図2 複雑さの指標のレベルとの関係の例（DC/C；CN/C）

2）分類器の評価

分類器の評価はコーパス全体を学習データとして用いた場合と10分割交叉検証法を用いた場合を比較した。表2がその結果である。

表2 分類器の比較

		Decision Table	Simple CART	J4.8	Naïve Bayes	Logistic Regression	Bagging	Random Forests
同一データ	正答	66.78%	69.34%	85.67%	53.48%	67.26%	81.74%	98.74%
	誤答	33.22%	30.66%	14.33%	46.52%	32.74%	18.26%	1.26%
	F-値	0.662	0.691	0.856	0.528	0.670	0.816	0.987
10分割交叉検証法	正答	63.90%	65.69%	61.93%	53.24%	66.60%	66.54%	63.73%
	誤答	36.10%	34.31%	38.07%	46.76%	33.40%	33.46%	36.27%
	F-値	0.635	0.652	0.619	0.526	0.663	0.662	0.635

当然のことながら、同一データを用いた教師あり学習の場合の方が新しいテストデータを用いた交叉検証法よりも正答率は高い。これは学習データとテストデータがまったく同じなので当然であるが、それでも分類器によっては50～60％程度の判別結果のものも多かった（Decision Table, Naïve Bayes, Logistic Regression, Simple CART）。その中で特に Random Forests は98％、Bagging が81％とアンサンブル学習の優秀さが目立つ。一方、10分割交叉検証法の場合には、正答率はどれも60％台であった。予測に役立つ基準特性は

ある程度拾えているものの，予測の精度は6割程度ということなので，どういう点が分類間違いになるのかを検討して，その部分を識別する言語特徴を考察して加えるなり，データ数を増やして各言語的特徴の出現確率的に統計処理が可能な程度に観察数を増やすなどの工夫を行う必要がある．

3）分類器が用いた基準特性

　分類器は上記のエッセイの判別を行う際に識別する判断基準となる言語的特徴を学習している．各分類器ともその学習結果を出力して検討することにより，どのような言語的特徴が重視されたのかを考察することができ，それが基準特性の同定に役立つことが期待される．

　例えば，Random Forests の場合は，Weka では実装されていないが，R などの統計ソフトを使うことで使用した特徴変数の重要度のグラフを作成することができる（図3参照）．

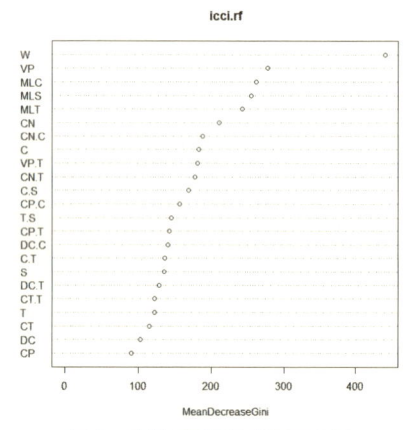

図3　変数の重要度グラフの例

　他の分類器の場合も，分類結果の出力を工夫することで中間に用いられた特徴変数群の選択の優先度または分類規則がわかる．次ページの表3は今回の実験で用いられた主要分類器が使用した言語的特徴の一覧である．

　表3の結果を見る限り，W（テクスト総語数）を用いているものが多いが，これは疑似的な CEFR レベルがテクスト総語数に準じて分類されているので当然と言えば当然である．ただ機械学習でそのことをコンピュータが重要な指標として実際に判断基準に用いたことは，機械学習の優秀性を示すとも言えよう．今後，人手を介して実際の CEFR レベル判定がなされたデータを用いた場合にも，このような基準特性になり得る指標をテクストの特徴に応じて取り出せる性能が鍵となる．

　その他の指標を見ると，Random Forests では動詞句の数，続いて節・文・T-unit の各平均長が指標として採択されている．これらは複雑さの指標というよりは，主語―述語のアイデア・ユニットをどのくらいたくさんテクスト内に盛り込んだかという流暢さの指標としての性格が強い．全体に分類には流暢さの指標が用いられる傾向があったと言える．

表3　主要分類器が使用した言語的特徴の一覧

分類器	分類に優先的に利用された特徴群
Decision Table	Region ＞ W ＞ T/S
Simple CART	W ＞= 88.5＞ Region ＞ DC/T W ＜88.5＞ Region ＞ W ＜48.5
J4.8	W ＞79＞ Region ＞ MLS W ＜=79＞ W ＜=48＞ Region
Naïve Bayes	W（1.53）＞ S（1.51）＞ T（1.42）＞ C（1.41）
Bagging	Region ＞ aust：(W ＞ C/S ＞ MLC)； 　　　　　cn：(S ＞ S ＞ MLC) 　　　　　hk：(W ＞ MLT)； 　　　　　is：(W ＞ W ＞ W)；etc.
Random Forests	W ＞ VP ＞ MLC/MLS/MLT

（6）まとめと考察

　本節では，英語力レベル基準特性の抽出をテーマに，多数の言語的特徴群から機械学習の手法でレベルの弁別に有効な指標を取り出す，という方法を紹介した。これらの応用として，すでに言語テストの分野ではETSがCriterionという英文自動添削システムを，ピアソンはVersantというスピーキングテストを開発している。入力された言語データを解析し，特徴となる識別因子をもとにグレードの判別を行うという試みである。

　注意しなければならないのは，基準特性を判別つまり予測のみに目的を絞って行うだけでは，限られた強力な指標のみに焦点化されてしまい，本来学習すべき言語項目のより詳細なインベントリー作成には不向きな特徴学習がされてしまう可能性がある，ということである。それを防ぐためには，本節（2）で述べたように機械学習が予測を目的として行われるのではなく，プロセスのデータマイニング部分を重視した研究を行う必要がある。機械学習の識別関数や識別辞書の中身は言語的特徴の選択や組み合わせによって大きく変化する。それらをさまざまな組み合わせで繰り返し行い，学習項目相互間の段階的な発達や習得上の依存関係を明らかにしながら，基準特性をCEFRレベルごと，また各レベルの能力記述文ごとに特定できるか否かを検討していかなければならない。

7章・まとめ

　本章では英語力レベルを弁別する基準特性の特定や抽出に関する手法を概観した。コーパスは国際学習者コーパスである ICCI を利用した。日本人英語学習者の中間言語の特徴分析を考える場合，抽出された特徴が英語学習者に一般的に当てはまるものか，日本人特有のものか，あるいはある特定の第一言語のグループに特有のものか，などの判断を要求される場合がある。JEFLL, NICT JLE などではそのことは十分わからない。ICCI は初学者のデータであるが，JEFLL とタスクの制御をしてあるので比較しやすい。7・2で見たように作文トピックなどの影響は注意が必要であるが，今後このような比較可能な学習者コーパス群が充実していけば，より有機的に研究結果を蓄積していくことが可能になるだろう。

ブックガイド

　English Profile の概要に関しては専用のジャーナル The English Profile Journal を参照のこと。基準特性に関しては Hawkins & Filipović（2012）に最初の分析結果の詳細がまとめられている。7・2で紹介した手法を学ぶには Baayen（2008）が，7・3の機械学習については Witten, Frank & Hall（2011）がよい。

発展研究

1) ICCI の検索インタフェースを使うと検索結果の変数別内訳が簡単に集計できる。英語力レベルを弁別することができると思う文法や語彙の事例を ICCI 検索サイトで検索して，実際に学年を追うごとにどのように変化するか，それが国別のファイルでも違いが出るか，などを確認してみよう。
2) ICCI のデータはサブコーパスの均衡は十分にとれていない。ICCI 検索サイトで ICCI の学年・国別のデータをいくつか検索し，文法事項によって統計処理が可能な最低限の生起頻度が確保できるものとできないものがある，という事実を確認してみよう。ICCI で研究をする際に，どのような文法事項を選択し，どういうグルーピングで比較すると有効かをディスカッションしてみよう。

8章
学習者英会話データの分析
―― 日本人学習者の英語スピーキング能力を解明する

8・1 【概説】
学習者コーパス NICT JLE コーパスとは

　本節では，NICT JLE コーパスの概要とそのもととなったオーラルインタビューテスト SST（Standard Speaking Test）の内容を説明する。それをふまえ，本コーパスが日本人学習者のスピーキング能力の解明にどのように寄与するかまとめる。

(1) NICT JLE コーパスとは何か

　NICT JLE コーパスは，2004年に独立行政法人情報通信研究機構（NICT）によって一般公開された。2013年7月現在，和泉ほか（2004）に付属の CD-ROM か，情報通信研究機構のウェブサイト（http://alaginrc.nict.go.jp/nict_jle/）よりコーパスを入手することができる。

1）コーパスの概要
　このコーパスは，アルクが実施する英語スピーキングテスト SST の録音音声を書き起こしたテキストデータを中心に構成されている。1インタビューを1ファイルとし，合計1,281ファイルが収録されている。試験官と受験者（主に大学生～社会人）による発話語数の総計は約200万語（うち学習者の発話語数は約130万語）である。書き起こしは，データとしての統一性を保つためにあらかじめ設けられたルールに則って人手で進められた（ルールの詳細は和泉ほか（2004）を参照）。それに加え，インタビューの構成や談話情報，誤りを示す標識が付与されているが，その詳細については次章の9・1でファイルサンプルと共に説明する。またこれに加え，20名の英語母語話者に SST と同じ形式でインタビューを受けてもらい，学習者データと同じ要領で書き起こしたデータも収録されている。

2）SST の概要
　SST は，American Council on the Teaching of Foreign Languages（ACTFL）が実施する Oral Proficiency Interview（OPI）テストに基づいて開発された，

日本語を母語とする英語学習者のスピーキング能力を評定するテストである。テストは，試験官1名と受験者1名の間のインタビュー形式（約15分）で行われ，5つのステージから構成されている（表1）。各ステージは決められたタスクをこなすタスク・パートとフリートークをするフォローアップ・パートの2つに分かれている。

表1　SSTの構成

Stage	タスク	目的	所要時間
1	簡単な質問に答えて英語発話のウォームアップ	試験官は簡単な質問を通して受験者の緊張を解くよう努める。受験者のレベルの見当をつける	3～4分
2	1枚の絵を見て内容を表現する（イラスト描写）	目の前の具体的内容について描写する能力が審査される。Stage 1で見当をつけたレベルの印象が検証される	2～3分
3	指定された役割を演じる（ロールプレイ）	駅や店など特定の状況下でその場にふさわしい表現ができるかが審査される。依頼・質問・理由付けなど，担う役割によってさまざまな言語機能を使う発話が促される	1～4分
4	4または6コマの絵を見ながら過去や現在の出来事をめぐる1つの話を作る（ストーリー・テリング）	話の運び方や叙述の仕方などが審査される	2～3分
5	短い質問に答える	インタビューの最後に，試験官は改めて受験者の緊張を解く	1～2分

　テスト後，2～3名の評価官が録音されたインタビューを聴き，9段階（SSTレベル1～9）での評価を行う。評価は，①英語を使って何ができるか，②文や談話の構造，③どのような話題についてどのような状況で話すことができるか，④どの程度正確にメッセージを伝達できるか，の4つのポイントに基づいて行われる。コーパスに収録されている各発話データには，その話者である学習者のSSTレベルが示されている。各SSTレベルの詳しい特徴については，SSTを運営するアルクのウェブサイト（http://www.alc.co.jp/edusys/sst/）を参照されたい。

(2) スピーキング能力の分析における NICT JLE コーパスの利点

以上のような特徴から，NICT JLE コーパスはスピーキング能力の分析において，主に以下4つの利点を持っていると言える。

① 各学習者の習熟度レベルが示されている
　学習者言語の特徴をレベル別に把握することにより，日本人英語学習者の発達段階の解明を目指して利用することができる。
② SST という共通の文脈において産出された発話である
　学習者言語の振る舞いは，それが産出された場の条件やタスクの内容によって変化することがある。本コーパスは SST という同一のコントロールされた環境で産出されたデータの集合であるため，学習者間の対照を公正に行うことができる。
③ 明確な目的のもとに引き出された発話である
　前ページの表1にある通り，SST の Stage 2〜4 にはそれぞれ検証したい学習者のスピーキング能力（描写・依頼・質問・理由付け・叙述など）がはっきりと定義されている。そのため，それらをターゲットに分析を行おうとするコーパス利用者に適切なデータを提供できる。
④ 英語母語話者データが付属されている
　学習者と英語母語話者の発話を比べることにより，使用語彙頻度や話の進め方の違いなど，学習者データ単独では観察できない特徴を見出すことができる。

(3) NICT JLE コーパスを使った先行研究

本コーパスを使った先行研究としては，レベルごとの冠詞の習得状況を分析した和泉（2004），要求表現の発達段階を記述した金子（2004），コーパスに含まれる文法・語彙のエラーを総合的に分析した Abe（2007），学習者の談話における共参照関係の記述方法を検討するために本コーパスを利用した谷村ほか（2007），6章の JEFLL コーパスとの比較を通して語彙・品詞使用の発達の解明を試みた投野（2008）などがあり，さまざまな言語学的レベルでの学習者言語の分析に活用されている。また，本コーパスは Gamon ほか（2009），Lee ほか（2009）など，コンピュータによる英語学習支援や自動エラー検出システムの開発に向けた自然言語処理研究にも利用されている。

8・2 【研究例・1】
スピーキングテストに見られる対話の修復

(1) はじめに

　スピーキングテストではインタビュアーが質問をし，受験者が応答するという［質問―応答］連鎖が一般的に想定されるが，受験者がインタビュアーの質問を理解できない場合や，受験者が適切に応答しない場合がしばしばある。このような場合，受験者がトラブル源（修復される最初の質問（Schegloff, Jefferson & Sacks, 1977））に気づき，インタビュアーが再質問で修復する［質問―断絶―質問―応答］連鎖と，インタビュアーがトラブル源に気づき修復をする［質問―質問―応答］連鎖という複数の質問からなる連鎖構造が出現することが報告されている（Pomerantz, 1984；Gardner, 2004；Kasper and Ross, 2007）。前者は受験者によって促される修復の他者開始，後者はインタビュアーが自分で気づいて行う修復の自己開始にあたる。会話分析研究では，修復の自己開始の位置が先に生じ，他者開始が次の順番（turn）をとるという対話構造の制約を受け，先に位置する修復の自己開始が優先されることが知られている（Schegloff, Jefferson and Sacks, 1977）。しかし，第二言語における先行研究では，修復の開始の優先性がスピーキングテストでも確認できるかどうか，特に習熟度が関係するかについては明らかになっていない。本稿ではトピックの継続という観点から，修復の他者開始と修復の自己開始が受験者の習熟度とどのような関係にあるのか，量的，質的に分析する。なお，本稿では，修復の意味を広く定義し，受験者からの確認要求に対するインタビュアーの再質問も修復とみなす。また，分類は人手で行っている。

(2) 先行研究――複数の質問からなる連鎖の分類

　Kasper and Ross（2007）は，Gardner（2004）の分析を受けて，ACTFL OPIのスピーキングテストデータを対象に，受験者がトラブル源に気づき，インタビュアーに修復を促すAタイプ［質問―断絶―質問―応答］，つまり他者開始＋自己修復と，インタビュアー自身がトラブル源に気づいて修復するB

表1　Kasper and Ross（2007）による修復のAタイプとBタイプの分類

Turn	Aタイプ	話者交代	修復種類	Bタイプ	話者交代	修復種類
Turn 1	質問	インタビュアー		質問	インタビュアー	自己開始
Turn 2	断絶	受験者	他者開始	×	受験者	
Turn 3	質問	インタビュアー	自己修復	質問	インタビュアー	自己修復
Turn 4	応答	受験者		応答	受験者	

タイプ［質問─質問─応答］，つまり自己開始＋自己修復に分類している。

1）Aタイプ［質問─断絶─質問─応答］

　Aタイプには，以下の①他者開始の修復（例：pardon, er, ummm, say it again），②ギャップ（例：沈黙），③不十分な応答（例：yesのみで続きが発せられないもの）があり，これらは，受験者が表明する「断絶」の部分に相当する。以下，Iはinterviewer，Cはcandidateを意味する。

① 他者開始の修復
　　01 I：can you tell me about what you did over Golden Week?
　　02 C：pardon? ←他者開始
　　03 I：tell me what you did for Golden Week, over Golden Week? ←自己修復
　　04 C：yeah, I worked as a assistant of ca- cameraman, and ....
　　　　　　　　　　　　　　　　　　　　　　（Kasper and Ross, 2007, p.2051）

② ギャップ
　　01 I：have you done any travelling at all?
　　02 C：(0.5) ←他者開始
　　03 I：have you taken any trips to other countries? ←自己修復
　　04 C：yes, three times.　　　　　（Kasper and Ross, 2007, p.2054）

③ 不十分な応答
　　01 I：isn't that ah isn't that strange to have been transferred to so many places in such a short time?
　　02 C：yes. ←他者開始
　　03 I：is there any special reason why you were moved? ←自己修復
　　04 C：yes sp- very special.　　　　（Kasper and Ross 2007, p.2055）

2）Bタイプ［質問―質問―応答］

　Bタイプは，質問をしたインタビュアーが自身で修復を行うもので，5つに区分される。①の修復の完成は，対話がかみ合っていない時にインタビュアーが質問を繰り返して調整をする場合，②のトピックシフトは，トピックが前の連鎖のトピックと異なる場合，③のリクエストは依頼をする場合，④の仮定は，ある場面を想定して，「もし～ならどうしますか」という仮定の質問を投げかける場合，⑤は，結婚の資金などデリケートなトピックを扱う場合である。

① 修復の完成
　　01 I：how long can you live in the dormitory?
　　02 C：I don't know about this dormitory but I think uh I will stay I will live there sec- um three or four years.
　　03 I：uh-huh but how long can you live in the dormitory? ←自己開始 what's the longest time you could live there if you wanted to? ←自己修復
　　04 C：(0.2)
　　05 I：forever?　　　　　　　　　　　　（Kasper and Ross, 2007, p.2057)

② トピックシフト
　　01 I：maybe your drinking ability too.
　　02 C：no ... not really hehehe.
　　03 I：hehehe okay, um what did you study, ←自己開始
　　　　　what did you major in? ←自己修復
　　04 C：um my major um international business.（Kasper and Ross, 2007, p.2059)

③ リクエスト
　　01 I：okay, I'd like to ask you a question about your boss.
　　02 C：boss.
　　03 I：could you describe him, ←自己開始
　　　　　tell me what kind-what kind of person he is, or she? ←自己修復
　　　　　　　　　　　　　　　　　　　　（Kasper and Ross, 2007, p.2063)

④ 仮定の質問
　　01 I：I see, um, well, let me ask you a question then. let's s-let's assume I want you to imagine that you had uh let's say you -if you had um two hundred million en, just imagine that you have two hundred million yen, what would you do then? would you continue to work would you continue the same life style? what would you do? ←自己開始

02 C：(0.3)
03 I：let's say you win you won two hundred million yen in a in a lottery or something like that. ← 自己修復　　（Kasper and Ross, 2007, p.2064）

⑤　デリケートなトピック
01 C：uh and also we have to calculate the total cost of,
02 I：mmm
03 C：of the wedding. hehe.
04 I：excuse me for asking but how much do you think the wedding will cost you? ←自己開始
　　　do you have an estimate in mind? ←自己修復
（Kasper and Ross, 2007, p.2065）

（3）先行研究の問題点と本研究の目的

　Kasper and Ross (2007) はAタイプとBタイプが質的に異なると結論付けているが，この分類は上記の例から明らかなように，分類しているものが違うという問題点がある。Aタイプの場合，受験者が明示的に表明している「断絶」を手がかりとした分類となっている。ところが，Bタイプの場合，インタビュアーの発する質問とそれに続くインタビュアーの再質問の関係性が，形式，構造，内容の観点から主観的に分類されており，分類基準が均質ではない。つまりAとBで分類の仕方が異なっており，分析に混乱が見られる。

　そこで，本稿では，トピックの継続という観点からAタイプとBタイプの分類を整理しなおし，修復の他者開始と修復の自己開始が受験者の習熟度とどのような関係にあるのか検討したい。トピックの観点を取り入れるのは，串田（1995）が述べるように，修復の開始はトピック性の保留であるだけでなく，トピックの推移の端緒であり，受験者から十分な発話を引き出すためには，トピックの管理がインタビュアーにとって重要だと考えるからである。

　なお，本研究ではNICT JLEコーパスのSSTレベル3から9までの各レベルから「通じやすさ」に関する英語母語話者による情報が付与されている7データ（計49データ）を使用した（Izumi et al, 2006）。また比較対象として，英語母語話者データ（7データ）を使用した。本研究は多くの先行のスピーキング研究（Johnson & Tyler, 1998；Lazaraton, 1996；Moder & Halleck, 1998；Ross, 1992, 1998, 2007）と異なり，インタビュアー・受験者がともに日本語母語話者である点，習熟度の情報が付与されている点でも特徴的である。

（4）結果・分析

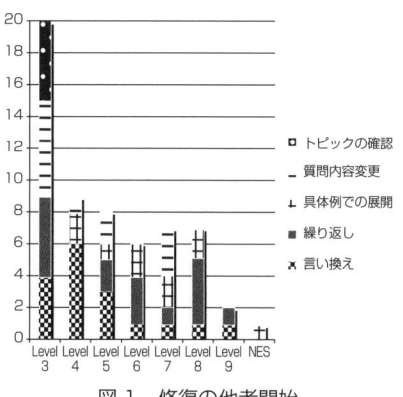

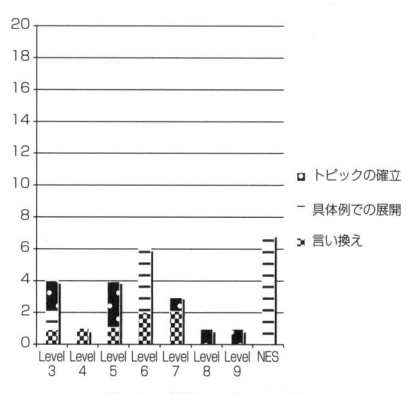

1）修復の他者開始と修復の自己開始の頻度分布

　図1と2が示すように，修復の他者開始は59例，修復の自己開始は27例と，前者が後者の約2倍多く出現していた。母語話者を対象とするSchegloff, Jefferson and Sacks（1977）の研究では，修復の自己開始の方が修復の他者開始よりも多く出現すると報告されているが，本データでは逆転している。学習者の断絶を受けてのインタビュアーの応答という対話の順番取り（ターンテイキング）は，スピーキングテスト独特の対話構造を示す興味深い結果であると言える。また，修復の他者開始ではSSTレベル3で一番多く出現し，習熟度が高くなるにつれて頻度が減少していることから，習熟度と修復の他者開始に関係があることがわかる。一方，修復の自己開始は全体的に出現数が少なく，これはインタビュアーの質問が前もって準備されており，質問を繰り返す必要性が低いことが影響していると考えられる。

2）トピック継続のためのインタビュアーの修復方法

　トピックとは円滑なコミュニケーションを図るために必要な，一貫性を支える話題の中心のことで，トピックの継続とは前発話の話題が次の発話でも引き継がれることを言う（Brown and Yule, 1983；Chafe, 1976；Givón, 1983）。本データでは，以下の6種類の修復方法（トピックの確認，質問内容変更，具体例での展開，繰り返し，言い換え，トピックの確立）が認められた。

3）修復方法の種類と頻度

図1　修復の他者開始

図2　修復の自己開始
（NES：英語母語話者）

修復の他者開始と修復の自己開始の方法には，共通部分と相違部分があり，相違部分は各開始を特徴づけるものであると考えられる。例えば，修復の他者開始（前ページ図1参照）では，習熟度が低いほど種類が多様で，かつ，出現頻度も高い。特に，「トピックの確認」はSSTレベル3のみに見られる特徴的なものである。"you said you have it, right?" のように，現在の対話のトピックが何であるかをインタビュアーが受験者と確認・共有し，そのトピックについて述べるように促す発話が見られた。「質問内容の変更」も修復の他者開始のみに見られるもので，SSTレベル7まで出現している。逆に，習熟度が高くなるほど修復の種類も頻度も減少しており，SSTレベル8以上の受験者は，質問内容を理解し，適切に応答していることを示している。一方，修復の自己開始の場合（図2参照），トピック確立が特徴的で，レベルを問わず出現している。これは，インタビュアーが受験者の質問理解を促すために自己で修復を行っているためと考えられる。

4）修復方法の具体例
　ここでは，具体例を示す。まず，初級レベルに顕著に見られる，修復の他者開始におけるトピックの確認と質問内容の変更について見ていく。

①トピックの確認
［レストランの絵を描写するタスクの後のフォローアップ］
01 I：<name>, can you compare this restaurant
02 C：yes.
03 I：to one of the restaurants you've been in Italy?
04 C：eee I've been
05 I：uhu.
06 C：in Italy?　　　　　　　　　　　　　←他者開始
07 I：maybe you've been to many restaurants while　←自己修復
08 C：err
09 I：you were in Italy. so can you tell me? ←自己修復（07の続き）
10 C：I've never been like this expensive restaurant,　（File 1197, SSTレベル3）

　①で学習者は，絵描写タスクの後，01と03で，絵のレストランとかつて訪れたイタリアのレストランを比較することが求められる。06 "in Italy?" は，修復誘発手段（repair initiator）としてインタビュアーに修復を促している。これはイタリアのレストランについて比較するということがトピックとして

174　8・2　研究例・1

確立していないことを明示的に表しており，これを受けて，インタビュアーは07と08でトピックの確認・共有を行っている。そして修復が終了する。

次の②は質問内容の変更で，SST レベル 3～7 までに見られるものである。

②質問内容の変更
［ピアノが趣味であるという話の続き］
01 I：so I'm wondering how come you can continue for thirty years,
02 C：yes.
03 I：taking lesson.
04 C：um.
05 I：um.
06 C：... er sorry.（(laughter)）←他者開始
07 I：so what do you like most about playing the piano? ←自己修復
08 C：err you mean why? ←他者開始（質問（07）を受験者なりに解釈）
09 I：why do you like playing the piano? ←自己修復（08を受けて質問内容変更）
（File 1195, SST レベル3）

②の例では，受験者はインタビュアーの質問が理解できていないことを06と08で表明している。これを受けて，07と09でインタビュアーが対話の修復を試みており，07では01と03の質問の形式とは異なる形式，09では08を受けた why から始まる質問形式へと調整している。受験者は自分なりの解釈をインタビュアーに示し，対話の維持に努め，インタビュアーも本来の質問とは意味が異なるものの受験者の解釈を受け入れ，トピックの変更を容認していることがわかる。

次の③の言い換えは，修復の他者開始，修復の自己開始両方に見られ，初級から上級までの受験者が使用している方法である。

③言い換え
［受験者が猫と犬の比較をした後の，インタビューの最後の部分］
01 I：we are almost at the end of the interview.
02 C：but what are you going to do tonight?
03 I：...　　　　　　　　　←他者開始
04 C：your plans for tonight?　←自己修復（具体的な語句に言い換え）
05 I：yeah. uum ... um at night, I think um I'm going to um study economics.
（File 1155, SST レベル4）

8 章　学習者英会話データの分析　175

③の01は，犬と猫の比較から，別のトピックへと移動することを予告する発話となっており，02で今日の予定へとトピックが移っている。01の予告は受験者にとっては十分な情報ではなく，03で断絶が生じ，04のインタビューアーによる言い換えで，修復が完了する。
　次の④の具体例での展開も，修復の他者開始，修復の自己開始両方に見られたものである。

④具体例での展開
［受験者が本屋で本を推薦してもらい購入するというタスク］
01 I：how would you like to pay?
02 C：... mm?　　←他者開始
03 I：cash?　　←自己修復（01を受けてインタビューアーが例示）
04 C：ohhh cash, please.　　　　　　　　（File 1156, SST レベル4）

　④では，受験者は02で01がトラブル源であることを表示している。インタビューアーが03で cash という具体的な支払方法を提示することによって，修復を試みている。04の受験者の"ohhh"は，意味が理解できたことを示すシグナルであり，"cash, please"で，修復が終了する。
　最後のトピックの確立は，修復の自己開始にのみ見られたものある。

⑤トピックの確立
［歌の勉強をしていると受験者が説明した後］
01 I：so what's your future plan? ←自己開始
　　　 are you going to be a singer or? ←自己修復
02 C：urm well right now, I don't really know ...（File 02, NS）

　⑤の01で，インタビューアーは，将来の計画はと尋ねた後に，歌手という職種を具体的に挙げて尋ねている。現在，歌の勉強をしているという情報をすでに共有しているため，インタビューアーは，一旦広げたトピックを再度，より具体的に質問しなおすことで，トピックの焦点を定め，方向づけている。

(5) まとめ

　本稿ではトピックの継続という観点から修復の他者開始と修復の自己開始の分類を見直し，これらと受験者の習熟度との関係を検討した。結果，修復

の他者開始と習熟度には関係があることが明らかになった。特に，インタビュアーによるトピックの確認や質問内容の変更といった，トピックを継続するための方略が初級の受験者に対して多用されていた事実は，トピックの維持がいかにスピーキングテストを継続するために重要であるかを示していると言える。一方，修復の自己開始は習熟度に関係していないことから，構成が決まっているスピーキングテスト独特の構造の影響が示唆された。つまり，母語話者の対話に頻出する修復の自己開始が，スピーキングテストには当てはまらないということは，本データのジャンルを特徴づけていると言える。今回は，複数の質問の連鎖からなる修復を対象としていたため，インタビュアーが修復を行う箇所のみを調査対象とした。今後は受験者がどのように対話を修復するのかさらに特徴づけが必要である。

Technical Box　会話分析

従来の第二言語習得研究は，個人の言語知識やスキルの蓄積に焦点を置いてきた。そのため，どのように言語知識が構築されるかという観点から，母語話者との比較でどれだけ逸脱しているかを測り，言語の発達段階をとらえることが多かった。このようなデータの収集・分析が貴重な知見をもたらし，着実な成果を上げてきたことは周知の事実である。

一方，相互行為能力の記述は，学習者の言語能力を母語話者との比較でとらえるのではなく，社会文化的観点から，他者との対話や共同作業において何をしているのかを丹念に見ていく。習得に関して何かを主張するというよりは，ある具体的な状況における対話の共同的，相互作用的な構造を微視的に記述，説明する。

このように，社会文化的にとらえなおすことで，今までとは異なる言語習得観が生まれる。会話分析の観点からの相互行為能力の記述も，質的研究法の1つとして，強調されるべきであろう。

8・3 【研究例・2】
日本人学習者の英語発話における論理展開力

　本節では，発話の通じやすさを左右する最も大きな要素のひとつである論理展開に着目する。日本人英語学習者の発話においてどのように論理展開がなされているのか（またはなされていないのか），NICT JLE コーパスを用いて運用レベル間，学習者・母語話者間での対比を行い，特徴をとらえる。また，なぜそのような特徴が見られるのか，日本語と英語の特性を対照することにより考察する。最後に，そこで得られた示唆をもとに，論理展開力を育むために必要な指導上の工夫を検討する。

(1) 発話のわかりやすさと論理展開

　発話全体のわかりやすさを左右する最も大きな要因はその論理展開である。うまく論理を展開させる方法として，適切なつなぎ言葉を用いること，主題文と支持文を意識して文章を構成することなどは，すでにスピーキングやライティングの指導に多く導入されている。しかし，文章や段落といった大局的な単位を対象とした明示的なテクニックだけで適切な論理展開が実現されるとは限らない。そもそもそのような大きめの発話単位を構成する小さな発話単位，つまり1文内において正しい情報の流れを作ることも，学習者にとって困難を覚える項目なのではないだろうか。

(2) 分析の対象

　本節では，NICT JLE コーパスのうち，Stage 2 のタスク・パート（イラスト描写）のデータを分析対象とする。このタスクでは，受験者は試験官が提示したイラストの内容を説明することを求められる。このタスクの目的を，イラストに描かれている空間の全体像を聞き手がなるべく正確に把握できるような説明をすることととらえると，話し手はイラストに描かれた各対象をなるべく詳しく描写することに加え，空間内でのそれらの位置関係（空間順序：space order）を明確に示す必要がある。各対象に対する個別の描写をう

まくつなげ，対象間の位置関係を適切な順序で示していくことが，このタスクで学習者に求められる論理展開と考えることができる。

（3）SST レベル間の対比

　まず，各 SST レベルの発話を対比し，運用能力ごとの描写内容や手法の特徴をとらえる。ここでは，Stage 2 で用いられる数種類のイラストのうち，女の子の勉強部屋を描いたイラストを説明する発話を対象とする。このイラストには，女の子のほか，机・ベッド・書棚・犬・猫などがそれぞれ描かれている。このイラストを描写したレベル 1 の発話データがないため，レベル 2 以降での比較を行う。比較に際し，学習者および英語母語話者が発話した描写文を以下14種類に分類した。

① there 構文：例）There is a girl sitting at the desk.
② 新情報主語文（1 文め）：例）A dog is sleeping on the floor in this room.（初めてその存在を言及する対象を主語にした文。ただし，まだどの対象物も聞き手の意識にない時点で産出される最初の 1 文）
③ 新情報主語文（1 文め以外）：（初めてその存在を言及する対象を主語にした文。ただし，1 文め以外）
④ 新情報主語文（基本設備）：例）The door is open.（初めてその存在を言及する対象を主語にした文。ただし，その対象は常識的に聞き手の意識にすでにあると思われるもの，つまり床・壁・ドア・時計など一般的な部屋に常識的に備えられているであろう設備）
⑤ 旧情報主語文（所有）：例）There is a girl in this room. The girl has pets, a dog and a cat.（すでに言及した対象を主語にし，それが所有する別の対象の存在に言及する文）
⑥ 旧情報主語文（所在）：例）There is a girl in this room. She is sitting at the desk.（すでに言及した対象を主語にし，その所在を明らかにすることにより別の対象の存在や対象間の位置関係に言及する文）
⑦ 旧情報主語文（その他描写）：例）There is a girl in this room. She is working very hard.（すでに言及した対象を主語にし，その様子や形状を説明する文）
⑧ I can see 文：例）I can see a dog in this picture.（話者自身がイラスト内にある対象を視認できる，という表現によって新たな対象の存在に言及する文）
⑨ You can see 文：例）If you enter the room, first you can see a girl sitting at the desk.（人間一般を指す you を主語としてその視点で空間内の対象を描写

する文）
⑩ This is 文：例）This is a girl's room.
⑪ This picture 文：例）This picture shows a girl's room.
⑫倒置文：例）Above it is a calendar showing a month of June.
⑬形式主語文（it）：例）It's nine o'clock.
⑭その他①〜⑬に分類できない文

　表1にSSTレベルごとの分類結果を示す。数値はその種類に分類された文の数が発話の全文数に占める割合を示す。また，セルの濃淡により各レベルにおける上位3種類を示す。色が濃い順に1位，2位，3位である。これによると，レベル2，3は③新情報主語文（1文め以外）を最も多く使用しているが，レベル4，5，8は①there構文を，レベル6，7，9および英語母語話者（Native）は⑦旧情報主語文（その他描写）を最も多く使用している。レベル2は，上位3種類がすべて新情報主語文である。③新情報主語文（1文め以外）はレベル8，9，母語話者の発話にはまったく見られない。ただし，

表1　描写文の分類結果

SSTレベル	2(8)	3(10)	4(10)	5(10)	6(10)	7(9)	8(6)	9(8)	Native(5)
①there構文	7.4	16.7	32.4	31.8	21.9	24.1	37.3	21.1	24.1
②新情報主語文（1文め）	25.9	11.1	4.2	2.3	6.3	5.7	2.0	2.8	0.0
③新情報主語文（1文め以外）	33.3	24.1	5.6	5.7	5.2	8.0	0.0	0.0	0.0
④新情報主語文（基本設備）	18.5	11.1	5.6	5.7	4.2	5.7	7.8	5.6	10.1
⑤旧情報主語文（所有）	3.7	1.9	12.7	4.5	10.4	12.6	2.0	9.9	8.9
⑥旧情報主語文（所在）	0.0	5.6	9.9	11.4	10.4	9.2	2.0	12.7	10.1
⑦旧情報主語文（その他描写）	11.1	16.7	16.9	22.7	22.9	27.6	31.4	31.0	25.3
⑧I can see 文	0.0	0.0	1.4	2.3	1.0	0.0	2.0	1.4	1.3
⑨You can see 文	0.0	0.0	0.0	0.0	0.0	0.0	0.0	4.2	2.5
⑩This is 文	0.0	3.7	7.0	6.8	5.2	1.1	9.8	4.2	6.3
⑪This picture 文	0.0	0.0	0.0	0.0	1.0	0.0	0.0	0.0	1.3
⑫倒置文	0.0	0.0	0.0	0.0	0.0	0.0	0.0	1.4	7.6
⑬形式主語文（it）	0.0	9.3	1.4	6.8	7.3	5.7	5.9	4.2	2.5
⑭その他	0.0	0.0	2.8	0.0	4.5	0.0	0.0	1.1	0.0

注：SSTレベルの後ろの括弧内の数字はファイル数，単位（%）．

1位　2位　3位

同じ新情報主語文でも，②の発話の冒頭に来る文や④の基本設備を主語とする文はこれらのレベルでも一定数使われている。

　各文の内容を観察すると，レベル2には，試験官からの質問に単語中心でぽつりぽつりと答えるという，他のレベルには見られない特徴がある。しかし，まとまった一連の発話を行うことができる受験者もおり，主語＋動詞という文構造で発話する場合もある。there 構文の使用や，a cat on the bed，the dog on the floor といったごく簡単な位置関係を示す表現も見られる。レベル3では，主語＋動詞＋目的語という文構造がレベル2よりも多く見られるようになる。その都度描写する対象を主語とする文が並んでいるが，文と文の結束性が弱く，聞き手が対象間の位置関係を推測するのは不可能な説明が多い。レベル4では，レベル2，3で見られたような新情報主語文の頻度は減り，there 構文で新たな対象の存在を示し，次の文でその対象を主語として詳細を加えるという順序立った説明が見られるようになる。描写される対象の数も増えてくるが，それぞれの対象の位置関係が詳細に示されることは稀で，聞き手がイラストに描かれている空間の全体像を把握するのは依然難しいことが多い。レベル5になると，イラスト内のひとつの固定された視点を基準にして描写を進める例が見られる。また，前の文で存在を示した対象を次の文に引き継ぎ，指示詞を使ってより詳しく説明する例も見られる。レベル6では，より詳細で順序立った位置関係の説明によって，聞き手にとって全体の空間を想像しやすい発話が見られるようになるが，新情報主語文はこのレベルでもまだ見受けられる。この傾向はレベル7まで続く。しかしレベル7では，レベル6までには見られなかった空間内における対象の絶対的な位置を説明する例も見られる。レベル8，9では，新情報主語文はほとんど見られなくなる。新たに対象の存在を示す際には，初級レベルから使用が見られた there 構文などに加えて，人間一般を指す you を主語としてその視点で空間内を順を追って描写していく手法が使われることもある。レベル9になると，聞き手が空間内での対象の位置関係を大体把握できるような発話が見られるようになる。

　一方，英語母語話者の発話では，レベル8，9と同じく新情報主語文（1文め以外）はまったく見られない。新たな対象の存在を示す言い回しとしては，学習者の発話で頻繁に用いられていた there 構文が英語母語話者によっても多く用いられているが，それに加え，<u>Above it is a calendar</u> showing a month of June のような学習者の発話には見られなかった倒置表現も見られる。また，<u>The computer has a keyboard</u> のように，前の文ですでに存在を示された対象を主語に据え，hold や have のような所有を表す動詞を使って新たな

対象の存在（と所在）を示す表現も多く見られる。学習者の発話にも，The girl has two pets. のような所有文によって新たなものの存在を示すやり方は見られたが，母語話者のように無生物の対象を主語にした文はほとんどない。また，同じ無生物の名詞を主語として据えた文としては，The stereo sits on top of the bookshelf ... のように，「主語（対象）＋動詞（「存在する，置かれている」という意味）」という形で対象の位置を表現するのも母語話者の発話に特徴的に見られるやり方である。このような対象の存在や所在を示す表現で構成される文が連なり，聞き手が空間内での対象の大体の位置関係を把握できるような順序で説明がなされている。

(4) 考察

（3）で見出された日本人学習者の空間描写における論理展開の特徴を以下1）～3）にまとめる。それらの特徴を生じさせる要因はいくつかあると考えられるが，ここでは日本語と英語の特性に焦点を当てて考察する。

1）英語で旧情報と新情報を順序立てて提示できないことがある

物事を順序立てて説明する場合，旧情報をもとに新情報を提示するという情報の流れが普遍的に存在する（旧情報とは，Chafe（1976, pp. 22-55）によると，発話の際に話者が聞き手の意識にすでにあると思っている情報のことである）。これには，文や段落といった大きめの単位における情報の流れだけでなく，1文内でいかに順序立てて情報を提示するかということも関わってくる。

しかし，1文内で旧情報から新情報へと連鎖する流れを作ろうとすると，言語によって典型的に用いられる統語上の特性が異なるため，学習言語における自然な情報の流れを構成できないことがある。例えば，英語母語話者の発話例では，前文までに描写済みの対象（旧情報）を主語として提供し，述部で新たな対象の存在（新情報）を示している。これは，山下（1987, p. 91）によると，英語の主語が旧情報を示す機能を持っているからではなく，主格が対格に先行するという統語上の特性から，統語上の主語が旧情報を最も表しやすい文の始めかその近くに置かれ，結果的に主語と旧情報が一致しやすいためである。

一方，SSTレベル2，3の学習者の発話では，新たに存在を示す対象（新情報。不定名詞）が主語として提供される例がいくつも見られた。これは，「おばあさんが川で洗濯をしていると，大きな桃が流れてきました」のよう

な，何かの出現を表現する際に，「主語（新情報）＋助詞ガ（新情報であることを示す標識）」という形が最も典型的に使われるという日本語の統語上の特性の影響を受けているのではないかと考えられる。英語でも A big peach came floating on the brook. という風に，全体が新情報であるような文が使われることがあるが，それはあくまでも何かの出現の際のみで，今回のように存在を表すものの描写文としては一般的ではない（山下, 1987, p. 90）。このような統語上の特性は文章構造の制約よりも自由度が低く，その統語的制約を満たすための文法や語彙を適切に運用できないと実現されない。つまり，旧情報が主語として提供されることが自然であるということを認識するだけでは不十分で，それに続く述部を正しく構成するための文法知識（主語・動詞の呼応関係）や語彙知識（自／他動詞の区別，動詞が主語や目的語に課す意味素性など）を運用できない限りは，旧→新という情報の流れに沿う英語発話を柔軟に構成することができないのである。

2）存在文に there 構文を偏重して適用する

　岸本・影山（2011, p. 243）によると，最も代表的な英語の存在文の形は，「there ＋ be 動詞＋存在物＋位置」という形で表される there 構文である。この構文での文頭の there は具体的な場所を指すのではなく，本来主語が来る位置に現れる虚辞（expletive：実質的な意味を持たない形式名詞）である。この虚辞を前に置き，存在物とその位置を後ろに持って来ることにより，それらが新情報であることを示している。このことは，there 構文の動詞の後ろに来る意味上の主語は不定でなくてはならないという定性の制限（definiteness restriction）の存在からもわかる。there 構文は英語母語話者・日本人学習者共が頻繁に使用する存在文の形であるが，特に日本人学習者は偏重して使用する。（3）の描写文分類においても，レベル 4, 5 の学習者によって最も多く使用されている。石田・杉浦（2012, p. 10）においても，日本人英語学習者の英作文データから特徴的に使用されている連語表現を抽出したところ，there 構文が多用されていることがわかった。

　これを単に学習者が英語らしい旧→新という情報の流れを意識した結果起こった過剰般化（overgeneralization）であるととらえることはできない。なぜなら，there 構文以外の存在文のバリエーションが極端に少なく，英語母語話者のような，ものの位置を表す副詞句の倒置表現によって新情報をなるべく後ろに置こうとする発話がほとんどゼロだったからである。それよりも，there 構文を「〜がある」という日本語と対で丸覚えして用いている可能性が高い。本多（2009, p. 179）によると，日本語では自動詞的な表現が使われ

るところで，英語では他動詞的な表現が使われることがある。例えば，以下の例文のように，日本語の「ない」という自動詞的な表現に対し，英語ではdon't you have という他動詞的な表現が使われる。

 例）傘，ないの？
  Don't you have an umbrella? / You don't have an umbrella with you?

　日本人学習者がthere 構文を多用するのは，ものの存在を表す際に「ある」という自動詞的な表現を英語での他動詞的な表現に変換することができず，「〜がある」という意味に感覚的によくマッチし，丸覚えしていて使いやすいthere 構文を選ぶからではないだろうか。

3）無生物の名詞を主語とする所有文や所在文をほとんど用いない

　there 構文のような存在文以外にも，所有文によってものの存在を示すことができる。前文までに描写済みの対象（旧情報）を主語に据え，「動詞（have, own, possess など所有を表す語）＋目的語（主語が所有するもしくは主語に包含される新たな対象）」という述部を構成する。（3）でも示した通り，日本人学習者・英語母語話者ともに所有文を使って新たな対象の紹介を行っている。しかし，日本人学習者の所有文のほとんどが有生物の名詞を主語としており，英語母語話者の所有文に見られるような無生物主語の使用は非常に少ない。日本語の「持つ」と英語のhave で表現できる範囲に大きな違いがある（岸本・影山 , 2011, p. 232）こともその理由のひとつと考えられるが，それに関連して，日本語と英語で動詞の選択制限に差異があるということが大きな影響を与えているのではないだろうか。中森（2009, pp. 116-117）によると，ある述語動詞が主語や目的語として有生物の名詞をとるか無生物の名詞をとるか，いずれもとることができるかといった，動詞がとる意味素性（semantic feature）が日本語と英語で異なっている場合，学習上の困難となる。

（5）指導への示唆

　前項までの分析と考察をもとに，日本人学習者の英語における論理展開力を育むための指導の工夫を検討する。

1）文法と語彙を関連づけて指導する

　（4）の2）と3）で述べたように，さまざまな存在文や所有文を柔軟に

組み立てるには，単語の基本的な意味（例えば，have は「持つ」，sit は「座る」）を把握しているだけでなく，その単語が表現できる意味の範囲やどのように他の語とつながって句や文を構成するかという統語上の特徴を知っておく，つまり，語彙を文法と関係付ける必要がある。横山（2006, p. 268）によると，覚えた単語を使いこなすには，（4）の3）で述べたような動詞の選択制限のほか，自動詞と他動詞の区別，下位範疇化（subcategorization）に関する情報，名詞の意味素性（±有生性）や意味役割（thematic role：動作主，被動作主など）などの語彙情報を正しく理解しておく必要がある。このような語彙知識は，実際の言語使用によって少しずつ蓄えられ強化されていく性質のものであるという意見も多い。新しい単語の指導に際して，文脈から切り離された状態での学習にとどまらず，一定のまとまりを持った文脈の中でのその単語の使われ方に触れさせると共に，実際に使ってみる機会を与える必要がある。

2）日本語との対照を取り入れて説明する

（4）の1）で，理想的な情報の流れを作り上げる際に，言語によって異なる統語上の制約が学習者にとっての困難になり得ると述べた。また，（4）の2）3）で述べたように，各単語が持つ意味情報や統語情報も言語によって異なる。このような言語の違いに関する知識を学習者がどの程度意識的に獲得し，実際の使用経験を経て，いつかは無意識に使いこなせるようになるのか，深く検証する必要がある。大津（2009, pp. 29-30）は，言語教育とは，母語教育と外国語教育を一体化したものであるべきで，言語（知識）を意識化（客体化）し，言葉のおもしろさ，豊かさ，怖さを学習者に気づかせることが重要であると主張している。学習者がもともと持っている母語に対する直感を外国語学習の過程で意識化すると，母語の運用能力の向上にもつながり，それがひいては学習言語の運用能力のさらなる向上にも寄与すると考えることができる。

無意識に持っていた知識を意識化させるということは，学習項目が増えるのではないかと懸念する向きもあるかもしれない。しかし，学習言語における決まり文句をたくさん覚えさせるばかりの指導よりも，母語と学習言語の言語的特徴の差異という基盤的な特徴に気づかせ運用へと導く方が，より長期的で広がりのある言語的創造性の育成につながるのではないだろうか。

(6) まとめ

　本節では，発話の通じやすさを左右する主な要素である論理構造に着目し，日本人学習者の英語での論理展開力を日英対照を手がかりに検証した。今回はイラスト描写タスクを対象としたが，実際のコミュニケーションにおいて論理展開力が必要とされる場面は他にもある。NICT JLE コーパスには，描写タスクのほか，依頼・質問・理由付けが必要な説得・交渉タスク（Stage 3），時間順序の説明が求められるストーリー・テリング（Stage 4）などの発話が記録されている。これらの発話における論理展開を分析する過程では，本節で挙げた項目以外にもさまざまな学習者言語の特徴とその原因となる日英間の差異（主語／主題優先の違い，客体化の度合いの違いなど）が取り上げられることになるだろう。実際のコミュニケーションに近い状況での学習者言語の振る舞いを記録したこのコーパスを用いて研究を発展させることにより，学習者の論理展開力に関する洞察がさらに深まることを期待している。

Technical Box　マニュアルでのタグ付与の際の注意点

　（3）では，コーパス内の描写文を人手で14種類に分類した。コーパスを利用した分析においては，このような人手での分類やタグ付けの作業がたびたび発生する。その際，判断の揺れを最小限にとどめるための工夫が必要となる。例えば，NICT JLE コーパスへのエラータグの付与（詳細は9・1を参照）の際には，詳細なガイドラインが作成された。また，実際にタグ付け作業が始まると，ガイドライン作成時には予想しなかった事例が次々と見つかることが多い。作業者から挙がる質問に応じてガイドラインを随時改訂し，より実データに則したガイドラインへと発展させる必要がある。さらに，作業者間での判断の揺れへの対策も求められる。Cambridge University Press と University of Cambridge ESOL Examinations によって作成された Cambridge Learner Corpus の初期のエラータグ付けは，その膨大なデータ量にも関わらずひとりの作業者によって行われたそうであるが，大規模なデータを限られた期間で処理しなければいけない場合，複数人での作業は不可避となる。作業者間での判断の一致率（inter-rater reliability）を常に確認し，作業者間での判断の揺れを調整しながら進める必要がある。

8章・まとめ

　本章では，日本人英語学習者の発話データである NICT JLE コーパスを用いた2つの研究を通してその特徴を紹介すると共に，コーパスを計量的に分析するというよりも，コーパス内の個々の事例を細かく観察することにより，実際のコミュニケーションにおける学習者言語の振る舞いを具体的に考察した。いずれの研究でも，本コーパスの特徴である，対話的・独話的な発話の両方を含んでいる，各学習者の習熟度レベルが9段階で示されている，同一のタスクをこなす英語母語話者の発話が付属されている，といった点が活用されている。

　また，本章で示した研究は，ある目的を持ったコミュニケーションにおいて，学習者がどのような振る舞いをしているかという観点から学習者言語を分析している。英語学習の目的はコミュニケーション能力の獲得であり，学習者コーパス研究もその目的の達成に寄与するものであるべきである。研究トピックを決める際にも，またコーパスから何らかの知見が得られた後にも，その研究がいかに英語教育の改善に貢献できるか，常に考える必要がある。

ブックガイド

[8・2関連]

　Schegloff 他（1977）は，相互行為分析の基礎を学ぶための，会話分析の最も基本的な論文である。いかに会話が精巧に組織されているかを明らかにしている。また，Gardner & Wagner（2004）は，会話分析の観点から，第二言語話者の豊かな相互行為能力を分析している。伝統的な文法や語彙の習得研究に対して，対話の調整や対話の相互構築といった社会的文化的観点に焦点を置いたものである。

[8・3関連]

　児玉・野澤（2009）の第3，4章とピンカー（2007）の第2章では，第一言語習得における構文の果たす役割が論じられている。外国語習得研究においても参考になる知見が多く述べられている。ハインズ（1986）では，文法的，非文法的という問題を超えた「日本語らしさ」「英語らしさ」が豊富な実例と共に考察されており，学習者コーパスから取り出した学習者言語の振る舞いを日英対照に基づいて分析する際の参考になる。

発展研究

1) 修復の開始は，自己で行われることもあれば，他者に行われることもある。修復の自己開始＋自己修復，修復の他者開始＋自己修復の例を探してみよう。
2) 8・3では，日本人英語学習者の論理展開の特徴を日本語と英語の言語的特徴の違いをもとに考察した。日本語以外の言語が母語である英語学習者のコーパスを対象に同様の項目を分析し，日本人英語学習者との比較を行ってみよう。日本人学習者だけに見られる特徴を見出すことができるかもしれない。

9章
学習者英語の自動分析
―― 日本人学習者のコミュニケーション・ストラテジーを解明する

9・1 【概説】
学習者コーパスと自動処理

　本節では，NICT JLE コーパスで標識（以下タグと呼ぶ）付与によって明示化されている情報を説明し，コーパスの自動処理におけるそれら情報の活用方法を提案する。

(1) NICT JLE コーパスにおけるタグ付与の対象

　NICT JLE コーパスには，6種類の情報に対して人手によるタグ付与が施されている。①〜⑥にその概要を示す（詳細は和泉ほか（2004）を参照）。

①受験者のプロフィールと SST に関する情報
　各ファイルの冒頭に，性別・海外在住経験・他の英語テストで取得した級やスコアなどの受験者のプロフィールおよびコーパスデータのもととなったインタビューテスト SST（Standard Speaking Test）の習熟度レベル（9段階）や SST で行ったタスクの種類などが記録されている。

②インタビューの構成
　SST の 5 ステージの境界にタグを挿入し，全体の構成を明示化している。

③話者情報
　受験者と試験官の間に交わされる発話ターンの境界に，話者を区別するタグが付与されている。

④談話上の行為
　フィラー，言い淀み，日本語の使用，ポーズ（休止），笑いなど，発話中の行為（全16種類）がタグによって記録されている。

⑤誤り
　文法および語彙の誤りが見受けられる箇所にその誤りの種類（全47種類）を示すエラータグが付与されている（167ファイルのみ）。

⑥非公開情報
　発話中に現れる話者を特定できる情報（固有名詞など）を伏せ字でマスキングし，その情報の種類（人名，地名など）をタグで示す。

図1 タグ付きコーパスファイル（一部）のサンプル

```
<interview>
<filename>file00005.txt</filename>
<head version="1.3">
<date>1999-12-13</date>
<sex>male</sex>
<age></age>
<country>Japan</country>
<overseas></overseas>
<category></category>
<step></step>
<TOEIC></TOEIC>
<TOEFL></TOEFL>
<other_tests></other_tests>
<SST_level>4</SST_level>
<SST_task2>neighborhood</SST_task2>
<SST_task3>shopping_intermediate</SST_task3>
<SST_task4>movie</SST_task4>
</head>
<body basictag_version="2.1.3">
<stage1>
<A>May I have your name?</A>
<B><R>My</R> my name is <H pn="B's name">XXX01</H>.</B>
<A>Nice to meet you, <H pn="B's name">XXX01</H>.</A>
<B>Nice to meet you, too.</B>
<A>So, <H pn="B's name">XXX01</H>, what is your job?</A>
<B>I work in <H pn="company name1">XXX02</H>.</B> <F>Mm</F>. But,
<F>umm</F> in this year, <R>I</R> I am <F>mm</F> studying at <F>um</F>
<.></.> <H pn="school name1">XXX03</H>.</B>
<A>Which do you like better, working or studying?</A>
<B><F>Ah</F>. Studying is better. <nvs>laughter</nvs></B>
<A><nvs>laughter</nvs> Why is that?</A>
<B><F>Um</F> <R>I don't</R> I <v_tns crr="didn't have">don't have</v_tns>
<F>mm</F> time when I had a job, but now, I have <F>um</F> <.></.> a lot of
time to study. So I like <F>mm</F> <av_pst crr="studying life better">better
studying life</av_pst>.（後略）
```

受験者のプロフィールと SST レベル，タスク情報

【談話／非公開情報のタグ】
<F>：フィラー
<R>：繰り返し
<.>：ポーズ
<nvs>laughter</nvs>：笑い
<H>：非公開情報

【話者情報／インタビュー構成のタグ】
<stage 1>：Stage 1 の始まり
<A>：試験官の発話
<B>：受験者の発話

【エラータグ】
<v_tns crr="訂正">：動詞の時制の誤り
<av_pst crr="訂正">：副詞の位置の誤り

(2) タグを利用した自動処理によって広がるコーパスの活用分野

NICT JLE コーパスのタグを利用すると，さまざまな目的の分析においてコーパスを検索，自動処理することができる。代表的な例を以下に挙げる。

1) エラー分析

学習者言語の最も大きな特徴は，習得に至るまでの過渡的な形式での言語使用である（Corder, 1981）。学習者の発達段階を記述するために参照すべき言語特徴はさまざまであるが，各段階でのエラーを比較対照し，英語習得におけるつまずきの内容やタイミング，継続性（上級レベルになってもなかなか消滅しない誤りは何か，など）を検証することは有効な手段の1つである。47種類のエラータグの頻度を SST レベルごとに集計することにより，このようなエラー分析のためのデータを得ることができる（学習者コーパスのエラー分析については6・3で詳しく述べられている）。

2) 談話上の行為を手がかりとした分析

エラー以外に，学習者言語，特に話し言葉を特徴づける手がかりとして，談話上の行為が挙げられる。発話の空白を埋めようとして発せられるフィラーや，適切な表現を探すまでの言い淀みなど，SST において受験者が試験官との対話を進めるためにする行為を分析することにより，学習者言語を特徴づけることができる。このような分析において，16種類の談話上の行為に対するタグを活用できる。

3) タスク内容の発話への影響分析

同一の学習者であっても，場の条件やタスクの内容によってうまく発話できる場合とできない場合がある。SST では，自己紹介などの一般的なタスク（Stage 1, 5）に加え，イラスト描写（Stage 2）・ロールプレイ（Stage 3）・ストーリー・テリング（Stage 4）といった3種類のタスクでの発話が求められる。それら異なる目的を持つタスクにおける学習者言語の振る舞いを検証することにより，学習者のコミュニケーション能力を多面的に記述することができる。NICT JLE コーパスのインタビュー構成を明示するタグを利用すれば，場面ごとの分析が可能となる。

9・2 【研究例・1】
多変量解析によるスピーキングデータの自動分析

　本節では，多変量解析（multivariate analysis）と呼ばれる統計手法を用いて，NICT JLE コーパスにおける発達指標に光を当てる。具体的には，品詞情報を付与した発話データにコレスポンデンス分析（correspondence analysis）を実行し，初級者の発話と上級者の発話を特徴づける品詞の使用傾向を明らかにする。

(1) 多変量解析による発達指標研究

　多変量解析を学習者コーパスの分析に応用している研究の中で，注目すべき先行研究は2つある。まず，Tono（2000）は，JEFLL Corpus における品詞タグ連鎖（POS tag sequence）にコレスポンデンス分析を実行し，日本人中高生の英語が名詞句中心から動詞句中心へと推移し，その後に前置詞句が発達していく過程を明らかにした。また，Abe（2007）は，NICT JLE コーパスにおける名詞関連のエラーと動詞関連のエラーにコレスポンデンス分析を実行し，初級者には動詞関連のエラーが顕著であるのに対して，上級者には名詞関連のエラーが顕著であることを示した。

　計量文献学の著者推定などでは，あるテクストにおいて名詞と動詞のどちらがより多く使われているかによって，文体を「名詞的」か「動詞的」かとして特徴付けている（e.g. Biber *et al.* 1998, p. 57）。そして，Tono（2000）やAbe（2007）の研究を参照する限り，学習者の習熟度は，名詞および動詞の産出と密接に関係しているように思われる。

(2) 実験データ

　本節の実験には，NICT JLE コーパス（プレリリース版）における日本人英語学習者1201人のデータを用いる。コーパスの総語数は約200万語（インタビュアーの発話を含む）だが，ここでは学習者による発話（約130万語）のみを対象とし，総語数の少ないレベル1とレベル2を1つにまとめた（表

1）。頻度集計はタイプ（異なり語）に基づき，大文字・小文字の区別，短縮形・非短縮形の区別はしなかった。なお，学習者発話の抽出は，スクリプト言語 Perl で行った。

表1　各レベルの学習者数と総語数

	学習者数	総語数	学習者発話の総語数
レベル1&2	38	39,832	17,008
レベル3	222	297,764	175,262
レベル4	482	778,573	510,807
レベル5	236	437,648	306,264
レベル6	130	257,262	183,584
レベル7	58	120,994	87,269
レベル8	25	56,853	42,888
レベル9	10	22,385	16,318
合計	1,201	2,011,670	1,339,400

（3）品詞タグ付与

　本節で用いる品詞タグは，ランカスター大学で開発された CLAWS (Constituent Likelihood Automatic Word-tagging System) の C7 tagset (Garside & Smith, 1997) である。CLAWS は確率論に基づくタガーで，C7 tagset には 135種類のタグが含まれている。以下は，タグ付け結果の例である（太字部分がタグ）。

Alice_**NP1** was_**VBDZ** beginning_**VVG** to_**TO** get_**VVI** very_**RG** tired_**JJ** of_**IO** sitting_**VVG** by_**II** her_**APPGE** sister_**NN1** on_**II** the_**AT** bank_**NN1** ,_**,** and_**CC** of_**IO** having_**VHG** nothing_**PN1** to_**TO** do_**VDI** :_**:** once_**RR** or_**CC** twice_**RR** she_**PPHS1** had_**VHD** peeped_**VVN** into_**II** the_**AT** book_**NN1** her_**APPGE** sister_**NN1** was_**VBDZ** reading_**VVG** ,_**,** but_**CCB** it_**PPH1** had_**VHD** no_**AT** pictures_**NN2** or_**CC** conversations_**NN2** in_**II** it_**PPH1** ,_**,** 'and_**NN1** what_**DDQ** is_**VBZ** the_**AT** use_**NN1** of_**IO** a_**AT1** book_**NN1** ,_**,** '_**GE** thought_**NN1** Alice_**NP1** 'without_**NN1** pictures_**NN2** or_**CC** conversation_**NN1** ?_**?** '_**"**

CLAWSの精度は一般的に95〜97％と言われているため，本節の実験データでも，一部の単語のタグ付けが間違っている可能性があることを断っておく。

（4）実験手法

本節で実験に用いる方法論は，多変量解析の1つであるコレスポンデンス分析である。多変量解析とは，大量のデータを分類・整理・縮約することでデータ全体の全体像をつかみ，個体間の相互関係や変数間の相互関係，さらには個体と変数の間の複雑な相互関係を顕在化させるための統計手法の総称である。

コレスポンデンス分析は，頻度表における行（e.g. 単語）と列（e.g. コーパス）の関係を少数の次元に圧縮し，それらの関係を散布図上に布置することで，視覚的なデータの俯瞰を可能にする（e.g. 小林，2010）。さらに，計算過程のオプションがほとんどないために，因子分析や主成分分析といった解析法よりも再現性が高い（e.g. Nakamura, 1995）。

そして，コレスポンデンス分析に用いる変数は，CLAWSのタグの相対頻度である（ただし，コーパス全体の生起頻度が0のものは除く）。この解析法は，Tabata（2002, pp. 168-169）が述べているように，(1)コーパス全体を射程に収めることができる，(2)個体間の文体的な差異が強調され，内容や主題の影響を受けにくい，(3)任意の変数を選択する研究者の恣意性を排除できる，という3つの利点を持っている。

また，実際の解析には，統計処理環境Rを用いる。Rの主な利点として，(1)フリーソフトであるため，ウェブサイト（http//www.r-project.org/）から誰でも無料で入手することができる，(2)Windows, Mac, Linuxなど，さまざまなOS上で動作させることができる，(3)グラフィックスの機能が非常に充実している，(4)拡張機能が「パッケージ」という形で配布されており，それらを誰でも無料でダウンロードできるため，最新のデータ解析手法をすぐに試すことができる，などを挙げることができる。次節では，紙面の都合で簡略なものにはなるが，Rでコレスポンデンス分析を行う手順を示す。

（5）結果と考察

表1に示した8つのサブコーパスにおける131種類のCLAWSタグの相対頻度（10,000語あたり）を求めた結果がSST.txtというタブ区切りのテクス

トファイルとしてワーキングディレクトリに保存されている場合，以下の手順でデータを読み込む。ちなみに，行頭の > は，1つのコマンドの開始位置を示しているものなので，ユーザーが入力する必要はない。また，# で始まる部分はコメントであり，実際の処理では省略可能なものである。

```
> # データの読み込み
> dat <- read.delim（"SST.txt", row.names = 1, header = T）
> # 読み込んだデータの確認
> dat
         Lv.1.2  Lv.3   Lv.4   Lv.5   Lv.6   Lv.7   Lv.8   Lv.9
APPGE    176.72 186.85 177.71 189.17 172.91 180.10 160.79 143.93
AT       188.57 217.86 262.78 296.51 326.12 339.83 395.87 372.81
（省略）
```

そして，R でコレスポンデンス分析を行うには，MASS パッケージの関数 corresp を用いる。以下の解析では，関数 corresp の引数 nf で，次元を2つ求めることを指定している。また，寄与率とは，当該の次元でデータ全体の変量の何パーセントを説明しているかを表す指標である。

```
> # MASS パッケージの読み込み
> library(MASS)
> # コレスポンデンス分析の実行
> ca <- corresp(dat, nf = 2))
> # コレスポンデンス分析の結果の確認
> ca
  （省略）
>
> ca.eig <- ca$cor^2 # 固有値の計算
> (cntr <- round(100*ca.eig/sum(ca.eig), 2)) # 寄与率の計算
[1] 87.52 12.48
>
> # 個体（サブコーパス）間の関係の視覚化
> # 散布図の枠の描画
> plot(NA, NA, xlim = c(min(ca$cscore[, 1]), max(ca$cscore[, 1])), ylim = c(min(ca$cscore[, 2]), max(ca$cscore[, 2])), xlab = "Dim 1", ylab = "Dim 2")
```

```
> # 横軸と縦軸が 0 の位置に点線
> abline(h = 0, lty = "dotted"); abline(v = 0, lty = "dotted")
> # ラベルの描画
> text(ca$cscore, labels = rownames(ca$cscore))
>
> # 変数（タグ）間の関係の視覚化
> plot(NA, NA, xlim = c(min(ca$rscore[, 1]), max(ca$rscore[, 1])), ylim =
c(min(ca$rscore[, 2]), max(ca$rscore[, 2])), xlab = "Dim 1", ylab = "Dim 2")
> abline(h = 0, lty = "dotted"); abline(v = 0, lty = "dotted")
> text(ca$rscore, labels = rownames(ca$rscore))
```

　このように，10数行のコマンドをスクリプトにしておけば，さまざまな多変量データを瞬時に解析し，視覚化することができる．例えば，サブコーパス（あるいはテクスト）×タグ（あるいは単語）の相対頻度を集計した行列データがあれば，前頁のデータ読み込みの際に分析対象のファイル名を指定し，あとは，本節に書かれたコマンドをそのままRに入力するだけで，同様の分析を行うことが可能である．

　また，Rの散布図をさらにカスタマイズすることも可能である（e.g. 舟尾・高浪，2005）．例えば，plot関数の引数 xlab に "Dim 1（87.52％）"，引数 ylab に "Dim 2（12.48％）" とそれぞれ指定すれば，その結果として出力される散布図に各次元の寄与率が表示される．

　次ページの図1と図2は，前掲のコマンドを実行した結果として得られるものである．これらの2つの図において，図中で近くに布置されている項目どうしは類似していることを表している．また，2つの図を照合することによって，個体（サブコーパス）と変数（タグ）の関係を読み取ることができる．ただし，解析結果を解釈するにあたっては，各次元が直交している（無相関である）ことに注意しなければならない．

　図1を見ると，最も寄与率の高い（各個体間の関係性を最もよく説明する）第1次元（横軸）に，学習者の習熟度（SSTレベル）が反映されている．この結果は，ここで変数としている品詞タグの相対頻度が習熟度を推定する発達指標となり得ることを示している．

　また，図1と対応する図2では，学習者がよく使う品詞の特徴が，SSTレベルが上がるにつれて徐々に変化していく過程が見られる．この図は，非常に情報量が多いため，さまざまな分析が可能である．ここでは，図中の左側に名詞関連のタグ（N*）が多く布置され，右側に動詞関連のタグ（V*）が

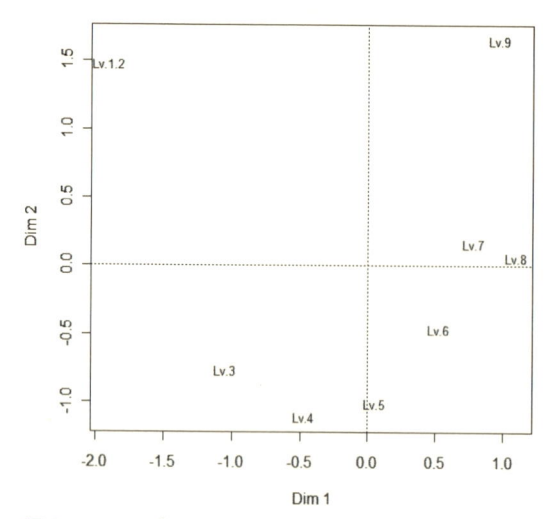

図1 コレスポンデンス分析：サブコーパスの相互関係

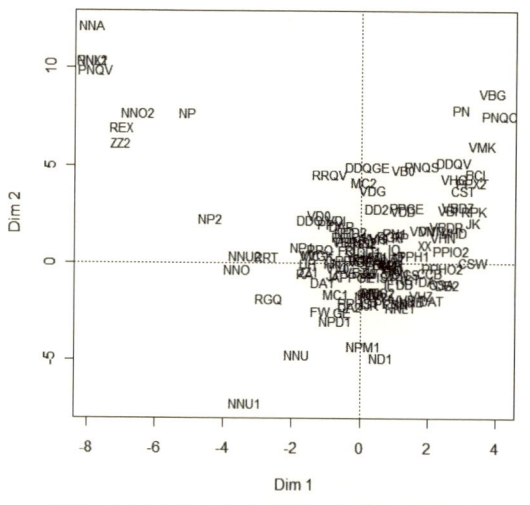

図2 コレスポンデンス分析：タグの相互関係

多く布置されている点に注目する。

そこで，名詞関連のタグと動詞関連のタグ（合計51種類）それぞれの第1次元の得点を見てみよう。なお，以下では，第1次元の得点の絶対値が2以上のタグのみを示している。

```
> # コレスポンデンス分析の結果をデータフレームに変換
> ca.table <- data.frame(Dim1 = ca$rscore[, 1], Dim2 = ca$rscore[, 2])
> # すべてのタグを第 1 次元の得点で並び替え
> ca.table.2 <- ca.table[order(ca.table$Dim1, decreasing = T),]
> # 名詞関連のタグと動詞関連のタグだけを抽出
> row.num <- grep("^(N|V)", row.names(ca.table.2)) # 行番号の取得
> (ca.table.3 <- ca.table.2[c(row.num),]) # 抽出
```

	Dim1	Dim2
VBG	3.853877116	8.730988011
VMK	3.577189287	6.073245206
VBDZ	2.857144390	2.893189329
VHD	2.767277567	1.603077947
VHG	2.746140244	4.327322280
VBI	2.588806540	2.732451781
VBDR	2.521591303	1.909708098
VHN	2.443803221	1.344420607
VVN	2.115766313	1.678965350
（省略）		
NNU1	-3.363050852	-7.221948599
NNU2	-3.396113033	0.367807877
NNO	-3.611737154	-0.325131896
NP2	-4.389608472	2.237123932
NP	-5.070983363	7.693549799
NNO2	-6.535583252	7.712143513
NNL2	-7.881185984	10.392572011
NNA	-7.891260280	12.184555496

　そして，次ページの図 3 は，図 2 に布置されたタグのうち，名詞関連のタグと動詞関連のタグだけを表示させたものである。

```
> # 名詞関連のタグと動詞関連のタグだけを表示
> plot(NA, NA, xlim = c(min(ca$rscore[, 1]), max(ca$rscore[, 1])), ylim =
c(min(ca$rscore[, 2]), max(ca$rscore[, 2])), xlab = "Dim 1", ylab = "Dim 2")
> abline(h = 0, lty = "dotted");  abline(v = 0, lty = "dotted")
> text(ca.table.3[, 1], ca.table.3[, 2], labels = rownames(ca.table.3))
```

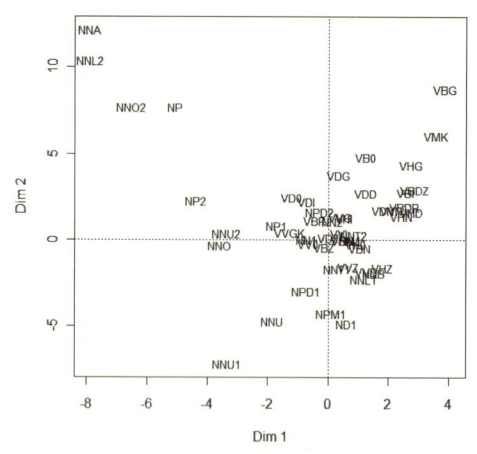

図3 コレスポンデンス分析：名詞関連のタグと動詞関連のタグの相互関係

　図3の第1次元に注目すると，図中の左側に名詞関連のタグが布置され，右側に動詞関連のタグが布置されている。言い換えれば，学習者の発話は，習熟度が上がるにつれて，名詞中心の発話から動詞中心の発話へと移行していくことがわかる。

　第一言語習得の研究では，英語を含む複数の言語において，幼児が動詞よりも先に名詞を知覚・産出することが報告されている（e.g. Gentner, 1982）。では，第二言語習得においても，第一言語の場合と同様に，品詞の習得順序が存在するのであろうか。何をもって「習得した」と見るかは言語学的に難しい問題ではあるが，本節の結果から，少なくとも「初級の学習者は名詞中心の発話をし，上級の学習者は動詞中心の発話をする」と言うことは可能である。なお，質的分析に関しては，小林（2007）を参照されたい。

(6) まとめ

　本節では，NICT JLE コーパスにおける品詞タグの相対頻度を変数とするコレスポンデンス分析を行った。その結果，(1) 学習者の習熟度によって，品詞の頻度には明確な差がある，(2) 品詞タグの頻度は，学習者の習熟度を推定する発達指標となり得る，(3) 初級の学習者は「名詞中心の発話」をし，上級の学習者は「動詞中心の発話」をする，という3点が明らかにされた。

　また，本実験の課題としては，(1) タグ分布の詳細な分析（e.g. 名詞だけの分析，動詞だけの分析），(2) 書き言葉コーパスでの再検証，(3) タグ付け精度の向上，(4) エラー分析，(5) 発達指標の絞込み，などが考えられる。

9・3 【研究例・2】
学習者コーパスからの表現リストの半自動抽出

　コーパスの一般的な利用目的は言語研究であるが，外国語学習者が学習言語を定量的に参照することによって言葉の振る舞いを学び取るデータ駆動型学習（data-driven learning）における用途もある（Johns, 1997）。一方，現在学習者コーパスは教師や研究者が利用することが多く，学習者によって直接的に利用された事例はまだ少ない。本節では，学習者による学習者コーパス利用の可能性を探るべく，NICT JLE コーパスから学習者の表現リストを半自動的に抽出し，英語学習でのその利用可能性を考察する。

（1）学習者による学習者コーパス利用の利点と注意点

　Nesselhauf（2004, pp.139-144）は，データ駆動型学習で学習者に示される言語データは必ずしも正例でなければならないわけではなく，学習者コーパスに含まれる誤りに触れることで，正例のみでの学習とは異なる教育的効果が生み出されると主張している。同じく Granger & Tribble（1998, pp. 199-201）も，学習者への学習者コーパス提示の意義は正例のみからの学習にはない補正フィードバック（corrective feedback）であると述べている。つまりある言語項目に関する正例に加えて誤り（負例：negative instance）に触れることにより，より効果的にその項目を習得することができるということである。例えば，9・1で述べた通り，NICT JLE コーパスの一部のデータには文法的・語彙的誤りに対するエラータグが付与されている。エラータグを検索してコーパスに含まれる誤りを集め，誤りからの気づき学習のための教材を教師が効率的に作成することができる。また，母語話者と学習者のデータを対比することにより，より適切な言い回しを明示的に学習することができる。ただし，誤りを正例と誤認識して学習してしまう危険性があるため，誤りの提示の仕方や学習後の補足的な指導を工夫する必要がある。Granger（1996, pp.9-12）は，学習者に誤りを提示する場面は限定されるべきで，上級学習者でも克服できない項目，つまり誤りが化石化（fossilization）した（もしくはしそうな）言語項目について実際の誤り例から省みようとする場合などの

限られたケースにおいて有効だとしている。

(2) 多くの学習者に共通する困難点

　NICT JLE コーパスのデータを眺めていると，多くの学習者が抱える共通の困難点に気づくことがある。このコーパスは SST という共通する文脈での発話の集合であるため，学習者間に共通する困難点を見出しやすい。Stage 2のイラスト描写タスクにも多くの受験者が共通して言葉に詰まるポイントがいくつかある。例えば，少女がなわとびをしている様子を描写する際の「なわとび」や子ども達が雪合戦をしている様子を描写する際の「雪合戦」をどう英語で表現するか，などである。表1に，SSTレベル間の振る舞いの違いを示す。

　レベル1では，沈黙や「わからない」という発言と共に発話を止めてしまうことがほとんどである。レベル2になると日本語の使用が現れ始め(①)，レベル3では，知っている単語からトピックに関連するものを単独で並べることが多いようである(②)。レベル4から6(③〜⑫)で説明のためのフレーズや短い文を作れるようになり，日本語や和製英語を使用する場合でもレベル2あたりとは異なり，I don't know how to say in English, but in Japanese ... などと断りを入れるようになる。レベル7より上(⑬〜⑮)では，日本語の使用はめったに見られなくなり，英語で説明しようとすることがほとんどである。名詞を複合させることなどによる造語(⑮の snowball war)も見られる。このような言葉に詰まる場面での対処は，学習者のコミュニケーション・ストラテジーととらえることができる。Tarone (1984) や Færch & Kasper (1984) の分類によると，レベル1のメッセージの放棄以外はすべて言い換えストラテジーで，①④⑤⑩が日本語や和製英語の使用，③⑥〜⑨⑪〜⑭が説明的な表現，②は説明的な表現のごく断片的なもの，⑮は造語と解釈できる。

(3) コーパスからの表現リストの半自動抽出

　表1に示した発話は，SST の Stage 2のイラスト描写タスクで見られたものである。その内容から，受験者が困難を覚える箇所は SST レベルを問わずある程度共通していることがわかる。もし，学習者自身がこのような多くの仲間が困難を覚える箇所を集中的に観察し，誤りを含む表現やそこで用いられているコミュニケーション・ストラテジーから今後の改善策を見出すことができれば，(1)で述べたデータ駆動型学習の一環として有意義な学習

表 1　適切な語・表現を見つけられない時の SST 受験者による対処例

SST レベル	対処例
1	沈黙したり，I don't know, *Wakaranai* のように発話が止まる
2	「なわとび」の表現がわからず： ① She *nawatobi*.
3	「なわとび」の表現がわからず： ② A girl is <F>er</F> rope.
4	「なわとび」の表現がわからず： ③ In front of a big house, a girl is playing, how can I say, with rope. She plays the sports. ④ One girl is playing *nawatobi*, I don't know how to say in English. 「棚」の表現がわからず： ⑤ I don't know how to say in English, *tana*? 「(食事の後) 別れた」の表現がわからず： ⑥ We had a dinner together. And then, we, how can I say, separate, we said "Bye-bye" in front of the restaurant. 「雪合戦」の表現がわからず： ⑦ Some children are playing the snow. I don't know how I can say. Playing on the snow.
5	「なわとび」の表現がわからず： ⑧ And the girl <F>mm</F> how can I say, <F>nh</F> I don't know the proper words, play with a rope. ⑨ And one girl is playing with, how can I say, rope. I don't know how to say that." 「トレーニングウエア」の表現に確信が持てず： ⑩ Some girls wear like a, how can I say, training wear. I mean, *jaaji*. We call it *jaaji* in Japanese.
6	「雪合戦」の表現がわからず： ⑪ They are playing, how can I say, throwing a snowball to each other. I don't know the exact name of this play, but actually, I also have this experience for playing to throw the snowball to other people. ⑫ Someone is doing so-called *yuki-gassen*, it's throwing snowballs to each other and hit the snowball.
7	「なわとび」の表現がわからず： ⑬ One girl is playing, I don't know how to call, maybe, she is playing with a rope. I'm not sure.
8	「なわとび」の表現がわからず： ⑭ The one girl is, I don't know how to call it, but jumping, a kind of exercise.
9	「雪合戦」の表現がわからず： ⑮ Four kids are playing, I don't know how to call this, I don't know, snowball war or something?

活動となるのではないだろうか。そのためには，集中的に観察したい箇所で使われている表現だけをコーパスからピンポイントで収集する必要がある。そこで，NICT JLE コーパスから同一の内容について発話している箇所を半自動的に抽出し，表現リストを作成する実験を行った。

1）実験データ

　実験の対象としたのは，Stage 2 のイラスト描写タスクでの発話データで

ある．このタスクで用いられるイラストは数種類あるが，本節では学校での授業の様子を描いたイラストに対する発話（135ファイル，1,012文，10,428語）を対象とする．

2）抽出のアルゴリズム

抽出のアルゴリズムを図1，2に示す．本実験では，このアルゴリズムをプログラミング言語 Perl で実装した．

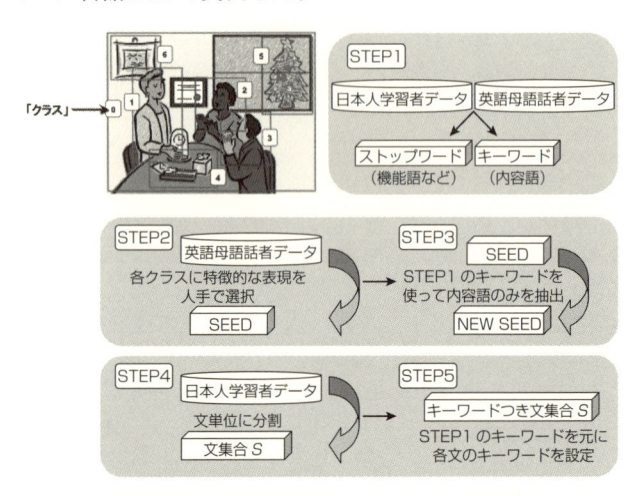

図1　表現リスト抽出のアルゴリズム（1）：STEP 1～5
（イラストは実際の SST で使用されているものとは異なる）

まず，イラストをひとまとまりで描写される傾向にある領域に分割する．各領域をクラスと呼ぶ．次に，学習者と英語母語話者のデータからイラストを描写している発話部分のみを抜き出し，それぞれ新たなデータとする．この2つのデータから単語を切り出して品詞タグを付与し，機能語をストップワード（処理対象外とする語），内容語をキーワードとして分類しておく（STEP 1）．次に，母語話者データから各クラスに特徴的な単語や句を人手で抜き出し，各クラスの SEED（内容語の集合）とする（STEP 2）．これは，母語話者発話に含まれる表現はそのクラスの説明に適したものである可能性が高いという考えに基づいている．また，発話者や習熟度レベルが異なっても同じクラスの説明には一定の共通した表現が用いられるであろうという推測にも基づいている．さらに，その SEED から STEP 1 で抜き出したキーワードに含まれる語のみ選び出し，新しい SEED とする（STEP 3）．一方，学習者データから文を切り出し，文集合 S とする（STEP 4）．1文ごとに STEP 1

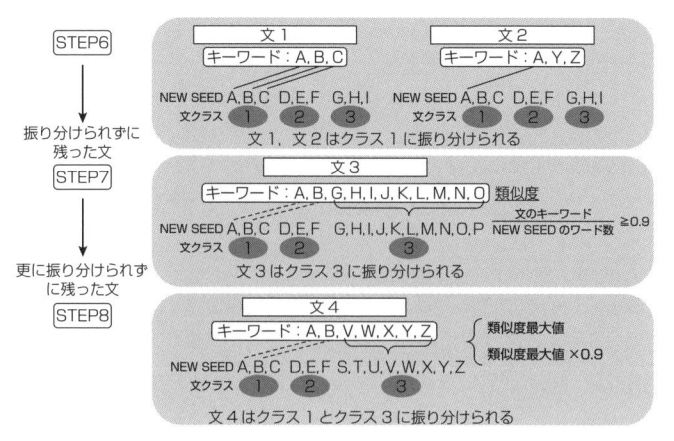

図2 表現リスト抽出のアルゴリズム（2）：STEP 6〜8

のキーワードが含まれているかどうか参照し，含まれている場合はその語をその文のキーワードとする。結果，1文ずつにキーワードが設定された「キーワード付き文集合 S」が形成される（STEP 5。以上図1）。

STEP 6 からは，実際に各文をクラスに振り分けていく。振り分けは，STEP 3 で作成した SEED を基準に行う。これはクラスの内容を代表するのはそのクラスを説明する発話に含まれる内容語であると言えるからである。まず，文集合 S の各文について，その文のキーワードがすべてある1つのクラスの SEED にある場合，もしくは一部のキーワードだけがある1つのクラスの SEED にあり，残りのキーワードがどのクラスの SEED にもない場合，その文をその1つのクラスに分類する。そして，その文のキーワードをそのクラスの SEED に追加し，NEW SEED とする。これは，あるクラスを説明する発話によく現れ，他のクラスを説明する発話に現れにくい単語はそのクラスの内容を代表していると言えるであろうという考えに基づいている。S から分類される文がなくなるまでこの操作を繰り返す。文のキーワードが複数のクラスの SEED と合致する場合，その文はどのクラスにも振り分けられず，S に残る。

次の STEP 7 では，この S に残った各文と各クラスの類似度を計算する。類似度は，各文に含まれるキーワードに対するそのクラスの SEED に含まれていたキーワードの割合とする。類似度が最大となり，かつ0.9以上であるクラスに振り分ける。類似度にはさまざまな定義があるが，ここでは共通する内容語が多いほどその文が説明しているクラスと SEED のクラスが類似している可能性が高いだろうという考えに基づいている。STEP 8 では，S に残っ

た文に対して文とクラスの類似度を計算し，まず閾値を設けず類似度が最大となるクラスに文を振り分ける。また，ここに残っている文は複数のクラスに属する文である可能性が高い。そこで，可能な限り類似する複数のクラスに振り分けるため，類似度の最大値×0.9以上の類似度を持つクラスにも振り分ける（以上図2）。このようにして，イラスト内の各領域に対応する描写文が振り分けられ，その領域を描写する特有の表現リストが形成される。

3）実験の結果

　実験の結果を表2に示す。全体の結果だけでなく，STEP 6～8の各段階までに得られた結果も分けて示す。適切なクラス（全7クラス）に振り分けられているかどうかは人手でチェックを行った。処理過程では誤ってクラス分けされてしまった文を文集合Sに戻さないため，一旦抽出された文は後のステップでは検索対象とならない。したがって，STEP 7における「抽出対象文の数」はSTEP 6で抽出された文を差し引いた数を，STEP 8における「抽出対象文の数」はSTEP 6, 7で抽出された文を差し引いた数を表す。また，再現率は抽出されるべき文のうち正しく抽出された文が占める割合を，適合率は抽出された文のうち正しく抽出された文が占める割合をそれぞれ表している。

表2　実験の結果

STEP	抽出対象文の数	抽出された文の数	正しく抽出された文の数	再現率	適合率
6	1,183	565	462	0.39	0.81
7	655	177	146	0.22	0.82
8	478	660	213	0.44	0.32
全体	1,183	1,402	821	0.69	0.58

　全体の再現率は約69%，適合率は約58%であった。STEPごとの精度は，STEP 6・7までの適合率がSTEP 8よりも高い。STEP 6で抽出される文はほとんどが1つのクラスのみに属するものが多い一方，STEP 7では1文で複数のクラスに属するものが多く抽出されていた。しかし，STEP 7では1文1クラスの振り分けしか行わないため，ここでの取りこぼしがその後のSTEP 8の精度の低下につながったと考えられる。

(4) 英語学習における表現リストの利用可能性

　(3) の実験で得られた表現リストをどのように学習に活用できるか検討する。(1) で述べた通り，学習者が学習者コーパスに触れる主な意義は誤りからの気づきであるが，まだ正例についての理解も十分でない初級学習者には，誤りを示す代わりに，彼らより上のレベルの学習者が産出した正例のうち，少し学習すればすぐ使えそうな表現を提示するとよいだろう。英語母語話者の高度な表現に触れることはもちろん大切だが，より身近な表現例から学ぶことも一定の効果を生むと推測される。

　表3は，(3) の実験で抽出された文をSSTレベル別に示したものである。これらは，雑然とした教室内で1人だけ真面目に勉強している少年を描写した文である。レベル3～5あたりの学習者のほとんどがstudy hardという直接的な言い回しを使用している一方，レベル6以上になるとconcentrate on, paying attentionといった慣用句や，looks seriousのような客観的な表現の使用も目立つ。レベル3～5の学習者が，自分より上のレベルの学習者の表現

表3　SSTレベルごとの使用表現の違い

SSTレベル	抽出された文
3	Maybe one student is studying hard. The student at the center of the desk studies hard.
4	And one of front sitting student, he is listen to their teacher. One student listen to her. One boy study very hard. Only one student yellow-haired boy are very interested in this lecture.
5	One boy who is sitting in just front of the teacher who studies very hard. But only one student is studying very hard.
6	Only one boy is really interested in her lecture. Some students are not so concentrated on her explanation.
7	Only one student in the front line is concentrating on the lecture. just one boy in the very front row seems to be paying attention. One student in front of the teacher looks serious taking notes and looking at the board.
8	One person in front he's studying really hard. Only one student is paying attention to her.

9章　学習者英語の自動分析　207

リストを参照することにより，身近な表現パターンを学び取ることができるのではないだろうか（表3の例は，文法の誤りを含んでいるが，ここではstudy hardに関わる語彙・表現の正例として挙げている）。

　一方，中〜上級学習者には，誤りの提示が一定の効果を生むことが期待できる。中〜上級者の発話では，初級者のような単純な誤りは減少するが，学習項目が増える分なかなか減少しない複雑な誤りが出現する。そのような習得困難な言語項目について自分と同じレベルの学習者による誤りを見ることにより，客観的に自分の用法を見直すこともできるだろう。同じレベルの学習者は同じような文法項目・語彙を使用しがちなので，このような帰納的な学習に適している。また，慣用表現等単位がはっきりしている項目に関しては，初級学習者でも誤りからの学習が可能かもしれない。

　学習者コーパスは単独で利用されるだけでなく，母語話者コーパスと対比されることによっても学習効果を発揮するだろう。正例（母語話者データ）と誤り（学習者データ）という単純な視点での対比を行うこともできるし，学習者データの正例と母語話者データを対比することにより，より母語話者らしい表現とは何か，学習者自らが見出す機会となる。例えば，（3）の実験で使用したイラスト内には，爪の手入れをする少女が描かれているが，その描写にレベル8・9あたりの上級学習者はpolish her nailsという表現を使用している。一方，母語話者データの中には，do her nailsという慣用的な表現が見受けられた。「do＋名詞」という平易かつ使い回しの利きそうな表現を母語話者が使っていることに学習者が気づけば，polishという語を導出できない場合でも，doを使って発話を続けることができるかもしれない。

(5) まとめ

　本節では，学習者による学習者コーパスの利用可能性を探るべく，NICT JLEコーパスからの表現リストの半自動抽出実験を行い，英語学習におけるそのリストの利用可能性について考察した。表現リスト抽出では，抽出されるべき表現のうち約7割の表現が正しく抽出された。この抽出手法には集中的に観察したい箇所で使われている表現だけをピンポイントで収集できるというメリットがある。提案した用途以外にも，コーパスを用いた言語研究全般に利用できるものである。学習者による学習者コーパスの利用には負の影響を懸念する向きもあるが，（4）で述べたように，習熟度レベルごとに提示する内容を調整したり，ある程度整理された形式で提示することにより，辞書・教科書や母語話者コーパスからは得られない学習効果を期待できる。

9章・まとめ

　本章では，日本人英語学習者の発話コーパスである NICT JLE コーパスを量的に分析，処理することにより，コーパスの定量性から得られる成果を示した。人手では処理しきれない規模のデータから学習者言語の振る舞いを知る手がかりを取り出すために，統計的手法やテキスト処理技術を利用した研究例を紹介したが，いずれの研究例においても，NICT JLE コーパスの各ファイルに付与されている SST レベルやインタビューの構成を示すタグが活用された。このようなデータ処理技術によって人間の目視からは得られない新しい知見を見出し，さらにそれを言語習得や英語教育に関する知識と教育現場での経験に基づいて深く考察し，実際の英語教育の改善に反映させることができるという点が学習者コーパスの大きな存在意義であると言えるのではないだろうか。

ブックガイド

[9.2関連]
R による言語データの統計処理に関して，Baayen（2008）は，検定などの基本的な手法から，機械学習や混合効果モデルといった高度な手法まで網羅している。また，Johnson（2008）は，音声学，心理言語学，社会言語学，歴史言語学，統語論といった言語学の下位分野に沿った章立てとなっており，より実践的な内容となっている。

[9.3関連]
Burnard & McEnery（2000）と Granger & Petch-Tyson（2002）の第 3 章は，データ駆動型学習を含む外国語学習における学習者コーパス利用の意義と注意点をわかりやすく論じている。Tribble & Jones（1990）は，データ駆動型学習における（学習者コーパスを含む）コーパス利用の具体的な方法を豊富な事例と共に示している。

発展研究

1) NICT JLE コーパスの各 SST レベルから 9 種類の法助動詞（can, could, may, might, must, shall, should, will, would）の頻度を求め，その頻度を変数とし，9 段階の習熟度を個体（＝行変数）とする対応分析を行ってみよう。
2) 9・3 の（2）でも述べた通り，学習者は言いたいことをうまく表現でき

ない時，何とか発話を続行させようとコミュニケーション・ストラテジーを利用することがある。NICT JLE コーパスの中から何らかのコミュニケーション・ストラテジーが用いられている箇所を探し，日本人英語学習者はどのような種類のストラテジーを用いているか，また習熟度レベル間での違いはあるかなどを考察してみよう。

10章
学習者コーパスを活用した指導

10・1 ICLE-JP を用いたフレーズの学習

　学習者コーパスを活用した指導には，学習者が様々なタスクを通して実際にコーパスを使用して言語データを分析しながら学ぶ，データ駆動型学習（DDL：Data-Driven Learning）と，コーパスを資料として教師が様々なタスクを作成して指導する方法がある。ここでは後者の例として，学習者コーパスと母語話者コーパスを活用した，英語のフレーズに関する指導について説明する。

(1) 語彙のつながりの重要性

　英語で頻繁に用いられる「フレーズ」は，lexical phrases, lexical bundles, formulae, routine formulae, prefabricated routines, sentence stems, formulaic language 等と様々に呼ばれている。英語学習者にとって，母語話者が良く用いる慣用表現であるフレーズを聞いたり，読んだりして理解できるようにすることは必須である。さらに，母語話者のような英語を使えるようになる必要はないと考えている学習者にとっても，慣用表現等のフレーズを使いこなせるようになることは重要な意味がある。O'Keeffe, McCarthy & Carter (2007) は，母語話者が好んで用いるフレーズを学習者が使用できないままであると，文化的なステレオタイプが作られる原因になると警告している。このように英語フレーズの学習は，指導者にとっても学習者にとっても重要な意味を持っている。Sinclair (1991) は，話し手や書き手が用いる語彙は，セットとして言い回しの中で用いられ，フレーズ全体が一体となって1つの意味を表すものであると説明する。そして，聞き手や読み手も文法的なある型の中に語彙が埋め込まれたものとして意味を理解するのではなく，フレーズをひとまとまりのチャンクとして理解していることになる。この考え方は，語彙の意味はその語彙自体が持つ意味によってではなく，実際の使用において他のどの語と結合しているのかによって決まると Firth (1935) が提唱したことの流れを汲んだものである。

　コーパスの発達によって，実際に使用される言語の大量のサンプルを比較

検討することができるようになり，頻繁に固定した形で用いられるフレーズを抽出して様々な視点から研究することが容易になったと言えよう。

(2) フレーズの切り出し方

　共起またはコロケーション（collocation）とは，話し言葉や書き言葉のまとまった文章の中で，ある2つの単語もしくは語彙項目が同時に出現することを言うが，コーパスからコロケーションを抽出する方法はいくつかある。例えば，Collocate（M. Barlow 氏の HP http://www.michaelbarlow.com/ 参照）という分析ソフトを使用し，n-gram を抽出する方法もそのひとつである。
　n-gram とは任意の文章の中で任意の n 語が連続した単語列のことを言い，2語の連鎖を bigram（2-gram），3語の連鎖を trigram（3-gram）と呼び，4語以上のものは 4-gram 等と呼んでいる。次に示すのは，ICLE エラータグ付き日本人サブコーパスから頻度順に抽出した trigram のリストの上位10例である。

表1　ICLE 日本人サブコーパスから抽出した 3-gram リストの上位10例

	頻度	相互情報量	3-grams
1	136	9.983318	I think that
2	88	11.057822	a lot of
3	82	9.758351	I want to
4	58	8.702866	the right to
5	56	11.493764	be able to
6	55	10.701823	and so on
7	55	16.801690	take land away
8	50	10.258834	have the right
9	49	18.789872	away without permission
10	48	10.757900	to master English

　表1からわかるように，すべての連鎖がある固定したフレーズとしての意味を持つものとは限らない。例えば，9位の away without permission は，該当のデータの中でたまたまその3語が連続して用いられることが多かったために繰り返し出現したと考えられる。したがって，このリストに現れたものの中からまとまって1つの機能を持ち特定の意味を担っているものを，フレーズとして選定することになる。この分析ソフトでは画面に該当の語彙やフレーズを含むすべての concordance lines と共に，その頻度数と統計情報（対

10章　学習者コーパスを活用した指導　213

数尤度比 Log Likelihood, 相互情報量 Mutual Information, T スコア t-score) を表示してくれる。表1に示されている相互情報量は3語が同時に用いられる確率変数の相互依存の尺度を示す量で，値が大きいほど相対的に結びつきの強い表現として使用されていることを意味している。これらのフレーズは lexical bundles と呼ばれているが，Biber et al.（1999）は，同じ連鎖が100万語中10回以上使用されることなど，偏りなく様々なテキストに使用されている等の一定の基準を超えたもののみを lexical bundle としている。

　さて，ここで紹介する学習用練習問題は，常に同じ語が一連でつながっているのではなく，表1の7位にある take land away の場合の take ～ away のようにもっとゆるい結びつきをするフレーズ（phrase-frame）に注目したものである。まず，上記の方法で trigram と 4-gram のリストを作成し，同じ語彙に挟まれて出現するフレーズを調べる。例えば，in front of, in charge of, in all parts of, in every corner of などがその例である。また WordSmith の機能の中の Concord を用いてそれらのフレーズを含む concordance lines を表示し，どのように使用されているかも観察する。

（3）練習問題への加工

　母語話者コーパス LOCNESS から選ばれたフレーズを含む全文を示せば，学習者は実際に用いられた用例を参考にすることができ，ある意味では真正な（authentic）文を読む機会となる。しかし，母語話者の文は多くの場合，長く複雑で，全文を例として表示することは難しく，必要な部分を生かして例文として加工をする必要に迫られる。このように，まず一文を取り出すことで文脈から切り離され，さらにその文自体も該当フレーズ以外の部分を学習者のレベルに合わせて易しく書き直す等の修正を加えると，真正さは失われがちである。そこで，なるべく原文に沿うように配慮して例文を作成した。次の例は，p.216に挙げた練習問題の初めの問題文とその原文となったコーパスの英文である。

問題使用文：
　Every scientist should be a good judge of the possible dangers of his work.
コーパスの原文：
　Of course, every scientist should be a good judge of the potential misuse or dangers of his work.

Girard & Sionis（2004）は学習者がフレーズをチャンクとして使用すれば，文法の枠組みに単語を埋め込む作業にではなく，談話の組み立てや相互交渉の成功に認知力が注がれることが期待できると述べている。一般的に学習者は，実際の使用頻度はそれほど高くなくても珍しい言い回しに注目することが多いため，頻繁に用いられる単語連鎖に慣れ親しむことはより効果的な学習法と言えよう。

　最後に（4）では，ICLEエラータグ付き日本人サブコーパスと母語話者コーパスLOCNESSに出現する，phrase-frameの学習者の意識づけを目的とした問題を提示する。フレーズの学習も文法や語彙学習と同様に，何回も違うコンテクストやモード（話し言葉・書き言葉）で繰り返して触れることが重要である。

（4）練習問題例

　上記に示した手順で作成した，a ～ of, a ～ ～ of と in ～ of, in ～ ～ of に関する練習問題の例を示した。

　それぞれの①では，該当のフレーズへの学習者の意識づけを行うことを目的としている。ここではインプットを与えるために，LOCNESSから該当するフレーズを含む例文を抽出し，適切な長さの文にまとめた。問題は該当のフレーズに下線を引くように指示しているが，全文の意味を考えることを加えても良い。②は，ICLEエラータグ付き日本人サブコーパスから該当するフレーズの正用や誤用を含む例文を表示し，正しい英文を選ばせるもので，ここは意識づけに加えてフレーズや文全体の形と意味に焦点を当てた問題となっている。③ではチャレンジ問題としていくつかの問題形式を適切に並べ，学習者からの発信を要求したものである。適語を選ぶ，語順を並び替える，日本語を参考に括弧に適語を入れてフレーズを完成させる，適切なフレーズを選択する等である。また，和文を英訳することで英文を完成させる問題等で，繰り返し該当するフレーズのパターンと意味を学んでいくものである。

（平成23年度科学研究費補助金基盤研究（B）課題番号20320063「日本人英語学習者の話し言葉・書き言葉コーパスの整備とそれに基づく語用論的対照研究」の一部として作成した問題から抜粋。http://aso.swu.ac.jp/corpusjp/ を参照）

【フレーズ学習―日替わり定食セットフレーズ―】

　セットフレーズと聞くと，例えばcome up with（思いつく），be all ears（耳をそばだてる）などのように，いつも同じ単語が同じ順番で並ぶものが思い浮かびます。もちろんこのような，いわば「定食セットフレーズ」も良く使われますが，ここで紹介するのは「日替わり定食セットフレーズ」です。例えばa cup ofは，いつもあるご飯と味噌汁にあたるaとof，そしてその間に入れ替わり自由なおかずのcupが組み合わされたものだと考えてください。ここでは，このように決まった単語の間にある語句を入れ替えて使う，日替わり定食のようなセットフレーズを学びます。

1) a ～ of, a ～～ of

①以下の文は母語話者のコーパスなどから抽出したものです。aとofに囲まれて使われている表現を見つけ，下線を引いてみよう。

1. Every scientist should be a good judge of the possible dangers of his work.
2. Every individual holds a different perspective of life.
3. It is difficult to face your family with a confession of unhappiness.
4. Many people question if it is a violation of the athlete's rights to privacy.
5. Many women ended up unhappy with a good deal of their whole life.
6. Norms are a standard of behavior that must be followed.
7. College used to be a place where you could get a taste of the real world.
8. The agricultural industry contains a large amount of cattle that should be killed for meat.
9. There has always been a wide range of reasons why people don't eat beef.

②次は日本人大学生の作文の一部です。下線部が正しいものに✓をつけ，間違いは正しい表現に訂正してみよう。

1. English is a best way of communication all over the world. (　　)
2. Government is a representative of the people. (　　)
3. I think surrogate delivery* causes women a great deal of pain both mentally and physically. (*surrogate delivery：代理出産) (　　)
4. I think that perhaps English has become a part in our lives. (　　)
5. In English class the teacher should not be a center of the class. (　　)
6. In Japan I am a member of the majority race. (　　)
7. In the future, English will be a common language of the world. (　　)
8. It was hard to make a friendly atmosphere because of a mood of nervous. (　　)
9. The land is not the tool of war. (　　)

③チャレンジ問題
（1） 次の英文の（　）の中から適切な語を選ぼう。
1. British Rail needs a（a. bit　b. number　c. few）of money to improve their transportation methods.
2. Symbols are used as a（a. representation　b. represent　c. present）of something else.
（2） [　] 内の語句を並べ替えて，英文を完成させよう。
3. The continual development of computer technology has created [a / controversy / of / great / deal] in modern times.
4. TV is [major / lack / togetherness / the / cause / of /of / a] found in many American families.
（3） 日本語の意味を参考に（　）内に適語を入れて，英文を完成させよう。
5. It is impossible for a computer to produce （　）（　）（　）truly random numbers.（全く無作為の数のリスト）
6. He suffers （　）（　）（　）misfortunes which teach him about reality.（一連の不幸）
7. They often avoid applying for jobs at all because of（　）（　）（　）rejection.（拒絶される恐怖のため）

【Answer Keys】
① 1. a good judge of　　2. a different perspective of　　3. a confession of
　 4. a violation of　　5. a good deal of　　6. a standard of
　 7. a taste of　　8. a large amount of　　9. a wide range of
② 1.（×：a best way of → a good way of）2.（✓）3.（✓）
　 4.（×：a part in → a part of）5.（×：a center of → the center of）
　 6.（✓）7.（✓）8.（×：a mood of nervous → a nervous mood）
　 9.（×：the tool of → a tool of）
③（1） 1.（a. bit）2.（a. representation）
　（2） 3. [a great deal of controversy]
　　　　4. [a major cause of the lack of togetherness]
　（3） 5.（ a ）(list)(of) 6.（ a ）(series)(of)
　　　　7.（ a ）(fear)(of)

10章　学習者コーパスを活用した指導　217

最初の語と最後の語に挟まれた部分の語句を入れ替えると，いろいろな意味が表せる便利な表現は他にもたくさんあります。他にどんな「英語の日替わり定食セットフレーズ」があるか探してみましょう。

2) at ~ of, at ~~ of

①以下の文は，ネイティブスピーカーのコーパスなどから抽出したものです。at と of に囲まれて使われている表現を見つけ，下線を引いてみよう。

1. You can be drafted in the United States at the age of eighteen.
2. The words "ladies and gentlemen" are said at the beginning of many of speeches.
3. El Dorado lies at the center of the jungle.
4. At the close of the book Voltaire reaches a compromise.
5. He decided to live his own life to the fullest although this is at the expense of others.
6. People have the right to choose a peaceful death at the hands of their doctor, or continue living in pain.
7. Homelessness is the issue at the heart of the problem.
8. The Government is not at the mercy of Parliament.
9. At the beginning of the play, Caligula is a generous ruler.

②次は日本人大学生の作文の一部です。下線部が正しいものに✓をつけ，間違いは正しい表現に訂正してみよう。

1. We should give a clear overview at the beginning of the class. （　　）
2. We say good-bye at the end of every class. （　　）
3. For example, in New York, English news was sold at the corner of the street without constraint. （　　）
4. The readers of those newspapers felt dissatisfied at the movement of the President. （　　）
5. I was in Turkey at the day of the earthquake. （　　）
6. Those were the very wishes that the Wright Brothers had at the bottom of their hearts. （　　）
7. The answer can be found at the case of the people in the south of Thailand.（　　）
8. If immature students who can't control themselves do volunteer activities, they might have a feeling of superiority which comes from their deeds at the expense of their time. （　　）
9. At the village of Korea, chicks and puppies were running around with the children of the village. （　　）

10・1

③チャレンジ問題
(1) 選択肢の中から適切な表現を選んで，文章を完成させよう。

> at the beginning of / at the forefront of / at the age of /
> at the touch of / at peak times of

1. He left school (　　) sixteen.
2. It is becoming more apparent that walking is faster (　　) the day.
3. We must educate our children, who are (　　) tomorrow's technology.
4. They need to state (　　) their articles what affirmative action is.

(2) [　] 内の語句を並べ替えて，英文を完成させよう。
5. Competition is [at / theory / of / heart / this / the]. Everyone is fighting for what resources they see to be rightfully theirs.
6. They have their own personal reasons for why they want a baby [of / that / life / stage / at].

(3) 英文を完成させよう。
7. 19世紀の始めにおいて，フランスはヨーロッパで一番人口が多かった。
   _____, France had the largest _____.
8. 減少しつつある出生率がその問題の中心にある。
   Declining birthrate _____.

【Answer Keys】
① 1. at the age of   2. at the beginning of   3. at the center of
   4. At the close of   5. at the expense of   6. at the hands of
   7. at the heart of   8. at the mercy of   9. At the beginning of
② 1. (✓) 2. (✓) 3. (✓)
   4. (✕ : at the movement of → with the movement of)
   5. (✕ : at the day of → on the day of)
   6. (✕ : at the bottom of → from the bottom of)
   7. (✕ : at the case of → in the case of) 8. (✓)
   9. (✕ : At the village of → In the village of)
③ (1) 1. (at the age of) 2. (at peak times of) 3. (at the forefront of)
         4. (at the beginning of)
   (2) 5. [a at the heart of this theory] 6. [at that stage of life].
   (3) 7. At the beginning of 19th century / population in Europe.
       8. is at the heart of the problem.

10・2 NICEを活用した英文エッセイ・ライティング指導

　本節では，学習者コーパスを使った英語指導法の一例として，NICEを使った英文エッセイ・ライティング指導について説明する。

(1) 英文エッセイ・ライティング

1) 英文エッセイとは

　アカデミック・イングリッシュを使えるようになるには，英文エッセイを書けるようになる必要がある。「エッセイ」といっても日本語でいう随筆とは違い，英語文化圏で養われてきた英語文章構成法に基づいた英文が書けなければならない。こうした英文エッセイ・ライティングは英語母語話者であっても学校等で教育を受けることによって訓練しなければできるようにはならない。実際，例えばアメリカでは，小学校から main idea と supporting details を作文で教えられる。大学入学の際に，「論理的な」英語の文章が書けるようになっていない学生は，College Writing と呼ばれる英文エッセイ・ライティングの授業を受けて徹底的にトレーニングをさせられる。それができない学生は大学での授業を受けられない。「論理的な」英文エッセイを書けない学生は，ドロップアウトする。そして，結果的に，大学を卒業できる学生は事実上全員が「論理的な」英文エッセイを書けるようになっているわけである。英語文化圏で生まれ育てば，英語が母語となり，自然な英語を話せるようになる。しかし，英語を母語としているからといって「論理的な」英文エッセイが自然と書けるわけではない。

2) 英語学習者にとっての英文エッセイとその評価基準

　英語学習者にとっては，これは，逆に，朗報でもある。いわゆる臨界期を過ぎてから英語を学びだした場合，英語を母語話者並みに自然に話すことは事実上無理である。しかし，「論理的な」英文エッセイの書き方は，母語の習得とは違い，教育によってトレーニングし，習得することが可能なわけである。ゆえに，どのような文章構成で文章を書けば「論理的な」英文エッセ

イが書けるか，ということを学習すればアカデミック・イングリッシュに必要な英文エッセイを書くことができるようになるわけである。

　英語を母語としていない学生がアメリカの大学に入学するには，TOEFLを受験することが事実上義務付けられている。TOEFL における英文エッセイ・ライティングの評価基準（6段階）で最も良いと評価される英文エッセイは次のようなものであると期待されている。

An essay at this level largely accomplishes all of the following:
・effectively addresses the topic and task
・is well organized and well developed, using clearly appropriate explanations, exemplifications, and/or details
・displays unity, progression, and coherence
・displays consistent facility in the use of language, demonstrating syntactic variety, appropriate word choice, and idiomaticity, though it may have minor lexical or grammatical errors

(http://www.ets.org/Media/Tests/TOEFL/pdf/Writing_Rubrics.pdf)

　4項目あるが，最初は指示に従った解答をしているかという点，2点目は文章構成が良いかどうか（論拠を示すことも含む），3点目は全体のまとまり，そして4点目に言語表現の観点から，多様な構文・適切な語の選択・定型表現の使用ができているかどうかが評価される。この最後の部分に「ささいな語彙的・文法的誤りはあってもよい」と書かれている点が特に注目すべき点である。すなわち，英語を母語としない学生の書く英文エッセイが語彙的・文法的に完全に正しいものであるということは期待されていないということである。これは，第二言語習得の観点からしても，臨界期を過ぎてからの第二言語習得ではいくら上級になっても母語話者とおなじにはならないということを踏まえた合理的な評価基準であると言える。ただし，不自然なままでよいというわけではなく，「多様な構文・適切な語の選択・定型表現の使用ができているか」ということが求められており，より多様で適切な（自然な）表現が使えることが必要である。

3）英文エッセイ・ライティングの目標（CAN-DO リスト）
　TOEFL の英文エッセイ・ライティングの評価基準に基づき，ライティング指導の目標として「CAN-DO リスト」を考えると具体的に何ができるようになる必要があるかがわかりやすくなる。これらは，内容（指示に従うこと），文章構成，言語表現の3つに分けられる。

1. 内容
   ・指示（トピック）に合った文章を書くことができる。
2. 文章構成
   ・文章構成のパターンに合った文章を書くことができる。
   （導入・本文・結論，展開のパターン：列挙・時間順・比較・因果　等）
   ・述べたいことと，それを支持する例や事柄をわかりやすく説明できる。
   ・まとまりのある首尾一貫した文章を書くことができる。
3. 言語表現
   ・多様な構文を使うことができる。
   ・適切な単語を選んで使うことができる。
   ・慣用的な表現を使うことができる。

　これらのうち，内容面については概念的な話になるので，本節では直接的なライティング指導として，文章構成に関する指導と，言語表現に関する指導について説明していくことにする。

(2) NICE を使ったライティング指導法

1) NICE の特徴

　英語エッセイ・ライティング指導に NICE が活用できるのは，学習者コーパスとして NICE が次のような特徴を備えているからである。

1. 英語学習者が実際に1時間で辞書なしで書いた英文エッセイであること。
2. 英語母語話者による添削文がついていること。（ただし，JPN001からJPN201まで）
3. すべてのエッセイに，TWEによる6段階のスコアがついていること。

　TWEの評価方法に従うと，2名の評価者間で評価がずれた場合に平均をとることになっている（例：3と4の場合，3.5）。しかし，実際の評価では，評価者間で評価が一致することが多い。NICEの場合，342ファイル中280ファイルが一致している（82％）。ゆえに，データの分布を見ると，6段階のそれぞれ谷間に来るスコアは数が少ない。そこで，データ区間を，1以上2未満，2以上3未満，3以上4未満，4以上5未満，5以上6未満，6の6区間として，ヒストグラムを描くと，次ページの図1のようになる。

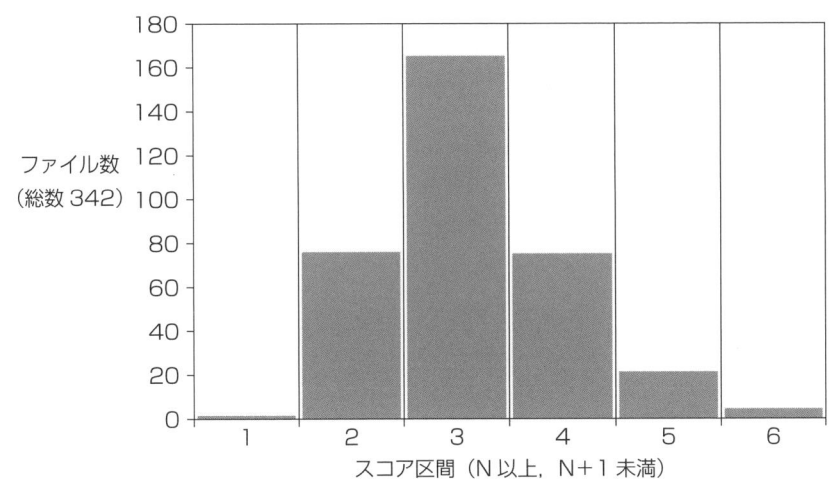

図1 NICEの英文エッセイのTWEスコアの分布

2）文章構成に関する指導法

　英文エッセイの文章構成法の詳しい説明は，本書では述べないが，一般的な英文エッセイ構成法について，教科書などで学んだ後に，上述のTWEの評価基準について説明をし，英文エッセイの文章構成法と評価の観点を理解した上で，NICEの実際のデータを使い，英文エッセイの文章構成について理解を深める。

　まずは，NICEのデータのうち，TWEのスコアが6のもの（ファイル名：JPN228，JPN284，JPN291，JPN307）を見せ，それらの英文エッセイが，教科書で習った文章構成法に合っているかどうかを確認する。確認の仕方は，個別に確認させた後，発表させてもよいし，教師と質疑応答しながら，一緒に分析を進めるという方法でもよい。そして，TWEの評価基準からして，どこがどのように，高く評価されるかを見ていく。次に，スコアの低いものを同様に分析し，スコア6のものと比較して，どこが原因でスコアが下がっているかを具体的に確認していく。スコアの順番に，5，4，3，2と見ていってもよいが，時間がかかるようであれば，6の次に4と2を見るとか，3のものだけを見てみることでも，良い評価を得る英文エッセイとスコアの低い英文エッセイとの違いを具体的に学ぶことができるであろう。こうして，まずは，英語の文章構成法にしたがって英文を書くには，どこに注意することが必要かを具体的に把握できるようになる。

　つぎに，各スコア区分より，いくつかエッセイを選び出し，スコアを隠し

た状態で，学習者に提示し，TWEの評価基準を基に，それらのエッセイを評価させてみる。一番単純には，評価の違う2つのエッセイを示し，どちらがよいかを判断させるだけでもよいであろう。その際に，単にどちらがよいというだけでなく，どこに着目して，そのように判断したのかということも説明させた方がよい。そうすることによって，具体的な評価基準をより強く意識することができるようになる。次の段階としては，スコアの違う3つ以上のエッセイを提示し，順位を付けさせるとよいであろう。その際に，さまざまなスコアの組み合わせ（スコアの高低，スコアの間隔の開き）のものを選んで練習するとよい（同じスコアのものを混ぜてだすのもよい）。いずれの場合も，どうしてそのような順位にしたのかという根拠を評価基準に照らして述べるようにすることが大切である。

評価基準に基づき，相対的な判断ができるようになったら，最後には，エッセイのスコア自体を判断させる。6から2までのエッセイをスコアを伏せて提示し，評価基準に基づいて絶対的な評価をしてスコアを付ける。そして，どうしてそのスコアにしたかを，具体的に説明させる。その後で，実際につけられているスコアと照合し，自分の判断が正しかったかどうかを確かめるという活動をする。ただし，TWEの評価においては，2人の評価者間で得点がずれることもあるということを考慮して，プラスマイナス1のずれは大目に見ることもありうる点にも配慮が必要である。NICEの場合，およそ8割の評価は2人の評価者間で一致しているので，そうした一致しているものを選んで提示をした方がずれが少なくなり，教材としては扱いやすくなるであろう。

こうした活動をすることにより，英文エッセイ・ライティングにおいて何が評価されるかということを具体的に学ぶことができる。実際に，英文エッセイを書いて，教師に評価をしてもらうということも大切であるが，そうした実際のライティングは，学習者にとっても，また，教師にとってもかなりの負担となるので，毎回の授業でライティングをするのは現実的にはかなり難しいであろう。また，英語文章構成法について教科書で説明を読んだだけで，すぐに英語エッセイを書かせようとしても，学習者とすれば，具体的にどこをどのようにすればよいのかわかりづらい。そこで，ここで紹介した指導法を用いて，実際の英文エッセイのどこがどのように評価されるのかということを分析することで，教科書で学んだ知識を，具体的にどのように使えばよい評価を得られるかを学習者も理解でき，スムーズに英文エッセイを書くことができるようになるであろう。

3）言語表現に関する指導法

　英語文章構成法が，英文エッセイ・ライティングのマクロな指導としたら，もう1つの観点である言語表現は，ミクロな指導と言えるであろう。NICEの英文エッセイのJPN001からJPN201の201個のエッセイはすべて英語母語話者による添削文（％NTV: で始まる行）がついている。間違っている，もしくは，不自然な英文には，できるだけもとの文構造のまま，単語ももとの単語をつかって添削文が書き添えられている。問題のない文については「OK」，理解困難で添削が行えない文には「NG」という記号が記入されている。

　こうした添削文ともとの学習者の書いた文とを見比べることにより，どこが間違っているか，もしくは，不自然な表現になっているかを確認することができる。すなわち，明らかに文法的・語彙的に間違っている表現と，間違ってはいないが不自然さを感じる表現という2種類の訂正が含まれているといえる。例えば，JPN008のエッセイ（TWEスコア3）には次のような添削が施されている。

```
*JPN008: In present, we hear "YUTORI education".
%NTV:    Nowadays, we hear about "yutori education".
*JPN008: What is the word "YUTORI" really means?
%NTV:    What does this term really mean?
*JPN008: What is important for students in society today?
%NTV:    OK
*JPN008: I consider about it in following sentences.
%NTV:    I will discuss this in this essay.
```

　1文目は，「最近」を表す表現が不適切な点と，hearという動詞の用法で，ある話題を耳にするという場合はaboutを使うことが指摘されている。第2文では，文法的に疑問文にする際の動詞meanの形態が間違っていることと，語彙的に「用語」をthis termで表現した方が適切である点が指摘されている。第3文は問題がない。第4文は，英文エッセイの導入部の最後にあたり，書き手は，「次の文章でその点について考えていく」ということを言いたいのだということはわかるが，この学習者はこうした場合の言い回しに慣れていないようで，慣用的な表現に訂正されている。助動詞willを使うこと，considerよりもdiscussの方がよいこと，文法的に他動詞にはaboutは不要なこと，そして，この場合，言い回しとしてin this essayと言うこと，が指摘され訂正されている。

これらの例を見ると，文法的に誤りであると指摘できる点（自動詞 hear には about が必要，疑問文での動詞 mean の形態，他動詞 consider に about は不要）と，語彙的に適切な単語を選択すべき点（word よりも term の方が適切，consider よりも discuss の方が適切），そして，慣用的な表現として，エッセイ導入部の最後では，will を使ってこの先でエッセイの本文が始まることを表現するという3つの観点から言語表現が修正されていることがわかる。
　NICE に含まれるエッセイをこのように，学習者の書いた文とそれに対する添削文とを対比しながら観察することによって，どこをどのように修正するとよいか，そして，その修正は文法の誤りか・語彙の選択か・適切な表現か，という修正のタイプを意識することで，英文エッセイ・ライティングの目標として，どのような観点に注意をしなければならないかがわかるようになる。ただ単に，誤りがどのように訂正されているかを学びなさいと指示をしても，学習者はその多さに呆然としてしまうであろう。しかし，英文エッセイ・ライティングではどのような点が評価され，良い評価を得るためには何ができるようになればよいかという具体的な目標（CAN-DO リスト）が示され，その枠組みに基づいて，観察・分析を行うようにすれば，自分が何のために何をしているのか，そして今見ている訂正箇所が全体の中でどのような位置づけにあるのか，ということがわかり，目標に向かって進むことができるようになる。
　学習活動として，もうすこし，わかりやすくするとしたら，一度にすべてを分析するのではなくて，焦点を絞って観察をさせるのもよい。例えば，動詞の時制に関する修正だけを見つけさせ，どのような時にどのような時制を使うように注意しなければならないかを理解させたり，名詞の数の訂正の部分だけを見つけさせたり，冠詞の訂正だけを見つけさせるなど，限定して観察をさせると，特定の文法項目や言語表現について意識が高まり，その項目や表現を体系的な知識として理解できるようになる。また，これは誤りのパターンを見つけることにもなり，どういう時にどのような表現をすればよいかもわかるようになると考えられる。さらに，こうした観察をグループで行わせることによって，1人では気づかなかった点にも気づくことができるし，グループごとに観察・分析した結果をクラスで発表しあうことで，1人では観察できない量の英文エッセイをクラス全体で数多く分析し，その特徴を理解することができるようになる。
　発展学習としては，英語母語話者の添削文を見ずに，学習者の文に添削文を付けさせ，その添削文と，英語母語話者の添削文とを比較するという利用の仕方も考えられる。ただし，添削の仕方は一通りではないので，母語話者

の添削文と違っているからといって自分の添削の仕方が必ずしも間違っていたということにはならない点に注意が必要である。しかし，文法的に間違っている点については，添削の仕方はいろいろあるにせよ，そこが間違いであることに自分が気づいたかどうかということは確認できる。また，自分とは違う添削の仕方を英語母語話者がしているのを見ることで，そこから自分の知らなかった多様な表現を学ぶこともできる。多様な表現というのは，単に表現をたくさん丸暗記するというのではなく，自分自身が表現をするという活動の中で「あぁ，そういう表現の仕方もあったのか」と気づくことが効果的な学習につながる。

(3) まとめ

本節では，学習者コーパス NICE を使って，英文エッセイ・ライティング指導をどのように行うかというアイデアを紹介した。英文エッセイとはどのようなものか，英語を第二言語（外国語）として学ぶ者にとってどのような意味があるものか，そして，英文エッセイ・ライティングの評価がどのように行われるのかということを TOEFL のライティング評価基準をもとに説明し，それに基づき，どのようなことができるように指導をすればよいか (CAN-DO) を説明した。後半では，学習者コーパス NICE の持つ特徴を活かして，英文エッセイが書けるようになるために必要な目標のうち，英語の文章構成法に関する指導をどのように行えばよいか，ということと，言語表現に関する指導法として，添削文を活かした言語表現の学び方について説明した。

学習者コーパスは，学習者の産出したデータだけがあっても，それを外国語教育に生かすことはなかなか難しいが，学習者コーパスの持つ特徴や，付随する情報を活用することで，これまでにはない外国語教育のための素材として利用できるようになる。コンピューターを使ってコーパスを分析するからといって，コンピューターがないとコーパスを利用できないというわけではない。今回紹介した学習活動は，すべて学習者コーパスのデータをもとに，教師が教材として手を加え編集をして，それを教室で印刷教材として配布して利用できるものばかりである。もちろん，オンラインの活動で使うように編集してオンラインで利用することも可能ではあるが，印刷教材として使う場合でも，一度作成してしまえば，何度でも利用は可能である。

10・3 NICT JLE のエラータグを利用した学習困難点の重点的学習

　授業で取り上げる学習ターゲットには，新出のもの以外に，多くの学習者が共通して困難を覚えるもの，また習熟度レベルが上がってもなかなか定着しないものなども含まれる。このような復習で何を取り上げるかは，授業における学習者の応答の様子やテストでの解答状況など，教師が現場で得た印象や直感から決定することが多い。それに加え，学習者コーパスから誤りの頻度や内容を検索できれば，学習者の困難点をより正確かつ深く捉えることができる。それにより，より的を射た学習ターゲットの選択および適切な教材の作成が実現する。本節では，日本人英語学習者の発話コーパス NICT JLE コーパスのエラータグを利用した学習困難点の発見方法および学習の進め方を提案する。本節では，コーパス検索の手順を NICT JLE コーパス専用の分析ツール Analysis Tool（和泉ほか（2004）に付属の CD-ROM に収録）を用いて説明するが，もちろんほかの汎用分析ツールおよびプログラミング言語や Unix などのコマンドラインを用いたテキスト処理でも同様もしくは類似の処理が可能である。

（1）NICT JLE コーパスのエラータグ

　9・1で示した通り，NICT JLE コーパスには文法および語彙の誤りが見受けられる箇所に，その誤りの種類（全47種類）を示すエラータグが付与されている（ただし，167ファイルのみ）。タグは XML（Extensible Markup Language）形式で，誤り箇所が開始・終了タグで囲まれている（図1）。タグの見出しには，品詞（e.g. n = noun, 名詞）と文法項目等の名称（e.g. num = number, 単数形・複数形の選択誤り）を組み合わせた誤りの種類が示さ

```
        品詞 文法項目等      訂正候補
          ↓   ↓             ↓
          <n_num crr="訂正">誤り箇所</n_num>
          開始タグ                        終了タグ
```

図1　エラータグの形式

れている。また，訂正候補（crr＝"訂正"）も加えられている。学習者の発話文には，図2のように付与される。

> I <v_tns crr="didn't have">don't have</v_tns> <F>mm</F> time when I had a job, but now, I have <F>um</F> <.></.> a lot of time <F>um</F> to study. So I like <F>mm</F> <av_pst crr="studying life better">better studying life</av_pst>.

<v_tns crr="訂正">：動詞の時制の誤り

図2　エラータグが付与された発話文の例

（2）エラータグを利用した学習困難点の特定

　エラータグを検索することにより，各種誤りの頻度や内容（例：誤り語と訂正語の組み合わせ・文脈）を把握することができる。これを復習において取り上げるべき学習ターゲットの発見に活かしたい。例えば，前置詞の誤り（<prp_lxc1>）を検索してみると図3のような結果が得られる。図3の「タグ内容」とは誤り語（＝タグが付与された語）のことである。ここが空白であるということは，訂正候補に示される前置詞が脱落していたことを示す。反対に，「訂正候補」が空白の場合は余分な前置詞が付けられていたことを示す。上位4パターンは in, at, on, for の脱落である。5番目に頻度が高い誤り（42箇所）は，on であるべきところで in を用いているパターンである。この行をクリックすると，42箇所それぞれにおける前後3語ずつの文脈を参照できる（次ページ図4）。

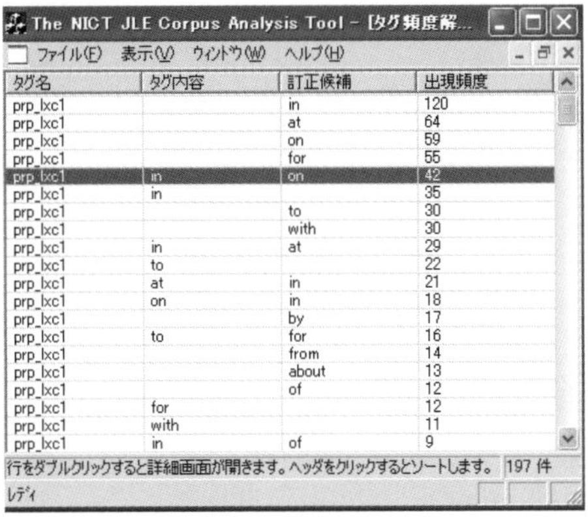

図3　前置詞誤りの検索結果画面

10章　学習者コーパスを活用した指導　229

The NICT JLE Corpus Analysis Tool - [タグ頻度解析結果詳細]

ファイル(F)　表示(V)　ウィンドウ(W)　ヘルプ(H)

ファイル名	L3	L2	L1	検索語	R1	R2	R3
E_file0034...	my	friend	er	<prp_lxc1 odr=“1”crr=“on”>in</prp_lxc1>	a	rainy	day
E_file0055...	is	a	snowman	<prp_lxc1 odr=“1”crr=“on”>in</prp_lxc1>	a	ground	And
E_file0054...	a	chair	sit	<prp_lxc1 odr=“2”crr=“on”>in</prp_lxc1>	a	chair	Er
E_file0000...	Just	a	using	<prp_lxc1 odr=“3”crr=“on”>in</prp_lxc1>	a	normal	road
E_file0082...	car	in	a	<prp_lxc1 odr=“1”crr=“on”>in</prp_lxc1>	a	road	And
E_file0030...	my	er	girlfriend	<prp_lxc1 odr=“1”crr=“on”>in</prp_lxc1>	a	rainy	days
E_file0055...	with	my	friend	<prp_lxc1 odr=“1”crr=“on”>in</prp_lxc1>	a	road	And
E_file0086...	XXX05	Station	is	<prp_lxc1 odr=“1”crr=“on”>in</prp_lxc1>	a	XXX07	station
E_file0084...	I	I	live	<prp_lxc1 odr=“1”crr=“on”>in</prp_lxc1>	apartment	ninth	floor
E_file0053...	she	is	live	<prp_lxc1 odr=“2”crr=“on”>in</prp_lxc1>	er	under	constructing
E_file0052...	with	them	yeah	<prp_lxc1 odr=“1”crr=“on”>in</prp_lxc1>	er	weekends	-
E_file0084...	at	the	station	<prp_lxc1 odr=“2”crr=“on”>in</prp_lxc1>	er	Toyoko	Tokyu
E_file0085...	-	I	live	<prp_lxc1 odr=“1”crr=“on”>in</prp_lxc1>	er	Yurakucho	Line
E_file0083...	Ah	in	holiday	<prp_lxc1 odr=“1”crr=“on”>in</prp_lxc1>	every	holiday	I
E_file0085...	uhm	they	hill	<prp_lxc1 odr=“2”crr=“on”>in</prp_lxc1>	hill	Etto	hum
E_file0082...	to	driving	and	<prp_lxc1 odr=“2”crr=“on”>in</prp_lxc1>	holidays	we	we
E_file0084...	my	holiday	ah	<prp_lxc1 odr=“3”crr=“on”>in</prp_lxc1>	my	er	weekends
E_file0085...	phone	in	with	<prp_lxc1 odr=“1”crr=“on”>in</prp_lxc1>	my	ears	And
E_file0084...	V	so	much	<prp_lxc1 odr=“1”crr=“on”>in</prp_lxc1>	o	ordinary	days
E_file0084...	with	him	err	<prp_lxc1 odr=“2”crr=“on”>in</prp_lxc1>	off-days	-	-
E_file0028...	dramas	or	something	<prp_lxc1 odr=“1”crr=“on”>in</prp_lxc1>	T	V	program
E_file0087...	'm	sorry	er	<prp_lxc1 odr=“1”crr=“on”>in</prp_lxc1>	the	er	left
E_file0048...	reading	newspapers	sitting	<prp_lxc1 odr=“3”crr=“on”>in</prp_lxc1>	the	chair	bench
E_file0084...	and	in	the	<prp_lxc1 odr=“1”crr=“on”>in</prp_lxc1>	the	weekend	err
E_file0084...	and	in	the	<prp_lxc1 odr=“1”crr=“on”>in</prp_lxc1>	the	right	side
E_file0055...	the	road	mm	<prp_lxc1 odr=“1”crr=“on”>in</prp_lxc1>	the	rainy	day
E_file0028...	surprised	the	person	<prp_lxc1 odr=“2”crr=“on”>in</prp_lxc1>	the	motor	car
E_file0085...	I	'm	sitting	<prp_lxc1 odr=“1”crr=“on”>in</prp_lxc1>	the	chair	Ahm
E_file0085...	-	She	lives	<prp_lxc1 odr=“1”crr=“on”>in</prp_lxc1>	the	ah	Ichigaya
E_file0041...	on	the	street	<prp_lxc1 odr=“1”crr=“on”>in</prp_lxc1>	the	rainy	day
E_file0080...	in	the	er	<prp_lxc1 odr=“4”crr=“on”>in</prp_lxc1>	the	rail	of
E_file0080...	when	I	was	<prp_lxc1 odr=“1”crr=“on”>in</prp_lxc1>	the	form	of
E_file0057...	give	them	oh	<prp_lxc1 odr=“2”crr=“on”>in</prp_lxc1>	the	Chris	eh
E_file0048...	know	But	maybe	<prp_lxc1 odr=“1”crr=“on”>in</prp_lxc1>	the	Internet	um
E_file0012...	XXX03	is	located	<prp_lxc1 odr=“1”crr=“on”>in</prp_lxc1>	the	very	flat
E_file0084...	Actually	he	is	<prp_lxc1 odr=“1”crr=“on”>in</prp_lxc1>	the	seventh	floor
E_file0055...	er	a	box	<prp_lxc1 odr=“1”crr=“on”>in</prp_lxc1>	the	ground	They
E_file0057...	in	a	rain	<prp_lxc1 odr=“2”crr=“on”>in</prp_lxc1>	the	rainy	day
E_file0038...	man	er	sitting	<prp_lxc1 odr=“1”crr=“on”>in</prp_lxc1>	the	bench	ee
E_file0087...	working	So	er	<prp_lxc1 odr=“1”crr=“on”>in</prp_lxc1>	the	holiday	we
E_file0082...	cat	is	sleeping	<prp_lxc1 odr=“1”crr=“on”>in</prp_lxc1>	the	bed	and
E_file0032...	a	little	hole	<prp_lxc1 odr=“1”crr=“on”>in</prp_lxc1>	the	side	of

図４　on を in で誤用しているパターンにおける前後の文脈を示す画面

この結果を詳しく見ると on を in で誤用しやすいパターンが見えてくる（図４の結果画面の各行をクリックすれば，実際のファイルの該当行にジャンプし，さらに広い文脈を参照できる）。

●時間の表現における on

➢ 特定の短期間を指す場合の on を in で誤用する

例）* In the weekend, they spent their time freely.

例）*I was taking a walk with my girlfriend in a rainy day.

例）I will give them the presents in the Christmas Eve.

➢ 不特定のある期間を指す場合の on weekends や on holidays を in を用いた表現で誤用する

例）* So, in the holiday, we have to do some housework.

例）* I have to work even in my weekends.

●場所の表現における on

➢ 「～(椅子など) に座る」の sit on / at ～を sit in ～と誤用する

例）*A lady sits in a chair.
　　例）*And an old man reading newspapers is sitting in a bench.
➢ 「地面の上に」の"on the ground"を"in the ground"と誤用する
　　例）*There is a snowman in the ground.
　　例）*At the corner there was a box in the ground.

これらのパターンを基に，以下のような学習ターゲットを計画することができる。

✓ 時間や期間を表す前置詞 on / in / at の使い分けを復習する
　➢ 初級学習者向けには，on / in / at の単純な違いのみをターゲットとする
　➢ 中級〜上級学習者向けには，不特定の期間を表す on weekends / holidays などとの使い分けも対象に入れる
✓ 場所を表す前置詞 on / in / at の使い分けを復習する
　➢ 初級学習者向けには，「〜に座る」という基本表現（sit on a chair や sit at a desk など）における前置詞をターゲットとする
　➢ 中級〜上級学習者向けには，椅子の種類や座り方によって on と in の使い分けの必要が生じることも提示する
　➢ on the ground と in the ground の意味の違いを考える

(3) 学習の進め方

　（2）で計画された学習ターゲットを実際にどのような形式で復習するかについては，いくつかの可能性が考えられる。学習者コーパスを用いたデータ駆動型学習のような気づき学習形式で進める場合は，学習者コーパスからの負例と母語話者コーパスからの正例を提示して比較させるとよいだろう。Nesselhauf（2004, p. 144）は学習者コーパスを利用したデータ駆動型学習は以下のような手順で進めるべきとしている。前提として，データ駆動型学習でターゲットとする言語項目は学習者が学習済みのものに限るとされる。

Step 1：事例の収集
　　学習ターゲットに関連する使用の実例を学習者および母語話者コーパスからそれぞれコンコーダンス検索で収集し，学習者が見やすい形式，数に編集する。ただし，あまり長い文脈でのコンコーダンス

結果表示は学習者を混乱させるため，1フレーズ，長くても1文内で問題を発見できるような，狭い文脈で解決できる学習ターゲットを取り上げるべきである。

Step 2：学習者への事例の提示

まず母語話者コーパスからの例を提示する。その後に学習者コーパスからの例を提示する。この順番には，先に正例を確認させておくことでより負例に気づきやすくする狙いがある。

Step 3：ポイントの確認

学習者からStep 2の比較で気づいた違いを聞き取り，教師がポイントをまとめる。

Step 4：練習問題による定着

Step 3で確認したポイントを練習問題によって定着させる。ただし場合によっては，確認した項目だけを対象にするとあまりにも平易すぎる演習になる可能性がある。その場合は，関連する項目を追加すると，学習者はよりやりがいを感じる。

　学習の成果をビフォー・アフターでより実感しやすくするには，事前にクイズを実施し，学習者が自分の習得状況をあらかじめ確認できるようにしておくのもよいかもしれない。そこで自分の習得状況に問題があると学習者が気づけば，以降のプロセスにより積極的に取り組むだろう。また，Step 1で学習者に提示するだけの十分な数の例を収集できない場合は，作例で補ったり，気づき学習ではない形式（学習者コーパスを学習ターゲット選択のためだけに利用する）で進めることもできる。

（4）その他学習ターゲットの提案

　NICT JLEコーパスには47種類のエラータグが付与されている。（3）で示したもの以外にもさまざまな学習ターゲットを見出すことができる。以下にその一部を紹介する。

1）和製英語

　和製英語の使用を示すエラータグ <o_je> を検索すると，次ページの図5のような和製英語とその訂正候補の一覧が得られる。この中から学習者がよく用いる機会がありそうなものを選び出し，授業冒頭でのクイズなどのウォーム・アップ活動に活かすことができる。

The NICT JLE Corpus Analysis Tool - [タグ頻度解析結果]

ファイル(F)　表示(V)　ウィンドウ(W)　ヘルプ(H)

タグ名	タグ内容	訂正候補	出現頻度
o_je	soft cream	soft ice cream	5
o_je	depart	department store	4
o_je	boy	waiter	3
o_je	one-room	bed-sitting room	2
o_je	hamburg	hamburg steak	2
o_je	form	platform	2
o_je	mansion	apartment	2
o_je	jet coaster	roller coasters	2
o_je	one piece	dress	2
o_je	super	supermarket	2
o_je	classic	classical music	1
o_je	curry	curry and rice	1
o_je	brand good	brandname goods	1
o_je	engage	engagement	1
o_je	biru	buildings	1
o_je	free arbeiter	part-time worker	1

図５　和製英語の検索結果画面

2）very と so の使い分けの誤り

副詞の語彙誤りを示すエラータグ <av_lxc> を検索すると，図 6 のような結果が得られる。このうち，3 番目に多い very を so で誤用しているパターンについて，前後の文脈を見てみると（次ページ図 7），学習者が「so ＋形容詞＋名詞」という構造を使用していることが分かる。これを so と very の使い分けの復習に活用できる（中～上級者向けには，such も加えて 3 者の使い分けの復習にもつなげることができる）。

タグ頻度解析結果

タグ名	タグ内容	訂正候補	出現頻度
av_lxc	sometime	sometimes	18
av_lxc		there	14
av_lxc	so	very	10
av_lxc	very		8
av_lxc	yes	no	7
av_lxc	well	much	7
av_lxc	only	just	6
av_lxc	there		6
av_lxc	here	there	6
av_lxc	very	very much	5
av_lxc	something	so	4
av_lxc	normally	usually	4
av_lxc	yeah	no	4
av_lxc	many times	often	4
av_lxc		much	4
av_lxc	one time	once	4
av_lxc		back	4
av_lxc	around	about	4

図６　副詞の語彙選択誤りの検索結果画面

ファイル名	L3	L2	L1	検索語	R1	R2	R3
E_file00818.stt	in	the	countryside	<av_lxc odr="3" crr="very">so</av_lxc>	poor	people	I
E_file00440.stt	thunder	and	rain	<av_lxc odr="4" crr="very">so</av_lxc>	heavy	right	after
E_file00328.stt	like	this	color	<av_lxc odr="1" crr="very">so</av_lxc>	much	and	I
E_file00310.stt	I	'm	not	<av_lxc odr="2" crr="very">so</av_lxc>	good	golf	player
E_file00309.stt	Malaysia	is	not	<av_lxc odr="1" crr="very">so</av_lxc>	safety	place	I
E_file00309.stt	there	are	not	<av_lxc odr="2" crr="very">so</av_lxc>	much	public	transportation
E_file00475.stt	I	really	like	<av_lxc odr="1" crr="very">so</av_lxc>	romantic	movie	and
E_file00546.stt	it	was	a	<av_lxc odr="1" crr="very">so</av_lxc>	cold	day	and
E_file00828.stt	-	Kobe	is	<av_lxc odr="1" crr="very">so</av_lxc>	exotic	city	-
E_file00828.stt	ago	in	Kobe	<av_lxc odr="1" crr="very">so</av_lxc>	big	earthquake	so

図7　very を so で誤用しているパターンにおける前後の文脈を示す画面

3) 代名詞の脱落

動詞の補部に関する誤りを検索すると，目的語としての代名詞が省略されがちであることが分かる（図8）。ライティングやスピーキングの際の注意点として取り上げることができる。

タグ名	タグ内容	訂正候補	出現頻度
v_cmp	like	like it	12
v_cmp	see	see it	7
v_cmp	use	use it	6
v_cmp	bought	bought it	4
v_cmp	appreciate	appreciate it	3
v_cmp	do	do it	3
v_cmp	put	put them	2
v_cmp	put	put it	2
v_cmp	like go	like to go	2
v_cmp	like	like them	2
v_cmp	want go	want to go	2
v_cmp	seem to have	feel that i have	2
v_cmp	want to this one	want this one	2
v_cmp	learn	learned it	2
v_cmp	watching	watching them	2
v_cmp	know	know it	2
v_cmp	growing	growing it	2
v_cmp	go to camping	go camping	2
v_cmp	give	give him	2
v_cmp	get back the money	get the money back	2
v_cmp	exchange	exchange this	2
v_cmp	enjoy to play	enjoy playing	2
v_cmp	want	want you	2
v_cmp	went for shopping	went shopping	2
v_cmp	bought	bought them	2
v_cmp	check	check it	2
v_cmp	bought	bought this	2
v_cmp	change	change this	2
v_cmp	buy	buy them	2
v_cmp	buy	buy it	2

行をダブルクリックすると詳細画面が開きます。ヘッダをクリックするとソートします。　351 件

図8　動詞の補部構造に関する誤りの検索結果画面

(5) まとめ

　本節では，NICT JLE コーパスのエラータグを利用した学習困難点の発見と学習への応用を提案した。本コーパスのうちエラータグが付与されているのはごく一部（167ファイル）であるため，すべての種類の誤りについて十分な数の事例を得られる訳ではない。しかし，たとえコーパス内での頻度が低い誤りでも，教師はそれを日頃の教育経験における印象や直感と照らし合わせることにより，学習ターゲットとして取り上げる価値があるかどうか判断することができる。また，9段階で示される習熟度レベルごとに誤りを検索すれば，対象とする学習者のレベルにより適したターゲットを選択することもできる。さらに，本節では誤りのみを参照したが，学習者が「できていること」も併せて参照すれば，より正確な習得状況を知ることができるだろう。

参考文献

Abe, M. (2007a). A corpus-based investigation of errors across proficiency levels in L2 spoken production. *JACET Journal, 44*, 1-14.

Abe, M. (2007b). Grammatical errors across proficiency levels in L2 spoken and written English. *The Economic Journal of Takasaki City University of Economics, 49*, 117-129.

Adel (2006). *Metadiscourse in L1 and L2 English*. Amsterdam: John Benjamins.

Alderson, C. (1996). Do corpora have a role in language assessment? In Thomas, J. & Short, M. (eds.), *Using Corpora for Language Research*, (pp. 248-59). London: Longman.

Altenberg, B., & Tapper. M. (1998). The Use of adverbial connectors in advanced Swedish learners' written English. In Granger S. (ed.) *Learner English on computer*. London: Longman.

Andersen, R. W. (1984). The one to one principle of interlanguage construction. *Language Learning, 34*, 77-95.

Arnaud, P. J. L. (1984). The lexical richness of L2 written productions and the validity of vocabulary tests. In T. Culhane, C. Klein-Braley, & D. K. Stevenson (Eds.), *Practice and problems in language testing*, (pp. 14-28). Colchester, England: University of Essex.

Attali, Y., & Burstein, J. (2006). Automated essay scoring with e-rater® V. 2. *Journal of Technology, Learning and Assessment, 4* (3). Available from http://www.jtla.org.

Baayen, R. H. (2008). *Analyzing linguistic data: A practical introduction to statistics using R*. Cambridge: Cambridge University Press.

Baayen, R. H., Davidson, D. J., & Bates, D. M. (2008). Mixed-effects modeling with crossed random effects for subjects and items. Journal of Memory and Language, 59 (4), 390-412. doi：10.1016/j.jml.2007.12.005

Barlow, M. (2005). Computer-based analyses of learner language. In Ellis, R., & Barkhuizen, G. *Analysing Learner Language*, (pp. 335-357). Oxford: Oxford University Press.

Barron, A. (2003). *Acquisition in Interlanguage Pragmatics*. Amsterdam: John Benjamins Publishing Co.

Bates, D. M. (2010). Lme4：Mixed-effects modeling with R. Retrieved from http://lme4.r-forge.r-project.org/book/

Biber, D., Conrad, S., & Reppen, R. (1998). *Corpus linguistics: Investigating language structure and use*. Cambridge: Cambridge University Press.

Biber, D., Johansson S., Leech, G., Conrad, S. & Finegan, E. (Eds.) (1999). *Longman Grammar of Spoken and Written English*. Harlow：Pearson Education.

Breiman, L. (1996). Bagging predictors. *Machine Learning, 24* (2)

Breiman, L. (2001). Random Forests. *Machine Learning, 45* (1): 123-140, 5-32.

Breiman, L., Friedman, J.H., Olshen, R.A., and Stone, C.J. (1984). *Classification and Regression Trees*. Belmont, CA: Wadsworth International Group.

Brown, G., & Yule, G. (1983). *Discourse analysis*. Cambridge: Cambridge University Press.

Brown, R. (1973). *A first language: The early stages*. London: George Allen & Unwin.

Burnard, L., & McEnery, B. (Eds.) (2000). *Rethinking Language Pedagogy from a Corpus Perspective*. Frankfurt: Peter Lang.

Butler, Y. G. (2002). Second language learners' theories on the use of English articles：An analysis of the metalinguistic knowledge used by Japanese students in acquiring the English article

system. *Studies in Second Language Acquisition, 24*, 451-480.
Chafe, W. L. (1976). Givenness, contrastiveness, definiteness, subjects, topics, and point of view. In C. N. Li (Ed.), *Subject and Topic*, (pp. 25-55). New York: Academic Press.
Cheng L., Klinger D. A., & Zheng Y. (2007). The challenges of the Ontario Secondary School Literacy Test for second language students. *Language Testing, 24* (2), 185-208.
Cohen, J. (1988). *Statistical power analysis for the behavioral sciences* (2nd ed.).Hillsdale, NJ: Lawrence Erlbaum.
Cook, V. J. (1992). Evidence for multicompetence. *Language Learning, 42*, 557-591.
Corder, S. P. (1967). Significance of learner errors. *International Review of Applied Linguistics 5*, 161-169.
Corder, S. P. (1981). *Error Analysis and Interlanguage*. London: Oxford University Press.
Dagneaux, E., Denness, S., & Granger, S. (1998). Computer-aided error analysis. *System: An International Journal of Educational Technology and Applied Linguistics, 26*, 163-174.
Daller, H., & Phelan, D. (2007). What is in a teacher's mind? Teacher ratings of EFL essays and different aspects of lexical richness. In H. Daller, J. Milton, & J. Treffers-Daller (Eds.), *Modelling and assessing vocabulary knowledge*, (pp. 93-115). Cambridge University Press.
Davitz, J. R., & Davitz, L. L. (1959). The communication of feelings by content-free speech. *Journal of Communication 9*, 6-13
De Cock, S. (2004). Preferred sequences of words in NS and NNS speech. *Belgian Journal of English Language and Literature (BELL), 2*, 225-246.
Dewaele, J., & Pavlenko., A. (2002). Emotion vocabulary in interlanguage. *Language Learning, 52*, 263-322.
Dulay, H., & Burt, M. (1975). Creative construction in second language learning and teaching. In Burt, M. and Dulay, H. (eds.), *On TESOL'75: New Directions in Second Language Learning, Teaching and Bilingual Education* , (pp. 21-32). Washington, D.C.: TESOL.
Ellis, R. (2008). *The study of second language acquisition*. Oxford: Oxford University Press.
Ellis, R., & Barkhuizen, G. (2005). *Analysing learner language*. Oxford: Oxford University Press.
Firch, C., & Kasper, G. (1984). Two ways of defining communication strategies. *Language Learning, 34*, 45-63.
Færch, C., Haastrup, K., & Phillipson, R. (1984). *Learner Language and Language Learning*. Copenhagen: Multilingual Matters.
Ferris, D. R. (1994). Lexical and Syntactic Features of ESL Writing by Students at Different Levels of L2 Proficiency. *TESOL Quarterly, 28* (2), 414-420.
Firth, J.R. (1935). 'The technique of semantics', *Transactions of Philological Society*, 36-72.
Fletcher, W. (2003/2004). PIE：Phrases in English. http://phrasesinenglish.org/
Gamon, M., Leacock, C., Brockett, C., Dolan, W. B., Gao, J., Belenko, D., & Klementiev, A. (2009). Using Statistical Techniques and Web Search to Correct ESL Errors. *Calico Journal, 26* (3), 491-511.
Gardner, R., & Wagner, J. (2004). *Second language conversations*. London: Continuum.
Gardner, R. (2004). On delaying the answer：Question sequences extended after the question. In R. Gardner & Wagner, J. *Second Language conversations*, (pp. 246-266). London: Continuum.
Garside, R., & Smith, N. (1997). A hybrid grammatical tagger: CLAWS4. In Garside, R., Leech, G., & McEnery, A. (Eds.), *Corpus annotation: Linguistic information from computer text corpora*, pp. 102-121. London: Longman.
Gentner, D. (1982). Why nouns are learned before verbs: Linguistic relativity versus natural partitioning. In Kuczaj, S. A. (Ed.), *Language, thought and culture*, (pp. 301-334). Hillsdale: L.

Erlbaum Associates.

Gilquin, G. (2007). To err is not all: What corpus and elicitation can reveal about the use of collocations by learners. *Zeitschrift für Anglistik und Amerikanistik*, 55 (3), 273-291.

Gilquin, G., De Cock, S., & Granger, S. (2010). *The Louvain International Database of Spoken English Interlanguage*. Handbook and CD-ROM. Louvain-la-Neuve: Presses universitaires de Louvain.

Girard, M., & Sionis, C. (2004). 'The functions of formulaic speech in the L2 class', *Pragmatics, 14* (1), 31-53.

Givón, T. (Ed.). (1983). *Topic continuity in discourse. A quantitative cross-language study*. Amsterdam and Philadelphia: John Benjamins.

Graham, C. R., Hamblin, A. W., & Feldstein, S. (2001). Recognition of emotion in English voices by speakers of Japanese, Spanish and English. *International Review of Applied Linguistics in Language Teaching, 39*, 19-37.

Granger, S. (1993). The International Corpus of Learner English. *The European English Messenger*, p. 34.

Granger, S. (1996). Exploiting learner corpus data in the classroom: Form-focused instruction and data-driven learning. In *Proceedings of Teaching and Language Corpora 1996 (TALC 1996)*, 9-12.

Granger, S. (1998). Prefabricated patterns in advanced EFL writing: collocations and formulae. In A. P. Cowie (Ed.), *Phraseology: Theory, Analysis, and Applications*, pp. 145-160. Oxford : Oxford University Press.

Granger, S. (1998). The computer learner corpus: a versatile new source of data for SLA research. In Granger, S. (Ed.). *Learner English on Computer*. Harlow: Longman.

Granger, S. (1998). The computer learner corpus: a versatile new source of data for SLA research' In Granger, S (Ed.), *Learner English on Computer*. Longman.

Granger, S. (1999). Use of tenses by advanced EFL learners: Evidence from an error-tagged computer corpus. In Hasselgård, H., & Oksefjell, S. (Eds.), *Out of Corpora: Linguistic information from computer text corpora*, (pp. 191-202). Amsterdam: Rodopi.

Granger, S. (2002). A Bird's-eye view of learner corpus research. In S. Granger, J. Hung, & S. Petch-Tyson (Eds.), *Computer Learner Corpora, Second Language Acquisition and Foreign Language Teaching*, (pp. 3-33). Amsterdam: John Benjamins.

Granger, S. (2003). Error-tagged learner corpora and CALL: A promising synergy. *CALICO Journal, 20* (3), 465-480.

Granger, S. (Ed.) (1998). *Learner English on Computer*. London: Addyson Wesley Longman. シルヴィアン・グレンジャー (編著), 望月通子, 船城道雄 (監訳) (2008)『英語学習者コーパス入門：SLAとコーパス言語学の出会い』研究社出版

Granger, S., & Tribble, C. (1998). Learner corpus data in the foreign language classroom : form-focused instruction and data-driven learning. In S. Granger, (Ed.), *Learner English on computer,* (pp. 199-209). London: Addyson Wesley Longman.

Granger, S., Dagneaux, E., Meunier, F., & Paquot, M. (2009). *The International Corpus of Learner English*. Version 2. Handbook and CD-ROM. Louvain-la-Neuve: Presses universitaires de Louvain.

Granger, S., Hung, J., & Petsh-Tyson, S. (Eds.) (2002). *Computer Learner Corpora, Second Language Acquisition and Foreign Language Teaching*. Amsterdam: John Benjamins.

Greenbaum, S., & Svartvik, J. (2002). *The London-Lund Corpus of Spoken English*. <http://khnt.hit.uib.no/icame/manuals/LONDLUND/INDEX.HTM>

Hadley, A. O. (2001). Teaching for cultural understanding in Hadley, A. (Ed.), *Teaching Language in Context* (3rd Edition). Heinle & Heinle.

Hadley, P. A., & Holt, J. K. (2006). Individual differences in the onset of tense marking: A growth-curve analysis. *Journal of Speech, Language, and Hearing Research, 49* (5), 984-1000. doi: 10.1044/1092-4388 (2006/071)

Hakuta, K. (1976). A case study of a Japanese child learning English as a second language. *Language Learning, 26*, 321-51.

Hall, E. T. (1976). *Beyond Culture*. New York: Anchor Books

Hawkins, J. A. (1994). *A performance theory of order and constituency*. Cambridge: Cambridge University Press.

Hawkins, J. A., & Filipović, L. (2012). *Criterial features in L2 English: Specifying the reference levels of the Common European Framework*. Cambridge: Cambridge University Press.

Hess, G., Haug, H., & Landry, R. (1989). The reliability of type-token ratios for the oral language of school age children. *Journal of Speech and Hearing Research, 32*, 536-540.

Hinkel, E. (2003). Simplicity without Elegance: Features of Sentences in L1 and L2 Academic Texts. *TESOL Quarterly, 37* (2), 275-301.

Hofland, K., Lindebjerg, A., & Thunestvedt, J. (1999). *ICAME Collection of English Language Corpora* (second edition). The HIT Centre University of Bergen, Norway.

Homburg, T. J. (1984). Holistic evaluation of ESL compositions: Can it be validated objectively? *TESOL Quarterly 18* (1), 87-107. doi: 10.2307/3586337

Hox, J. (2010). *Multilevel analysis: Techniques and applications* (second edition). New York: Lawrence Erlbaum Associates.

Huberty C. J. (1994). *Applied Discriminant Analysis*. New York: John Wiley & Sons, Inc.

Huebner, T. (1985). System and variability in interlanguage syntax. *Language Learning, 35*, 141-163.

Hughes, R. (2002). *Teaching and Researching Speaking*. Pearson Education.

Hulstijn, J. H. (1990). A comparison between the information-processing and the analysis / control approaches to language learning. *Applied Linguistics, 11*, 30-45

Hulstijn, J. H., Schoonen, R. de Jong N. H., Steinel M. P., & Florijn A. (2012). Linguistic competences of learners of Dutch as a second language at the B1 and B2 levels of speaking proficiency of the Common European Framework of Reference for Languages (CEFR). *Language Testing, 29* (2), 203-221.

Hunston, S. (2002). *Corpora in Applied Linguistics*. Cambridge: Cambridge University Press.

Ikegami, Y. (2008). Subjective construal as a 'fashion of speaking' in Japanese. In M. Gomez Gonzalez et al. (Eds.) *Current trends in contrastive linguistics: Functional and cognitive perspectives*. (pp. 227-250). Amsterdam: John Benjamins.

Ionin, T. (2003). Article semantics in second language acquisition, Ph.D. thesis, MIT. Distributed by *MIT Working Papers in Linguistics*.

Ishikawa, S. (1995). Objective measurement of low-proficiency EFL narrative writing. *Journal of Second Language Writing 4* (1), 51-69. doi: 10.1016/1060-3743 (95) 90023-3

Ishikawa, S. (Ed.) (2013). *Learner Corpus Studies in Asia and the World*. School of Languages and Communication, Kobe University.

Iwashita, N., Brown, A., McNamara, T., & O'Hagan, S. (2008). Assessed Levels of Second Language Speaking Proficiency: How Distinct? *Applied Linguistics, 29* (1), 24-49.

Izumi E., Uchimoto K., & Isahara, H. (2006). Measuring intelligibility of Japanese learner English. *Lecture Notes in Computer Science*, 476-487.

James, C. (1998). *Errors in language learning and use: Exploring error analysis.* Harlow: Longman.

John, G.H., & Langley, P. (1995). Estimating Continuous Distributions in Bayesian Classifiers. In *Proceedings of the Eleventh Conference on Uncertainty in Artificial Intelligence,* pp. 338-345. San Mateo: Morgan Kaufmann.

Johns, T. (1997). Contexts：The background, development and trailing of a concordance-based CALL program. In A. Wichmann, S. Figelstone, T. McEnery, & G. Knowles (Eds.), *Teaching and language corpora* (pp. 100-115). London: Longman.

Johnson M., & Tyler, A. (1998). Re-analyzing the OPI: How much does it look like natural conversation? In R. Young & A. W. He (Eds.), *Talking and testing: Discourse approaches to the assessment of oral proficiency* (pp. 27-52). Amsterdam/Philadelphia: John Benjamins.

Johnson, K. (2008). *Quantitative Methods in Linguistics.* Oxford: Blackwell.

Kaneko, T. (2003). The use of negative emotional expression in English by non-native speakers: a corpus-based comparative study. [『日本人英語学習者の話し言葉，書き言葉のコーパス作成とその語用論的対照分析』 平成12年度〜平成14年度科学研究費補助金（基盤研究（C）(1) 研究課題番号：12610565) 研究成果報告書．]

Kaneko, T. (2004). The use of past tense forms by Japanese learners of English. In Nakamura, J., Inoue, N., & Tabata, T. (Eds.), *English corpora under Japanese eyes* (pp. 215-230). Amsterdam: Rodopi.

Kaneko, T. (2007). Why so many errors?: Use of articles by Japanese Learners of English. *Gakuen 798,* 1-16. Tokyo: Showa Women's University.

Kaneko, T. (2009). Use of mother tongue in English-as-a-foreign-language speech by Japanese university students. *Gakuen 822,* 25-41. Tokyo: Showa Women's University.

Kasper, G., & Ross, S. (2007). Multiple questions in oral proficiency interviews. *Journal of Pragmatics 39,* 2045-2070.

Kennedy, G. (1998). *An introduction to corpus linguistics.* Harlow: Addison Wesley Longman.

Kohavi, R. (1995). The Power of Decision Tables. In *Proceedings of European Conference on Machine Learning,* (pp. 174-189). Frankfurt: Springer Verlag.

Koizumi, R. (2005). Speaking performance measures of fluency, accuracy, syntactic complexity, and lexical complexity. *JABAET Journal, 9,* 5-33.

Kramer, E. (1964). Elimination of verbal cues in judgment of emotion from voice. *Journal of Abnormal and Social Psychology, 68,* 390-396.

Langacker, R.W. (1987). *Foundations of cognitive grammar, volume 1, theoretical prerequisites.* Stanford, California: Stanford University Press.

Larsen-Freeman, D., & Long, M. H. (1991). *An introduction to second language acquisition research.* Harlow: Longman.

Larson-Hall, J., & Herrington, R. (2010). Improving data analysis in second language acquisition by utilizing modern developments in applied statistics. *Applied Linguistics, 31* (3), 368-390. doi：10.1093/applin/amp038

Laufer, B. (1998). The development of passive and active vocabulary in a second language: Same or different? *Applied Linguistics, 19,* 255-271.

Laufer, B., & Nation, P. (1995). Vocabulary Size and Use: Lexical Richness in L2 Written Production. *Applied Linguistics, 16* (3), 307-322.

Laufer, B., & Paribakht, T. S. (1998). The relationship between passive and active vocabularies: Effects of language learning context. *Language Learning, 48* (3), 365-391.

Lazaraton, A. (1996). Interlocutor support in oral proficiency interviews: The case of CASE,

Language Testing 13, 151-172.
le Cessie, S., & van Houwelingen, J.C. (1992). Ridge Estimators in Logistic Regression. *Applied Statistics, 41* (1): 191-201.
Lee, S., & Lee, G. (2009). Realistic Grammar Error Simulation using Markov Logic. In *Proceedings of the 47th Annual Meeting of the Association for Computational Linguistics and the 4th International Joint Conference on Natural Language Processing of the AFNLP*, 2-7, 81-84.
Lewis, M. (2000) *Teaching collocation: Further developments in the lexical approach.* Hove: Language Teaching Publications.
Linnarud, M. (1986). *Lexis in composition: A performance analysis of Swedish learner's written English.* Malmö: CWK Gleerup.
Lorenz, G. (1998). Overstatement in advanced learners' writing: stylistic aspects of adjective intensification. In S. Granger (Ed.), *Learner English on Computer* (pp. 53-66). New York: Addison Wesley Longman.
Lorenz, G. (1999). *Adjective Intensification — Learners versus Native Speakers. A Corpus Study of Argumentative Writing.* Amsterdam & Atlanta: Rodopi.
Lu, X. (2010). Automatic analysis of syntactic complexity in second language writing. *International Journal of Corpus Linguistics, 15* (4), 474-496.
Mackey, W. F. (1965). *Language Teaching Analysis.* London: Longman.
Malvern, D., & Richards, B. (1997). A new measure of lexical diversity. In A. Ryan, & A. Wray (Eds.), *Evolving models of language*, pp. 58-71. Clevedon: Multilingual Matters.
Malvern, D., & Richards, B. (2002). Investigating accommodation in language proficiency interviews using a new measure of lexical diversity. *Language Testing, 19* (1), 85-104.
Malvern, D., Richards, B., Chipere, N., & Durán, P. (2004). *Lexical diversity and language development: Quantification and assessment.* Basingstoke: Palgrave Macmillan.
Martelli, A. (2008). *Lexical Collocations in Learner English: a Corpus-based Approach.* Alessandria: Edizioni dell'Orso.
McCarthy, P. M., & Jarvis, S. (2010). MTLD, vocd-D, and HD-D: A validation study of sophisticated approaches to lexical diversity assessment. *Behavior Research Methods 42* (2), 381-392.
McKee, G., Malvern, D. D., & Richards, B. J. (2000). Measuring vocabulary diversity using dedicated software. *Literary and Linguistic Computing 15*, 323-337.
Meara, P., & Bell, H. (2001). P_Lex: A simple and effective way of describing the lexical characteristics of short L2 texts. *Prospect, 16* (3), 5-19.
Meunier, F. (1998). Computer tools for learner corpora. In Granger, S. (Ed.), *Learner English on computer* (pp. 19-37). Harlow: Addison Wesley Longman.
Meunier, F. (2011). *Corpora, SLA and EFL: Assessing Interlanguage Syntactic Complexity.* Amsterdam & Atlanta: Rodopi.
Meyer, H. (2008). The pedagogical implications of L1 use in the L2 classroom. *Maebashi Kyoai Gakuen College Papers, 8*, 147-159.
Michel, J-B., Shen, Y. K., Aiden, A. P., Veres, A., Gray, M. K., The Google Books Team, Pickett, J. P, Hoiberg, D., Clancy, D., Norvig, P., Orwant, J., Pinker, S., Nowak, M. A., & Aiden, E. L. (2011), Quantitative Analysis of Culture Using Millions of Digitized Books, *Science*, Vol. 331, No. 6014, pp. 176-182.
Milmoe, S., Rosenthal, R., Blane, H. T., Chafetz, M. E., & Wolf, I. (1967). The doctor's voice: Post dictum of successful referral of alcoholic patients. *Journal of Abnormal Psychology 72*, 78-84.
Milton, J. (1998). Exploiting L1 and interlanguage corpora in the design of an electronic language

learning and production environment. In Granger, S. (ed.), *Learner English on Computer* (pp. 186-98). London & New York: Addison Wesley Longman.

Moder, C. L., & Halleck, G. B. (1998). Framing the language proficiency interview as a speech event: native and non-native speakers' questions. In R. Young & W. E. He (Eds.), *Talking and testing: Discourse approaches to the assessment of oral proficiency* (pp. 117-146). Philadelphia/ Amsterdam: John Benjamins.

Nakamura, J. (1995). Text typology and corpus: A critical review of Biber's methodology. *English Corpus Studies, 2,* 75-90.

Nakatani, Y. (2005). The effects of awareness-raising training on oral communication strategy use. *The Modern Language Journal, 89,* 76-91.

Nesselhauf, N. (2004). Learner corpora and their potential for language teaching. In J. Sinclair, (Ed.), *How to use corpora in language teaching* (pp. 125-152). Amsterdam: John Benjamin Publishing Company.

Nesselhauf, N. (2005). *Collocations in a Learner Corpus.* Amsterdam: John Benjamins.

O'Keeffe, A., McCarthy, M., & Carter, R. (2007). *From Corpus to Classroom.* Cambridge: Cambridge University Press.

O'Malley, J. M., & Chamot, A. U. (199). *Learning Strategies in Second Language Acquisition.* Cambridge: Cambridge University Press.

Paquot, M. (2010). *Academic Vocabulary in Learner Writing: From Extraction to Analysis.* London & New York: Continuum.

Parker, M. D., & Brorson, K. (2005). A comparative study between mean length of utterance in morphemes (MLUm) and mean length of utterance in words (MLUw). *First Language, 25* (3), 365-376. doi: 10.1177/0142723705059114

Pawley, A., & Syder, F. H. (1983). Two puzzles for linguistic theory : Nativelike selection and nativelike fluency. In J. Richards & R. Schmidt (Eds.), *Language and communication* (pp. 191-226). London: Longman.

Pomerantz, A. M. (1984). Pursuing a response. In J. M. Atkinson and J. Heritage (Eds.), *Structures of Social Action: Studies in Conversation Analysis,* pp. 152-163. Cambridge: Cambridge University Press.

Quinlan, R. (1993). *C4.5: Programs for Machine Learning.* San Mateo: Morgan Kaufmann.

Quirk, R., Greenbaum, S., Leech, G., & Svartvik, J. (1985). *A Comprehensive Grammar of the English Language.* London: Longman.

Radden, G., & R. Dirven. (2007). *Cognitive English grammar.* Amsterdam: John Benjamins.

Reid, J. (1986). Using the Writer's Workbench in composition teaching and testing. In C. Stansfield (Ed.), *Technology and language testing* (pp. 167-188). Alexandria, VA: TESOL.

Rice, M. L., Smolik, F., Perpich, D., Thompson, T., Rytting, N., & Blossom, M. (2010). Mean length of utterance levels in 6-month intervals for children 3 to 9 years with and without language impairments. *Journal of Speech, Language, and Hearing Research, 53* (2), 333-349. doi: 10.1044/1092-4388 (2009/08-0183)

Rintell, E. M. (1984). But how did you feel about that?: The learner's perception of emotion in speech. *Applied Linguistics, 5,* 255-264.

Rintell, E. M. (1989). That reminds me of a story : The use of language to express emotion by second-language learners and native speakers' in Eisenstein, M. R. (Ed.), *The Dynamic Interlanguage: Empirical Studies in Second Language Variation.* Plenum Press.

Ross, S. (1992). Accommodative questions in oral proficiency interviews, *Language Testing, 9,* 173-186.

Ross, S. (1998). Divergent frame interpretation in oral proficiency interview interaction, In R. Young & W. E. He (Eds.), *Talking and testing: Discourse approaches to the assessment of oral proficiency*, pp. 333-353. Amsterdam / Philadelphia: John Benjamins.

Ross, S. (2007). A comparative task-in-interaction analysis of OPI backsliding. *Journal of Pragmatics, 39*, 2017-2044.

Schegloff, E.A., Jefferson, G., & Sacks, H. (1977). The preference for self-correction in the organization of repair in conversation. *Language 53*, (2), 361-382.（シェグロフ E. A. ジェファソン G. & サックス H. 西阪仰（訳）サフト S.（翻訳協力）(2010). 会話分析基本論集──順番交替と修復の組織　世界思想社）

Shirai, Y., & Andersen, R. W. (1995). The acquisitoin of tense-aspect morphology : A prototype account. *Language, 71* (4), 743-762.

Sinclair, J. (1991). *Corpus, Concordance, Collocation*. Describing English Language Series. Oxford: Oxford University Press.

Sinclair, J. (2005). Corpus and text ─ Basic principles. In Wynne, M. (Ed.), *Developing Linguistic Corpora: a Guide to Good Practice* (pp. 1-16). Oxford: Oxbow Books.

Stubbs, M. (2007). An example of frequent English phraseology : distributions, structures and functions. In Facchinetti, Roberta (Ed.) *Language and Computers: Corpus Linguistics 25 Years on*. (pp. 89-105). Amsterdam / New York: Rodopi.

Sugiura, M., Narita M., Ishida T., Sakaue T., Murao R., & Muraki K. (2007). A Discriminant Analysis of Non-native Speakers and Native Speakers of English. *Proceedings of Corpus Linguistics 2007*

Swam, M. (1985). A critical look at the communicative approach. *English Language Teaching Journal, 39*, 95-101.

Swan, M., & Smith, B. (Eds.) (2001). *Learner English*. 2nd edition. Cambridge University Press.

Tabata, T. (2002). Investigating stylistic variation in Dickens through correspondence analysis of word-class distribution. In Saito, T., Nakamura, J., & Yamazaki, S. (Eds.), *English corpus linguistics in Japan* (pp. 165-182). Amsterdam: Rodopi.

Takano, E. (2012). Japanese university students' production of the English motion verbs COME and GO in a learner's corpus. *Gakuen, 858*, 25-36.

Tannen, D. (1989). Repetition in conversation : Toward a poetics of talk. *Language 63*, 574-605.

Tarone, E. (1980). Communication strategies, foreigner talk, and repair in interlanguage. *Language Learning 30* (2), 417-431.

Tono, Y. (2000). A computer learner corpus based analysis of the acquisition order of English grammatical morphemes. In L. Burnard & T. McEnery (Eds.), *Rethinking Language Pedagogy from a Corpus Perspective* (Vol. 2, pp. 123-32). Frankfurt am Main: Peter Lang.

Tono, Y. (2000). A corpus-based analysis of interlanguage development : Analyzing part-of-speech tag sequences of EFL learner corpora. In Lewandowska-Tomaszczyk, B., & Melia, P. J. (Eds.), *PALC '99: Practical applications in language corpora* (pp. 323-340). Frankfurt: Peter Lang.

Tono, Y. (2003). Learner corpora: design, development and applications. *Proceedings of Corpus Linguistics 2003* (pp. 800-809). Lancaster University.

Tono, Y. Kawaguchi, Y., & Minegishi, M. (Eds.), (2012). *Developmental and Crosslinguistic Perspectives in Learner Corpus Research*. Amsterdam: John Benjamins.

Tribble, C., & Jones, G. (1990). *Concordances in the Classroom: A Resource Guide for Teachers*. London: Longman.

Trosborg, A. (1995). *Interlanguage Pragmatics*. Mouton de Grüyter.

Vermeer, A. (2000). Coming to grips with lexical richness in spontaneous speech data. *Language*

Testing 17 (1), 65-83.
Vermeer, A. (2004). The relation between lexical richness and vocabulary size in Dutch L1 and L2 children. In P. Bogaards, & B. Laufer (Eds.), *Vocabulary in a second language: Selection, acquisition and testing*, pp. 173-189. Amsterdam and Philadelphia, PA: John Benjamins.
Wasow, T. (2002). *Postverbal behavior*. Stanford, CA: CSLI Publications.
Wierzbicka, A. (1999). *Emotions across Languages and Cultures*. Cambridge: Cambridge University Press.
Wierzbicka, A. (2003). *Cross-Cultural Pragmatics*. Mouton de Gruyter.
Witten, I.H., Frank, E., & Hall, M.A. (2011). *Data Mining: Practical Machine Learning Tools and Techniques*. Third Edition. San Mateo: Morgan Kaufmann.
Zagrebelsky, P., & Teresa, M. (Ed.), (2004) *Computer Learner Corpora, Theoretical Issues and Empirical Case Studies of Italian Advanced EFL Learner's Interlanguage*. Alessandria: Edizioni dell'Orso.

阿部真理子 (2007).「JEFLL コーパスに見る品詞別エラーの全体像」投野由紀夫編著『日本人中高生1万人の英語コーパス JEFLL Corpus ―中高生が書く英文の実態とその分析―』(pp. 146-158). 小学館.
石川慎一郎 (2012).『ベーシックコーパス言語学』ひつじ書房.
石川慎一郎 (2008). 主成分分析を用いた英文エッセイ自動診断システムの構築の可能性『学習者コーパスの解析に基づく客観的作文評価指標の検討』統計数理研究所. 29-41.
石田知美, 杉浦正利 (2012).「日本人英語学習者による連語表現の言語的特徴――判別分析を活用して」『英語コーパス研究』, 19, 1-14.
和泉絵美 (2004).「NICT JLE Corpus を利用した日本人英語学習者の英語冠詞習得傾向の分析」和泉絵美, 内元清貴, 井佐原均 (編著)『日本人1200人の英語スピーキングコーパス』(pp. 131-139). アルク.
和泉絵美, 内元清貴, 井佐原均 (編著) (2004).『日本人1200人の英語スピーキングコーパス』アルク.
大津由紀雄 (2009).「「戦略構想」,「小学校英語」,「TOEIC」――あるいは, ここが正念場の英語教育」大津由紀雄 (編著)『危機に立つ日本の英語教育』(pp. 14-61). 慶應義塾大学出版会.
金子朝子 (2004).「NICT JLE コーパスに基づいた日本人英語学習者の要求の発話の発達に関する研究」和泉絵美, 内元清貴, 井佐原均 (編著)『日本人1200人の英語スピーキングコーパス』(pp. 113-129). アルク.
岸本秀樹, 影山太郎 (2011).「存在と所有の表現」影山太郎 (編)『日英対照名詞の意味と構文』(pp. 240-269). 大修館書店.
串田秀也 (1995). トピック性と修復活動:会話における「スムーズな」トピック推移の一形式をめぐって.『大阪教育大学紀要 第二部門』, 44 (1), 1-25.
近藤みゆき (2000).「n グラム統計処理を用いた文字列分析による日本古典文学の研究―古今和歌集のことばの型と性差―」『人文研究』, 29, 187-238.
児玉一宏・野澤元 (2009).『言語習得と用法基盤モデル――認知言語習得論のアプローチ』研究社.
小島ますみ (2010).「新しい lexical richness 指標 S の提案:学習者の産出語彙頻度レベルの推定」『英語コーパス研究』, 17, 1-15.
小島ますみ (2011).「英語学習者の産出語彙における語彙の豊かさ指標 S の提案と論証による S の妥当化」名古屋大学大学院国際開発研究科提出博士論文
小林多佳子 (2004).「学習者口語コーパスを利用した肯定的感情表現の比較研究」『英語

コーパス研究』11, 37-47.
小林雄一郎（2007）.「The NICT JLE Corpus における発達指標の研究―コレスポンデンス分析によるタグ頻度解析」『言語処理学会第13回年次大会発表論文集』, 486-489.
小林雄一郎（2010）.「コレスポンデンス分析―データ間の構造を整理する」石川慎一郎・前田忠彦・山崎誠（編）『言語研究のための統計入門』（pp. 245-264）. くろしお出版.
小林雄一郎, & 金丸敏幸.（2012）. パターン認識を用いた課題英作文の自動評価の試み. 電子情報通信学会『信学技報』, 112, 37-42.
阪上辰也・古泉隆（2008）.「学習者コーパス「NICE」と ANC および BNC における N-gram 表現の比較」『英語学習者のコロケーション知識に関する基礎的研究』成果報告書, 平成17年度―平成19年度科学研究費補助金基盤研究（B）（課題番号17320084, 代表：杉浦正利）
清水伸一（2007）.「JEFLL Corpus に見る品詞別エラーの全体像」投野由紀夫編著『日本人中高生一万人の英語コーパス』（pp. 135-144）. 小学館.
C.E. シャノン・W. ヴィーヴァー（長谷川淳・井上光洋訳）（1964）.『コミュニケーションの数学的理論』明治図書出版.
昭和女子大学学習者コーパス研究グループ編（2007）.『エラーから学ぶ英作文ハンドブック』青山社
杉浦正利（2008b）.「英文ライティング能力の評価に寄与する言語的特徴について」成田真澄（代表）『学習者コーパスに基づく英語ライティング能力の評価法に関する研究』（pp. 33-58）. 平成17年度～平成19年度科学研究費補助金（基盤研究（C））研究成果報告書（課題番号17520394）
杉浦正利・成田真澄・石田知美・阪上辰也・村尾玲美・村木恭子（2006）.「学習者コーパスにおける属性の統制と多様性 ― ICLE と LOCNESS との比較研究―」The ICLE / LINDSEI Japanese Sub-Corpus Symposium 研究発表資料（2006年11月19日, 於昭和女子大学）
髙野恵美子（2011）「日英移動動詞 COME と GO の対照研究：認知言語学の視点から」『学苑』846, 28-39.
田中省作・藤井宏・冨浦洋一・徳見道夫（2006）.「NS/NNS 論文分類モデルに基づく日本人英語科学論文の特徴抽出」『英語コーパス研究』13, pp. 75-87.
田中茂範・武田修一・川出才紀編（2007）『エクスプレス E ゲイト英和辞典』ベネッセコーポレーション.
谷村緑, 和泉絵美, 竹内和広, 井佐原均（2007）.「日本人英語学習者の談話における共参照関係の記述方法の検討」『言語処理学会第13回年次大会発表論文集』, 478-481.
投野由紀夫（2004）「The NICT JLE Corpus に見る英語学習者の発表語彙の使用状況」和泉絵美, 内元清貴, 井佐原均（編著）『日本人1200人の英語スピーキングコーパス』アルク.
投野由紀夫（2004）.『小学館ケンブリッジ英英和辞典』小学館.
投野由紀夫（編）（2007）『日本人中高生1万人の英語コーパス：JEFLL Corpus』小学館.
投野由紀夫（2008）.「NICT JLE vs. JEFLL：n-gram を用いた語彙・品詞使用の発達」『英語コーパス研究』, 15, 119-133.
投野由紀夫（編）（2013）.『CAN-DO リスト作成・活用　英語到達度指標 CEFR-J ガイドブック』大修館書店.
中森誉之（2009）.『学びのための英語学習理論――つまずきの克服と指導への提案』（pp. 116-117）. ひつじ書房.
中本敬子・李在鎬編（2011）『認知言語学研究の方法　内省・コーパス・実験』ひつじ書房
ハインズ J.（著）西光義弘（注）（1986）.『日本語らしさと英語らしさ』くろしお出版.

ピンカー S.（著）幾島幸子・桜内篤子（訳）(2007).『思考する言語（上）――「ことばの意味」から人間性に迫る』日本放送出版協会.

藤井宏・冨浦洋一・田中省作（2005)「Skew Divergence に基づく文書の母語話者性の推定」『自然言語処理』12（4），pp. 79-96.

舟尾暢男・髙浪洋平（2005).『データ解析環境「R」』工学社.

本多啓（2009).「「カリンちゃんと傘」の英語訳から見えてくるもの」池上嘉彦，守屋三千代（編著）『自然な日本語を教えるために――認知言語学をふまえて』(pp. 177-188). ひつじ書房.

山岡俊比古（1997).『第2言語習得研究』桐原ユニ.

山際勇一郎・田中敏（1997)『ユーザーのための心理データの多変量解析法』教育出版.

山口和範・高橋淳一・竹内光悦（2004)『図解入門よくわかる多変量解析の基礎と仕組み』秀和システム.

山下美津子（1987).「主語の機能と特性」『京都教育大学紀要』，71，83-100.

山田崇仁（2004)「『孟子』の成書時期について――N-gram と統計的手法を利用した分析――」『立命館東洋史学』27，1-27.

横山博一（2006).「語彙と文法はいかに関連しているか」門田修平，池村大一郎（編著）『英語語彙指導ハンドブック』(pp. 259-271). 大修館書店.

横川博一（2003).「コロケーションとコーパス」門田修平（編）『英語のメンタルレキシコン』(pp. 246-249). 松柏社

吉村公宏（2004).『はじめての認知言語学』研究社.

LINDSEI Transcription guidelines（http://www.uclouvain.be/en-307849.html）

索引

\<欧文\>

AntConc　126, 135
CLC（Cambridge Learner Corpus）　5, 9, 16, 147, 150
CEFR（Common European Framework of Reference for Languages）　16, 48
CEFR レベル　9, 12, 123, 157, 160, 162, 163
CLAN　115
CLAWS　21, 43, 129, 134, 194
CEA（Computer-aided Error Analysis）　13, 132
CIA（Contrastive Interlanguage Analysis）　13
English Profile　10, 16, 156, 164
ICCI（International Corpus of Crosslinguistic Interlanguage）　8, 12, 142, 147, 157, 158, 164
ICLE（International Corpus of Learner English）　4, 7, 14, 20, 22, 26, 27
ICLE-JP（日本人サブコーパス）　12, 22, 23, 28, 34, 36, 43, 213, 215
ICNALE（International Corpus Network of Asian Learners of English）　9
ICE（International Corpus of English）　5
JEFLL（Japanese EFL Learner）コーパス　12, 126, 129, 133, 140
Lexical bundles　86, 88, 78, 91, 92, 102, 214
LINDSEI（Louvain International Database of Spoken English Interlanguage）　8, 14, 46, 72
LINDSEI-JP（日本人サブコーパス）　12, 48, 64, 71
LOCNEC（Louvain Corpus of Native English Conversation）　8, 47
LOCNESS（Louvain Corpus of Native English Essays）　7, 22, 27, 43, 214
LLC（Longman Learners' Corpus）　4, 9
n-gram　91, 122, 124, 125, 127, 131, 140, 157, 213
NICE（Nagoya Interlanguage Corpus of English）　12, 74, 112, 113, 220, 222
NICT JLE コーパス　12, 133, 140, 166, 168, 178, 187, 190, 201, 208, 228
Perl　88, 103, 194, 204
p-frame（phrase-frame）　86, 87, 90, 92
PIF Learner Corpus　4
Random Forests　161, 162
SST（Standard Speaking Test）　166, 190
TTR（Type-Token Ratio；タイプトークン比）　37, 109
Versant　16
Weka　159
WordSmith Tools　21, 27, 29, 37, 43, 52, 62, 64, 103

\<和文\>

あ
アノテーション　11

アンサンブル学習　159, 161
移動タイプ　31, 32
移動の主体　30, 31, 33
意味　28, 36, 184
意味拡張　28
意味素性　184
イラスト（絵の）描写　47, 48, 50, 167, 178, 192, 202
英文エッセイ・ライティング　74, 220, 221, 224, 226
エラー（誤用）タグ　10, 11, 13, 24, 37, 38, 80, 132, 133, 134, 140, 192, 201, 228, 235
エラー（誤用・誤答）分析　4, 10, 13, 77, 82, 123, 132, 192；局所的・全体的誤り　34
L1（母語）使用　62, 69

か
回帰直線　149, 151
回避　132
会話分析　169, 177, 187
書き言葉データ　20, 92
学習者言語　4, 13, 132, 147
学習者属性情報　21, 75
確率的言語モデル　125, 157
過少使用　125, 132
過剰使用　41, 81, 82, 84, 125
過剰般化　183
化石化　34, 201
冠詞　34, 35, 41
干渉　34
感情語彙（表現）とストラテジー　51, 55, 56, 59；肯定的感情語彙　57, 58, 60, 61；肯定的感情表現　57, 60；否定的感情語彙　53, 56, 61；否定的感情表現　53
間投詞　66, 68, 70
緩和語　56, 59
機械学習　156, 157, 164, 209
基準特性　10, 14, 146-148, 155, 156, 160, 162, 163
CAN-DO リスト（ディスクリプタ）　16, 221
旧情報と新情報　182
強意語・強意副詞　60, 74, 78, 79, 81, 82, 84, 94
教師あり（なし）学習　157, 159, 161
局所的誤り　34
空間移動　28, 29
空間順序　178
空間描写　182
決定木・回帰木　159
言語的特徴　99-103, 105, 107, 117, 160, 163, 188
言語テスト　16
語彙知識　185
語彙統計　121；広範さ　108, 111, 115；多様さ　108, 109, 111, 115, 117；豊かさ　198, 109, 112, 115, 117；D　110, 112, 113, 115；MLU（mean length of utterance）　147, 148, 151, 154；MTLD（Measure of Textual Lexical Diversity）　111-113, 115；P_Lex　111-113, 115, 116；S　111-113, 115
構文解析情報　158
異なり語数　37, 80, 88, 90, 101, 104, 106
コミュニケーション・ストラテジー　70, 202, 209
コリゲーション統計　122
コレスポンデンス分析　193, 195, 198
コロケーション　74, 78, 81, 94, 213

混合効果モデル　148, 152

さ
作文支援システム　10, 15
サブコーパス　6, 21, 22, 196
時制と相　132, 134
自動採点テスト　16
自動分析　193
重回帰分析　109
10分割交叉検証法　159, 161
習熟度（レベル）　168, 190, 197
修復の開始　169, 173, 174, 176, 188
受容語彙　108, 109
ステップワイズ方式　100-102
スピーキング　48, 168, 169, 173, 176
設計基準　5
説明変数　107
相互情報量　214

た
ターンテイキング　173
対照分析　13
対数尤度比検定　90, 214
第二言語習得（SLA）研究　13, 51
対話の修復　169
多重比較　115
脱落エラー　38, 40
多変量解析　193, 195
置換エラー　38, 40
Tスコア　214
データ駆動型学習（DDL）　201, 209, 212, 231
データマイニング　157
テクストカバー率　111
転移　34

な
内語　66, 68, 70
内容語　66, 67, 70
ネイティブらしさ　96, 98, 117
延べ語数　37, 80, 88, 90, 101, 104

は
発表語彙　108, 109
話し言葉　46, 92
話し手中心　28, 33
判別分析　99-104, 107, 117；判別関数　101, 106；判別係数　105
描写文　180, 186
品詞タグ　129, 139, 194
不自然さ　98, 117
フリーディスカッション　47, 48, 50
分散分析　113, 114
分類器　157, 159-162
ベイズ則　159
母語使用　62

ま・や
メンタルレキシコン　115
誘出タスク　6, 14
余剰エラー　38, 40

ら
ライティング　75, 118
流暢さ　65
連語表現　85, 102, 103, 106
連鎖　単語連鎖　125, 126-128, 127；品詞連鎖　125, 129
ロールプレイ　167, 192
論理展開　178, 182, 188

[編著者紹介]

投野由紀夫（とうの　ゆきお）
東京外国語大学大学院教授。専門はコーパス言語学，英語語彙習得。著書に *Developmental and Crosslinguistic Perspectives in Learner Corpus Research*（共編著，John Benjamins, 2012），『日本人中高生1万人の英語コーパス：JEFLL Corpus』（編著，小学館，2007）等。

金子朝子（かねこ　ともこ）
昭和女子大学文学研究科教授。専門は第二言語習得，学習者コーパス研究。著書に『第二言語習得序説』（研究社，1996），『第二言語習得―SLA 研究と外国語教育―』（大修館書店，2011）等。

杉浦正利（すぎうら　まさとし）
名古屋大学大学院教授。専門は英語教育・第二言語習得論。著書に「言語習得研究のための学習者コーパス」『言語研究の技法』（ひつじ書房，2011）等。

和泉絵美（いずみ　えみ）
同志社大学全学共通教養教育センター准教授。専門は学習者コーパスを利用した英語習得研究。著書に『日本人1200人の英語スピーキングコーパス』（アルク，2004）等。

英語学習者コーパス活用ハンドブック
© Tono Yukio, Kaneko Tomoko, Sugiura Masatoshi & Izumi Emi, 2013
NDC 830 ／ viii, 249p ／ 21cm

初版第1刷──2013年9月20日

編著者	投野由紀夫・金子朝子・杉浦正利・和泉絵美
発行者	鈴木一行
発行所	株式会社 大修館書店

〒113-8541 東京都文京区湯島2-1-1
電話 03-3868-2651（販売部） 03-3868-2294（編集部）
振替 00190-7-40504
[出版情報] http://www.taishukan.co.jp

装丁者	CCK（松本明日美）
印刷所	広研印刷
製本所	司製本

ISBN 978-4-469-24580-6 Printed in Japan

Ⓡ本書のコピー，スキャン，デジタル化等の無断複製は著作権法上での例外を除き禁じられています。本書を代行業者等の第三者に依頼してスキャンやデジタル化することは，たとえ個人や家庭内での利用であっても著作権法上認められておりません。